GERALDO ATALIBA

Este volume da *RDT* estava em fase produção quando fomos todos surpreendidos com o falecimento de GERALDO ATALIBA — idealizador, fundador, incentivador e permanente animador desta *Revista*.

A paralização temporária de sua publicação deveu-se ao estado de torpor que nos acometeu a todos os seus companheiros, colegas, amigos e discípulos — não podendo acreditar no inevitável.

Sai agora, assim, este volume com a matéria que Geraldo havia — como sempre, com toda sua permanente atividade e participação — selecionado e coordenado, não completado por nenhuma outra matéria nova.

Encerra-se, com ele, um ciclo da vida da *RDT*.

A partir do próximo volume (67) a *RDT* passa ser dirigida pelos Professores AIRES BARRETO, EDUARDO BOTALLO e PAULO DE BARROS CARVALHO (seu Coordenador). O IDEPE-Instituto Internacional de Direito Público e Empresarial, numa justíssima homenagem a seu fundador e permanente fautor, recebe o seu nome e passa a ser INSTITUTO GERALDO ATALIBA—IDEPE.

Em sua homenagem será dedicado o X Congresso Brasileiro de Direito Tributário, em outubro de 1996, a cujo temário o próximo volume desta *Revista* estará dedicado.

A Direção da MALHEIROS EDITORES, que, desde a primeira hora recebeu todo o apoio e carinho desse inesquecível batalhador do Direito Tributário brasileiro, contando sempre com seu prestígio e sua colaboração, presta, assim, sua homenagem e agradecimento a esse que, mais do que Autor e Colaborador, foi, acima de tudo, um verdadeiro Amigo e Irmão.

Sempre, GERALDO ATALIBA!

Revista de Direito Tributário

66

MALHEIROS EDITORES

Revista de Direito Tributário

Publicada sob os auspícios do

IDEPE — Instituto Internacional de Direito Público e Empresarial
e do
IBET — Instituto Brasileiro de Estudos Tributários

ISSN 0102-7956

REVISTA DE DIREITO TRIBUTÁRIO
publicação trimestral de
MALHEIROS EDITORES LTDA.
Rua Paes de Araújo, 29, 17º andar - conj. 171 - CEP 04531-940
São Paulo, SP - Brasil - Tels. 822-9205 - 820-9718 - 820-5549 - Fax: 829-2495

Assinaturas e comercialização:
CATAVENTO DISTRIBUIDORA DE LIVROS S.A.
Rua Conselheiro Ramalho, 928 - CEP 01325-000
São Paulo, SP - Brasil - Tel. 289-0811 - Fax: 251-3756

Diretor Responsável: Álvaro Malheiros
Diretora: Suzana Fleury Malheiros
Supervisão Gráfica: Vânia Lúcia Amato

Composição: HELVÉTICA EDITORIAL
Impressão: Gráfica e Editora FCA
(Fundação de Ciências Aplicadas)

SUMÁRIO

CADERNOS DE DIREITO TRIBUTÁRIO

PRINCIPIO DE SEGURIDAD JURÍDICA EN LA CREACIÓN Y APLICACIÓN DEL TRIBUTO — EL CONTENIDO DE LA SEGURIDAD JURÍDICA
— **Héctor B. Villegas** 7

DENÚNCIA ESPONTÂNEA E EXCLUSÃO DE RESPONSABILIDADE PENAL
— **Geraldo Ataliba** 17

TRATADOS — SUPERIORIDADE HIERÁRQUICA EM RELAÇÃO À LEI FACE À CONSTITUIÇÃO FEDERAL DE 1988
— **Alberto Xavier e Helena de Araújo Lopes Xavier** 30

VENDA DE IMÓVEL É CIVIL — NÃO COMPORTA FATURAMENTO
— **Paulo Salvador Frontini** 49

ICMS — O DELITO CAPITULADO NO ART. 2º, II, DA LEI 8.137/90 — PROBLEMAS CONEXOS
— **Roque Antonio Carrazza** 64

FINSOCIAL — REPETIÇÃO DE INDÉBITO — NULIDADE DE ATOS PROCESSUAIS — INTERPRETAÇÃO À LUZ DOS PRINCÍPIOS CONSTITUCIONAIS E DE DIREITO PÚBLICO — PRESUNÇÃO DE VALIDADE, RAZOABILIDADE, MORALIDADE E SEGURANÇA JURÍDICA
— **Luís Roberto Barroso** 72

COMPENSAÇÃO TRIBUTÁRIA E MANDADO DE SEGURANÇA
— **Hugo de Brito Machado** 85

ICMS — INCENTIVOS — CONFLITO ENTRE ESTADOS — INTERPRETAÇÃO
— **Paulo de Barros Carvalho** 91

ISS: SERVIÇOS DE DESPACHOS ADUANEIROS — MOMENTO DE OCORRÊNCIA DO FATO IMPONÍVEL — LOCAL DA PRESTAÇÃO — BASE DE CÁLCULO — ARBITRAMENTO
— **Aires Barreto** 111

NOTAS E COMENTÁRIOS

REFLEXÕES SOBRE O PROCESSO DE EXECUÇÃO FISCAL, NA CONSTITUIÇÃO DE 1988
— **Eduardo D. Bottallo** 135

CONTRIBUIÇÕES
— **Wagner Balera** 142

EMPRÉSTIMO COMPULSÓRIO SOBRE O CONSUMO DE COMBUSTÍVEIS
— **Antônio Souza Prudente** 146

JUROS DA MORA EM MATÉRIA TRIBUTÁRIA
— **Ana Maria Aparecida de Freitas** 154

REFORMA TRIBUTÁRIA E FINANÇAS ESTADUAIS
— **Heron Arzua** 161

DOCUMENTO

PRINCÍPIOS DE DIREITO CONSTITUCIONAL — PODER CONSTITUINTE ORIGINÁRIO E DERIVADO — PODER DE REFORMA DA CONSTITUIÇÃO — LIMITES
— **Josaphat Marinho** 166

CONFERÊNCIAS E DEBATES

EXCESSO DE IMPOSTOS NO SISTEMA CONSTITUCIONAL DE 1988
— **Geraldo Ataliba** 182

NOTICIÁRIO

DUAS DÉCADAS DE IBDM
— **Hubert Nowill** 186

JURISPRUDÊNCIA 195

Revista de Direito Tributário

CADERNOS DE DIREITO TRIBUTÁRIO

Fundador: Rubens Gomes de Souza (†)

CADERNOS DE DIREITO TRIBUTÁRIO

CADERNOS DE DIREITO TRIBUTÁRIO

PRINCIPIO DE SEGURIDAD JURÍDICA EN LA CREACIÓN Y APLICACIÓN DEL TRIBUTO*

El contenido de la seguridad jurídica

HÉCTOR B. VILLEGAS

Catedrático de Direito Tributário da Universidade Nacional de Córdoba (Argentina)

1. El Derecho y la seguridad jurídica

El Derecho es, por excelencia, instrumento nato de seguridad jurídica. Asegura a gobernantes y gobernados sus recíprocos derechos y deberes, haciendo viable la vida social.

Dice Geraldo Ataliba que cuando más segura es una sociedad, puede considerarse que es más civilizada. Seguras están las personas con certeza de que el Derecho es objetivamente uno, y de que tanto el Estado como los ciudadanos lo acatarán.[1]

Alberto Xavier diferencia la seguridad jurídica de la seguridad nacional, afirmando que la primera es una noción mucho más fecunda, amplia y limpia. Resalta su papel en el ámbito del derecho público como sólido pilar de los derechos subjetivos privados, que no pueden dejar de apoyarse en un principio que confiera estabilidad a las esferas así delimitadas, sustrayendo la actividad de los ciudadanos de las áreas de lo contingente y lo arbitrario.[2]

Las doctrinas actualmente dominantes tienden a considerar como esencia de la seguridad jurídica, la susceptibilidad de previsión objetiva por los particulares, de sus propias situaciones jurí-

* Trabalho apresentado às XVI JORNADAS LATINOAMERICANAS DE DERECHO TRIBUTARIO, Lima — Peru — 1993.

1. Autor cit., "Seguridad jurídica", *Revista del Instituto Peruano de Derecho Tributario*, vol. 22, junio 1992, p. 3 y ss.

2. Autor cit., *Os princípios da legalidade e da tipicidade da tributação*, Ed. RT, São Paulo, p. 48.

dicas, de modo tal que puedan tener una precisa expectativa de sus derechos y deberes, de los beneficios que les serán otorgados o de las cargas que habrán de soportar.

Asi, la seguridad jurídica se expresa prácticamente en la previsibilidad de la actuación estatal. Dalmo Dallari sustenta estos conceptos con claridad meridiana:

"Siendo legítima y auténtica, la Constitución contendrá las reglas básicas de convivencia, inspiradas en la propia vida del pueblo y expresadas como derechos y deberes fundamentales. Siendo así, aquél se guiará por la Constitución, sabiendo claramente lo que puede, lo que no puede y lo que debe hacerse. Nadie será sorprendido por la invocación de un derecho o de una obligación conocidos únicamente por algunos o que resulten de difícil comprensión".[3]

La sorpresa repugna radicalmente a los postulados del estado de derecho. Si ésta es erradicada, se facilitará que cada uno sepa lo que puede exigir de los demás y lo que puede serle exigido. Se elimina de este modo — dice Dallari — la posibilidad de un sistema social en el cual sólo los ricos y poderosos tengan derechos en la práctica, porque los demás no llegarán a percibir cuál es el derecho vigente.

Para algunos estas teorías tienen su origen en la vieja regla de certeza de Adam Smith. Para otros, como Pérez de Ayala y González García, la cuestión nace con la "Declaración de Derechos del Hombre y del Ciudadano", en la cual ya se reconoció el principio de seguridad jurídica entre los derechos naturales del hombre. Esto lleva a conectar el reconocimiento de esta garantía con el nacimiento del estado liberal del derecho.[4]

3. Autor cit., *Constituição a Constituinte*, Ed. Saraiva, São Paulo, 1982, p. 56. Autor y obra citados por Ataliba, ob. cit., p. 17, nota 33.

4. Autores cit., *Curso de Derecho Tributario*, t. I, p. 31, Madrid, 1986, Editorial de Derecho Financiero, cuarta edición.

Sin embargo, se adivierte una evolución del concepto. Hobbes, por ejemplo, hablada de seguridad del pueblo, comprendiendo la conservación de la vida y de las pertenencias que el hombre adquiría legalmente. En cambio modernamente la doctrina internacional, y en especial la alemana, parten del concepto de paz jurídica, y entienden que la seguridad jurídica requiere confiabilidad, certeza e interdicción de la arbitrariedad.[6]

2. *La seguridad jurídica y el sistema económico*

Sustenta Alberto Xavier con razón, que en un sistema económico que tiene como principios ordenadores la libre iniciativa, la competencia y la propiedad privada, resulta indispensable eliminar, en el mayor grado posible, todos los factores que puedan traducirse en una incertidumbre económica susceptible de perjudicar la libre expansión de las empresas. Destaca este autor que inevitablemente existiría perjuicio si el dominio de la ley es reemplazado por el voluntarismo de la administración.[7]

Las Cartas Constitucionales, escritas o no, de los países de occidente, consagran la libre empresa y prometen al inversor libertad de acción empresarial para actuar de acuerdo con los principios de la economía de mercado, contribuyendo así a la prosperidad nacional. Todo aquello que modifique esa situación quitando confianza, perjudica a la economía.

Es que como dice Ataliba, la libre iniciativa (principio de libertad de empre-

5. Autor citado por Rubén Asorey, "El principio de seguridad jurídica en el derecho tributario", publicado en rev. *Derecho Tributario*, t. 1, p. 102.

6. Larenz, Karl, *Derecho justo. Fundamento de ética jurídica*, Madrid, 1985, p. 46.

7. Autor y ob. cit., p. 50.

sa) y el derecho a trabajar, producir, emprender y actuar en una economía de mercado, no son meras figuras retóricas. Para que ello se desenvuelva prácticamente, es preciso que exista un clima de seguridad y previsibilidad de las decisiones del gobierno; el empresario necesita hacer planes, hacer la estimación — con una razonable probabilidad de acierto — de las evoluciones inmediatas de las coyunturas en que estará inmersa su iniciativa. Necesita evaluar anticipadamente sus costos, así como estimar los obstáculos y las dificultades. Ya cuenta con los imponderables del mercado. No puede además sostener a un gobierno que agrave — con sus sorpresas e improvisaciones — las incertidumbres, las normales preocupaciones y las cargas de la actividad empresaria.[8]

3. *La seguridad jurídica en el derecho tributario*

La elaboración y entrada en vigor de la ordenanza tributaria alemana de 1919, fue el acontecimiento que desencadenó el proceso de elaboración del derecho tributario. Las corrientes que inician el estudio de esta nueva rama jurídica, son las llamadas clásicas dogmáticas, que parten de una soberania que va evolucionando desde puro acto de poder hasta la integración de una relación jurídica.

Nuevas teorías sobre el fenómeno tributario aparecieron en Europa a mediados de la década de 1960, elaborando sistemas teóricos que acentuaron los aspectos referidos a la liquidación del tributo.

Aún no compartiendo estas últimas posturas doctrinales, tuvieron como mérito constatar la insuficiencia de la relación jurídica tributaria como medio para asegurar el fin querido de que ambos sujetos queden en igualdad de condiciones, al no valorarse adecuadamente la actividad procedimental del Estado y el control jurisdiccional de la misma.

Modernamente, diversos autores, principalmente alemanes, han sostenido con énfasis la idea de que la finalidad del derecho tributario en definitiva, debe ser la de realzar la seguridad jurídica de los contribuyentes. Ha sido Rubén Asorey en su trascendental trabajo antes citado, el que ha aportado los elementos fundamentales de esta concepción doctrinaria, trayendo a estas latitudes un tópico que los alemanes y algunos españoles venían estudiando intensamente.

Es que en materia tributaria, el Estado se ve tentado con mayor frecuencia a realizar bruscas maniobras imprevistas para el ciudadano. Ataliba hace notar que a raíz de ello, se originaron reacciones causantes de momentos fundamentales en la historia del constitucionalismo, y concluye en que esto viene a demostrar que la tendencia al abuso de poder tiene un campo de expansión significativo y amplio en el área tributaria.[9]

Con mayor razón que en otras disciplinas, la lealtad surge como una exigencia ineludible en el derecho tributario. Sostiene el autor brasileño Pontes de Miranda que si es el pueblo quien se tributa a sí mismo, no habrá forma de aceptar ningun acto que implique deslealtad, ya que sería un despropósito concebir que alguien fuera desleal consigo mismo.[10]

La seguridad jurídica en materia tributaria implica certeza pronta y definitiva acerca de la cuantía de la deuda tributaria, así como ausencia de cambios inopinados que impidan calcular con antelación la carga tributaria que va a recaer sobre el mismo. Implica también, certidumbre de que no se realizarán alteraciones "que vayan para atrás" cam-

8. Autor y ob. cit., p. 11.

9. Autor y ob. cit., p. 6.

10. Autor cit. por Ataliba, ob. cit., p. 8.

biando las expectativas precisas sobre derechos y deberes. También significa que quede interdicta toda arbitrariedad en su tratamiento administrativo y jurisdiccional. Veremos ello en detalle más adelante, cuando analicemos el contenido de la seguridad jurídica.

4. *Aspecto objetivo de la seguridad jurídica*

Tomado el principio en un sentido objetivo, está dado por las garantías que la sociedad asegura a las personas, bienes y derechos.

Estas garantías deben ser estables, y en cuanto a ellas no puede haber cosas imprevistas. "La previsibilidad de la actuación estatal es un magno designio que resulta de todo el contexto de preceptos orgánicos y funcionales integrantes del núcleo del sistema constitucional. El legislador, y con mayor razón el administrador, no sorprenden al pueblo".[11]

5. *Aspecto subjetivo*

En sentido subjetivo, la seguridad jurídica consiste en la convicción que tiene la persona de que está exenta de peligros, daños y riesgos. Sabe a qué atenerse y está dominada por un sentimiento de confianza. Ese sentimiento es lo que le permite proyectar el porvenir, trabajar y ahorrar.

Para que así ocurra, debe partirse de una Constitución que siendo legítima y auténtica cotenga las reglas básicas de la convivencia expresadas como derechos y deberes fundamentales. Siendo así, el ciudadano tendrá una primera guía que le demostrará claramente lo que puede, lo que no puede y lo que debe hacerse. Nadie podrá sentir temor ante la invocación de derechos u obligaciones que resulten inciertos, oscuros o indeterminados.[12] Esto hará que cada uno sepa lo que puede exigir de los demás y lo que puede serle exigido.

El habitante entrará en un deseable estado de paz jurídica, si ese sistema diseñado por la Constitución se va a desenvolver en forma tal que haya reglas igualmente aplicables para todos, que los derechos adquiridos sean respetados y que toda arbitrariedad sea excluída por los Tribunales.[13]

6. *Contenido de la seguridad jurídica*

El contenido del principio de seguridad jurídica está dado por tres aspectos fundamentales, que son la confiabilidad, la certeza y la interdicción de la arbitrariedad.

6.1 Confiabilidad

Las personas se sienten seguras en primer lugar si los sistemas jurídicos cumplen con los dos postulados básicos de la legalidad y de la no retroactividad.

6.1.1 Legalidad

No cabe duda que una buena dosis de seguridad jurídica se logrará si el derecho se basa en el principio de jerarquía formal de las leyes. La idea de que los impuestos requieren para su validez el consentimiento de quienes deben satisfacerlos, es antiquíssima. Un gravamen es conforme a derecho cuando los gravados

11. Ataliba, ob. cit., p. 7. Hace notar el profesor brasileño que esto se encuentra tanto en la conciencia cívica intransigente y robusta del taxpayer americano, como en el sentido de responsabilidad del public servant inglés; es la esencia tanto del espíritu administrativista del funcionario francés, como del alma de cualquier agente político o administrativo alemán.

12. Dallari, Dalmo, ob. cit., p. 56. Ob. cit., por Ataliba, p. 17.

13. Larenz, ob. cit., p. 46.

o sus representantes lo consienten, y sobre este concepto se basa el moderno principio de legalidad.[14]

No corresponde analizar detenidamente este principio en este trabajo. La bibliografia es profusa, y en muchos eventos latinoamericanos se enfatizó y desarrolló el concepto.

Sólo cabe tener especialmente en cuenta que en la República Argentina el principio de legalidad tributaria nació junto con la independencia. Expresamente consagrado en el acta capitular del Cabildo del 25 de mayo de 1810, fue luego reiterado por el Reglamento de la Junta Conservadora de 1811, por el proyecto de Constitución de 1813; por la Constitución de 1819. También fue consagrado en forma contundente en el proyecto de Alberdi cuyo art. 18, ap. IV, establecía que sólo el Congreso impone las contribuciones.[15]

Lamentablemente no puede negarse la crisis de este principio en los últimos tiempos, atento la creciente asunción de facultades normativas por el poder ejecutivo.

Ello se está haciendo en la Argentina por vía de los llamados "Decretos de necesidad y urgencia", que han venido incrementándose con el paso del tiempo. Desde 1853 hasta 1983 se dictaron no más de veinte decretos de este tipo. Durante la Presidencia de Raúl Alfonsín, entre 1983 y 1989, hubo diez medidas similares, pero la mayor utilización de este instrumento se observa a partir de la asunción del gobierno de Carlos Menem, que desde ese momento hasta diciembre de 1992, ha producido 244 decretos de necesidad y urgencia.

La Corte Suprema Nacional ha convalidado estas medidas mediante una doctrina según la cual estos decretos son válidos si se producen en vinculación efectiva y palmaria con una situación de emergencia. Según la Corte, hay hechos económicos que afectan gravemente la existencia misma del Estado y el bien común, y su solución debe proporcionarse con particular celeridad. Dándose estas circunstancias, los decretos de necesidad y urgencia con efectos substitutivos a los de las leyes, deben ser considerados constitucionales.[16]

Importante doctrina se ha expedido terminantemente en contra de esta amplia admisión. Dice Corti:

"Por lo demás, la concurrencia de infracciones constitucionales en los poderes ejecutivo y legislativo, el primero por acción y el segundo por omisión en preservar la exigencia de representatividad parlamentaria inherente a la legalidad tributaria (arts. 17, 4, 19, 29, 44 y 67, incs. 1 y 2 de la Constitución Nacional vigente), poco ayuda a la transparencia, certeza, previsibilidad, comprensibilidad, en fin, el clima de seguridad jurídica que exige cualquier formación económica civilizada".[17]

Concordamos con esta postura, y creemos que los llamados decretos de necesidad y urgencia son nocivos, porque el Poder Ejecutivo se arroga el ejercicio de competencias propias del Congreso, y como ha dicho la mayoría en un caso judicial, sus normas nacen con una validez potencialmente efímera. No poseen la majestad de la ley, ni gozan de la presunción de legitimidad que el ordenamiento atribuye a los actos y normas dic-

14. Ver Sainz de Bujanda, Fernando, *Hacienda y Derecho*, t. 1, p. 232.

15. Bibliografia citada en el caso "Video Club Dreams c/ Instituto Nacional de Cinematografia", fallo de la Cámara Nacional de Apelaciones en lo Contencioso Administrativo Federal, Sala III, de fecha 9.3.93, comentado en revista *Derecho Tributario*, t. VI, p. 635.

16. Corte Suprema Nacional, doctrina en el caso "Peralta", fallo del 27.12.90, public. en rev. *La Ley*, 1991 C 141.

17. Autor cit., "Jurisprudencia Fiscal Anotada", en *Impuestos*, t. L-B, p. 2.104.

tadas por la administración en el ejercício de sus competencias específicas.[18]

Pero en el último de los casos, y admitiendo para situaciones extremas la validez de los decretos de necesidad y urgencia, ellos tienen como límites la imposibilidad de crear tributos por esta vía, aún colocados dentro del criterio sumamente amplio sostenido por la Corte Suprema Argentina con su actual composición. Sobre este aspecto, la jurisprudencia se ha mostrado coincidente, sin oposición hasta ahora, del máximo Tribunal.[19]

La reserva constitucional de ley formal para la creación de tributos es, pues, absoluta y no deja resquicio para dispensar la intervención del Congreso, ni aún por la vía de los decretos de necesidad y urgencia. Este aporte será fundamental para la consolidación de la seguridad jurídica.

6.1.2 No retroactividad

Para quienes deseen un país con seguridad jurídica, es decisiva la no alteración de las leyes que retrocedan al pasado.

Cuando el legislador pone en vigencia una ley, lo natural es que rija para el futuro, o sea para las situaciones a suceder con posterioridad a dicha vigencia. Este es el efecto normal de todas las leyes, sean de derecho público o privado. Cierto es que en materia tributaria se ha admitido en algumas ocasiones la retroactividad, y que en ciertos casos ha sido justificada por alguna doctrina y jurisprudencia. Por ejemplo, ello sucede en el efecto denominado "fuga ante el impuesto". Una vez anunciado el cambio de legislación, el contribuyente intenta sustraerse a la imposición mediante actitudes de distinto tipo, que van desde la dolosa hasta la simplesmente elusiva. Ante ello se ha admitido una limitada retroactividad mediante las "leyes del candado", para abarcar en la imposición el período temporal que requiere el trámite parlamentario.[20]

Por otra parte, algunos autores argentinos han justificado la legitimidad de la retroactividad,[21] pero el grueso de la doctrina tanto argentina como extranjera, se inclina por la irretroactividad.[22]

A nuestro criterio, la regla general en materia tributaria debe ser la de la irretroactividad, y creemos que las leyes retroactivas en sentido propio son inconstitucionales en el derecho argentino.[23]

En lo que aquí atañe, y desde el punto de vista de la seguridad jurídica, no puede caber duda alguna de que cuando el Poder Ejecutivo dicta normas retroactivas, se alteran las condiciones básicas

18. Autos "Video Cable Comunicaciones S.A. c/ Instituto Nacional de Cinematografía", fallo del 16.6.92 de la Sala III de la Cámara Nacional de Apelaciones en lo Contencioso Administrativo Federal, resumen en revista *Impuestos*, t. L-B, p. 2103.

19. Casos "Video Cable" y "Dreams", antes mencionados.

20. Algunos Tribunales constitucionales, como el alemán, el norteamericano y el español, han aceptado retroactividades para neutralizar este efecto. Ver referencia en Asorey, Rubén, "El principio de seguridad jurídica en el derecho tributario", ob. cit., p. 116.

21. Así, el caso de Borda, Guillermo, *Manual de Derecho Civil. Parte General*, 5ª ed., Bs.As., 1969; Giuliani Fonrouge, *Derecho Financiero*, vol. 1, 4ª edición actualizada por Asorey y Navarrine, p. 136; Godoy, Norberto, *La retroactividad de la ley tributaria en el derecho vigente argentino*, L.I., t. LVIII, p. 435.

22. En Argentina podemos citar a Jarach, García Belsunce, Bidart Campos, Luqui, Asorey, Bulit Goñi y Casás, entre otros. Entre los autores extranjeros mencionamos a Moschetti, Giardina, Uckmar, González García, Lejeune Valcarcel, Valdés Costa, Kruse, Ataliba, Larenz, Schick, Posadas Belgrano, Falcon y Tella, etc.

23. Los fundamentos sobre la irretroactividad de la ley fiscal y su inconstitucionalidad, son a veces disímiles pero no necesariamente contrapuestos. Ver resumen esquemático em Villegas, Héctor B., "Irretroactividad de la ley fiscal. Teorías que la fundamentan", en *Doctrina Tributaria* de Errepar, n. 136, agosto de 1991, p. 380 y ss.

del estado de derecho, pues los habitantes del país quedan a merced no sólo del derecho vigente, sino a merced también de futuras e imprevisibles decisiones políticas que eventualmente se traducirán en normas retroactivas.

Karl Larenz dice al respecto que la retroactividad propia o genuina es inadmisible si se trata de una ley onerosa para el ciudadano, puesto que la irretroactividad está basada en el principio de protección de la confianza. Para este autor sólo podrá admitirse una ley retroactiva si la confianza en una determinada situación jurídica no estaba debidamente justificada.[24]

Pero en general la retroactividad es un obstáculo a la confiabilidad. El contribuyente debe tener la convicción de que la regulación vigente en el momento que tomó su decisión, no se verá modificada por una ley que legisle sobre el pasado. Nada será seguro para un futuro inversor, por ejemplo, si está imposibilitado de prever su situación jurídica y siente la sensación de que su tranquilidad puede ser defraudada en cualquier momento por una medida retroactiva del Estado.

Sobre este tema el jurista brasileño Geraldo Ataliba es terminante:

"Por eso las leyes retroactivas repugnan a nuestro sistema. Generalmente, conllevan el sello de la arbitrariedad, del casuismo, de la personalidad, marcas repugnantes del pasado que la república representativa quiso sepultar definitivamente. La protección de los derechos adquiridos, la cosa juzgada y los actos jurídicos perfectos, dispensados predominantemente en nuestras Constituciones, dan mayor eficacia a la seguridad jurídica y establecen la correcta dimensión del ámbito de las libertades públicas".[25]

24. Por ejemplo, cuando el proyecto de ley se conocía o cuando la ley es equívoca o tiene lagunas. Autor y ob. cit. por Asorey, ob. cit., p. 104.

25. Autor y ob. cit., p. 17.

6.2 Certeza

Además de confianza basada en la generación de normas por los representantes del pueblo, y en que las reglas de juego no sean alteradas "para atrás", el contribuyente debe tener una mínima certeza respecto a legislación de fondo estable y coherente, así como de una legislación adjetiva apta para hacer valer sus derechos. Ya decía hace muchos años Adam Smith, que un grado muy considerable de desigualdad produce efectos menos dañinos que un grado muy pequeño de inseguridad.

Este contenido de certeza queda desvirtuado si se producen algunos de los defectos siguientes.

6.2.1 Inestabilidad del Derecho

Esta falla está dada por cambios normativos vertiginosos, ocasionados por un propósito recaudatorio desmedido o por el afán de novedades o experimentaciones. Es innegable que el sistema tributario debe ir siendo adaptado a las nuevas circunstancias económicas y a las nuevas realidades del país, pero esto en manera alguna puede conducir a modificaciones permanentes y continuas que sumen en un caos al sistema tributario.

Para ilustrar el punto, observemos algunos ejemplos de lo que está sucediendo en Argentina con las leyes tributarias.

El último texto ordenado de la ley de procedimientos 11683, que hace las veces de Código Tributario Nacional, fue producido en 1978. Desde aquel entonces ya transcurrieron quince anõs, y en ese interín esta ley fue modificada por dieciocho leyes, lo cual hace difícil citar un solo artículo. Muchos dispositivos carecen de número, y la única forma de referirse a ellos es como primeras, segundas o más continuaciones de los artículos que poseen numeración. Esto torna como sumamente confusa toda referencia a este importante ordenamiento normativo.

Desde la sanción de la ley de impuesto al valor agregado, ya transcurrieron siete anõs, y hubo desde entonces catorce modificaciones legales. La ley de impuesto a las ganancias tiene siete años y doce modificaciones legales.

Sólo para el régimen de retención y de percepción del IVA existen más de setenta resoluciones generales vigentes.

Es evidente que esto no puede ser, puesto que ni los contibuyentes ni los propios funcionarios pueden entender y citar la legislación, aún disponiendo de muchas horas para su estudio.

No cabe duda del grave atentado a la seguridad jurídica que esto significa. Es imperioso ordenar los textos, dictar los reglamentos y simplificar las normas.[26] No puede pedirse acierto en los operadores económicos si a los imponderables del mercado se une una acción legislativa y reglamentaria inestable y caótica. No puede pretenderse que se sientan dotados de certeza cuando no pueden sentirse plenamente seguros sobre cuál es la legislación vigente.

6.2.2 Fallas técnicas normativas

Aparte de la caótica profusión de normas mencionada en el punto anterior, puede darse la situación de que estos preceptos sean imprecisos, incoherentes, oscuros, excesivamente complejos y vagos, lo cual, por supuesto, perjudica a la seguridad jurídica. Otras fallas normativas consisten en el exceso de reglamentación. Ocurre aquí que el desarrollo reglamentario sobredimensionado entra en conflicto con la legalidad fiscal, y por ende, con la seguridad jurídica.

Otros defectos computables consisten en un inadecuado sistema de publicación, y en la falta de un regimén de consulta vinculado.

26. Dados extraídos del reportaje al experto Leonel Massad, publicado por diario *Clarín*, edición del 12 de julio de 1993, p. 20.

6.2.3 Remedios jurídicos insuficientes o inciertos

No podrá pedirse que ele ciudadano tenga la sensación de estar jurídicamente seguro, si no tiene remedios jurídicos aptos y suficientes para hacer valer sus derechos en caso de incumplirse las previsiones del ordenamiento.

Con motivo de celebrarse en Buenos Aires las XIV Jornadas Latinoamericanas de Derecho Tributario del 4 al 7 de septiembre de 1989, se trató el tema sobre las garantías constitucionales ante la presión del conjunto de tributos que recaen sobre el sujeto contribuyente. Uno de los principales puntos abordados fue el de si los habitantes de los distintos países de América Latina podían contar con un adecuado acceso a la jurisdicción.

Hubo coincidencia en que no se advertía en Latinoamérica la existencia de remedios procesales aptos, específicos y concretos. Por ello fue importante la recomendación 9ª de las Jornadas, en cuanto a que se debe propiciar que los ordenamientos adjetivos de los países incorporen las vías procesales preventivas, defensivas y reparadoras que más se adecuen con las modalidades del contencioso tributario y que garanticen, incluso en el caso de ejecución fiscal, con amplitud suficiente, el derecho de defensa, en particular cuando se esgrimam impugnaciones de inconstitucionalidad.

En la República Argentina, y no obstante haber ratificado la Convención Americana sobre Derechos Humanos o Pacto de San José de Costa Rica, se advierte que para muchos Tribunales sigue vigente el principio de "solve et repete", que las vías defensivas en las ejecuciones están severamente restringidas, que sobre la acción declarativa de inconstitucionalidad la jurisprudencia se muestra vacilante y que en líneas generales el contribuyente se ve restringido en cuanto al acceso a la jurisdicción de que habla

Augusto Morello, como parte esencial de la garantía de defensa en juicio.[27]

Quién puede decir que se siente asistido por la seguridad jurídica, cuando sus caminos procesales están vedados o severamente obstaculizados?

6.3 No arbitrariedad

Tampoco es posible pretender que la gente se sienta jurídicamente segura si no advierte uma adecuada protección por parte de los organismos administrativos y jurisdiccionales. Esto se refiere a la interpretación de normas que aún correctas pueden ser distorsionadas al ser aplicadas. Se refiere también a la necesaria convicción del ciudadano de que el Poder Judicial, en el cual deposita sus más caras esperanzas sobre restablecimiento de derechos violados, sea um órgano absolutamente independiente en relación a los otros Poderes de Estado, y en especial el Ejecutivo.

6.3.1 Interpretación arbitraria de los preceptos legales

En tal sentido debe evitarse la posible arbitrariedad de órganos administrativos y jurisdiccionales en la aplicación de los preceptos respectivos. Ello no siempre obedece a la defectuosa redacción de las normas, sino a las distorsiones de interpretación guiadas por el propósito de mejorar la recaudación aún yendo contra la letra y el espíritu de las normas. A esta falla suele agregarse la de la falta de motivación suficiente en las decisiones, y a criterios que van mutando en el tiempo, adicionando un factor más de inseguridad.

6.3.2 Poder judicial independiente

La judicatura debe aplicar da ley sin discriminación, y de conformidad a patrones técnicos perfectamente previsibles.

La seguridad jurídica únicamente funcionará de manera eficiente allí donde la jurisdicción se ejerza por una magistratura imparcial, en el marco de las instituciones que consagren la independencia absoluta del Poder Judicial, garantizada por postulados objetivamete establecidos y religiosamente observados.[28]

En la República Argentina se escucha con insistencia la teoría según la cual la justicia debe acompañar la política económica del Ejectutivo. Para lograr ello, y tanto en regímenes civiles como militares, se procuró conseguir una Corte Suprema mayoritariamente adicta al gobierno. Esto permitió que en los últimos cincuenta años se cambiara ocho veces la composición de la Corte Suprema Nacional.

Esto en nada favorece a la seguridad jurídica. Lo que la Constitución quiere es que la función jurisdiccional sea independiente de los poderes políticos, con el objeto de afianzar la justicia, como dice el Preámbulo de la Constitución.

Expresa Jorge Gentile que construir una justicia independiente es un propósito al que los argentinos no pueden renunciar, y que podrán conseguir a pesar de la disparatada "teoría del acompañamiento político". En tal sentido, señala este autor que se están observando ejemplos reconfortantes en el mundo, citando en especial el caso de Italia.[29]

27. Autor cit., "El moderno derecho procesal", trabajo publicado en *La Ley*, número del 10 de mayo de 1993. Para mayor detalle sobre la insuficiencia de los remedios procesales aptos en el derecho tributario argentino, ver Villegas, Héctor B., "Las garantías constitucionales ante la presión del conjunto de tributos", publicado en rev. *La Información*, t. LXIII, enero 1991, n. 733, p. 22 y sigtes., especialmente p. 35. Ver también el trabajo "Restricciones al derecho de defensa del contribuyente", por Sara Diana Telias y Carlos Oscar Rey, publicado en *Periódico Económico Tributario* del 18 de mayo de 1992, n. 13, p. 1.

28. Ataliba, Geraldo, ob. cit., p. 16.

29. Autor cit., "¿Nos han quitado la Justicia?", trabajo publicado en diario *La Voz del Interior*, 14 de julio de 1993.

Al margen de que estas apreciaciones sean o no fundadas, la sola duda es negativa, porque la seguridad jurídica de una sociedad se nutre en gran medida del convencimiento por parte de sus habitantes, de que cuentan con una justicia independiente y eficiente.

7. Conclusión

En definitivo, la seguridad jurídica es un valor esencial sin cuya presencia difícilmente puedan realizarse los restantes valores de superior jerarquía. En América Latina se detectan importantes deficiencias que van en detrimento del desarrollo de los países, y especialmente de aquellos que necesitan de capitales e inversores.

Es saludable que dentro de los distintos ámbitos de estudio del derecho tributario, se haya puesto últimamente el énfasis en este principio y se haya advertido que ningún avance serio del derecho tributario tendrá un efectivo resultado si no se avanza permanentemente en pro del afianzamiento de la seguridad jurídica.

DENÚNCIA ESPONTÂNEA E EXCLUSÃO DE RESPONSABILIDADE PENAL

GERALDO ATALIBA

— A lei penal tributária tem sua inteligência e aplicação dependentes da lei tributária. — A lei penal "reforça" as obrigações e deveres tributários. — O ilícito tributário, no caso, é ilícito penal; substancialmente são a mesma coisa. — O desaparecimento do ilícito tributário, pela espontaneidade, extinguiu a pretensão punitiva penal. — Lei ordinária não revoga lei complementar. — Persiste vigente e eficaz o art. 138 do c.t.n. — Interpretação que lhe retira a eficácia equivale a dá-lo por revogado. — Não é lícito ao aplicador esvaziar a eficácia do art. 138 do c.t.n. — A auto-denúncia extingue a responsabilidade penal.

I — Direito penal superposto

a) Relações entre direito penal e direito tributário

A lei penal reporta-se à lei tributária. No caso, direito penal é direito de superposição: a lei penal não precisa nem circunscreve a materialidade do fato. Limita-se a remeter o intérprete às categorias e elaborações do direito tributário. Só a correta interpretação das situações tributárias permite ter como configurado o fato penalmente referido.

Assim, a lei penal é como que completada pela lei tributária. Sem esta, a lei penal reputa-se incompleta na maioria dos casos. E insuficiente. Só com o texto penal, o aplicador fica impossibilitado de dar por configurada a figura delituosa, sempre que a lei penal reporte-se explícita ou implicitamente a situações reguladas pelo direito tributário.

Nos crimes tributários — ou "contra a ordem tributária" — coalescem lei penal e tributária, necessariamente. Entre elas há necessária vocação de recíproca integração. Os preceitos da segunda completam os da primeira. Sem aquela, esta é ininteligível, por falta de correta e acabada definição seja dos pressupostos e condições do comportamento ilícito, seja de sua intrínseca materialidade.

Tomemos como exemplo a Lei 8.137/90 que define crimes contra a "ordem tributária". Reporta-se à omissão de "informação" (art. 1º, I). Ora, é a lei tributária que dirá o que é "informação"; que forma deve revestir; que formalidades deve observar; quando é devida; se é obrigatória ou facultativa, se pode ser suprida; se sua ausência prejudica, e em que medida, o fisco; se é substancial ou formal etc.

Só o direito tributário, também, pode dizer quando há "tributo" devido; se há tributo, se já é devido, quando tornou-se devido e em que medida; quais as hipóteses de não exigibilidade, suspensão, prorrogação, redução ou exclusão dos débitos tributários. Da mesma forma, só a lei tributária — interpretada por jurista afeiçoado às técnicas próprias desse ramo — poderá dizer o que são "rendas" (art. 2º, I); o que é "documento ou livro exigido pela lei fiscal" (art. 1º, II), quando o é, em que condições e com quais efeitos.

Enfim, é impossível a correta aplicação da lei penal, sem prévia e rigorosa interpretação da lei tributária. A operatividade da lei penal depende de correta, segura e firme compreensão do conteúdo, sentido e alcance da lei fiscal, bem como de rigorosa — e acuradamente técnica — verificação de sua incidência sobre determinado fato, precisamente colocado.

O intérprete e aplicador da lei penal não poderá dar por ocorrido o fato criminoso sem determinar com precisão e rigor a obrigação tributária, suas características e peculiaridades estruturais e funcionais, em suas perspectivas estáticas e dinâmicas. Mais que isso, requer-se especialização acurada, para verificar a subsunção do fato questionado às hipóteses legais: a adequação rigorosa do fato concreto à sua hipotética e genérica descrição legal.

Porque — a despeito de todas as aparências indutoras do leigo — se a obrigação tributária não existir (o que leva à impossibilidade do débito) ou o dever acessório não for exigível, torna-se impossível cogitar-se de crime.

Esse é um caso — certamente não original — em que a configuração concreta do delito está em total, absoluta e irremissível dependência não só da compreensão, mas da concreta e efetiva aplicação da lei tributária, que é feita pelo fisco com a colaboração (em variada medida, conforme o caso) do contribuinte, mas sempre sujeita a controle jurisdicional. Quer dizer, não definitiva, por passível de sofrer interpretação autoritária, esta sim definitiva, do Judiciário.

Destarte, enquanto não delineada uma situação concreta, à luz do direito tributário, de modo a tornar inquestionáveis as circunstâncias de fato e sua qualificação legal, é impossível dar-se por configurado o crime fiscal.

Isso deixa claro e inquestionável que é total, absoluta e insuperável a dependência em que o aplicador da lei penal fica, diante da lei tributária, e demonstra, cabalmente, o cunho de *direito de superposição*, da lei penal. Esta não se aplica a fatos imediatamente apreensíveis pelo seu aplicador, mas a fatos só qualificáveis, previamente (antecedência lógica e cronológica) pela lei tributária.

Assim, se a lei tributária exclui o tributo, ou difere o surgimento da obrigação ou modifica os deveres acessórios etc., isso altera, posterga, reduz ou exclui a aplicação da lei penal.

b) Condicionamento do aplicador da lei penal

O fato penalmente punível é qualificado por lei tributária anterior. Só esta poderá dizer que é tributo, quando surge, quando exingue-se. Só esta pode estabelecer quando há dever de informação ou declaração; definir "autoridade fazendária"; "elementos inexatos"; "operação"; que livros fiscais, com quais formalidades, podem ser exigidos; que é "nota fiscal" etc.

Também só a lei tributária pode estabelecer o dever de recolher "tributo descontado" e o que se entende por "recolhimento" (compra de selo ou estampilha, débito em conta, lançamento contábil etc.).

A exata determinação do alcance da lei penal — para ser corretamente aplicada — depende de boa compreensão do exato significado dos termos referidos pelo legislador, o que só é possível, mediante adequada interpretação da lei tributária.

Esta consideração — que não parece passível de contestação — demonstra cabalmente a dependência em que fica o intérprete da lei penal, diante da legislação tributária. E reforça o argumento da sobreposição do direito penal relativamente ao tributário.

Ora, se o art. 138 do c.t.n. faz desaparecer toda irregularidade de comportamentos concernentes a tudo isso, não é jurídico entender-se cada fato desses como autônomo, para efeito penal. Se a lei tributária — no caso, o c.t.n. — faz, retroativamente, desaparecer situações e altera os efeitos de atos e fatos tributários pretéritos, não parece coerente entender-se persistentes seus efeitos penais.

Se a lei tributária qualifica o arrependimento de modo a atribuir-lhe o forçar a retroação de seus efeitos a momento anterior, sanando irregularidades, cassando a pretensão sancionatória que favorecia o fisco e dispondo de modo a ter-se como não ocorrido o ilícito, não parece possível — sem grave incoerência — pretender-se inalcançadas as conseqüências penais do fato, quando estas eram meramente sancionadoras precisamente do interesse fiscal que o legislador tributário reputou satisfeito, dando por plenamente quite o contribuinte faltoso.

Tudo isso não causa espanto, nem surpresa, para quem, sendo jurista, conhece a unidade fundamental do direito (Ruy Cirne Lima) e o caráter sistemático de que se reveste sua estruturação.

Deveras, se a lei penal — no caso dos crimes contra a ordem tributária — é lei de superposição, mas saliente fica o cunho reciprocamente integrador dela e da lei penal.

As normas tributárias são *presupposte da quelle penali* (Francisco Tesauro, *Istituzioni di diritto tributario*, vol. I, p. 250), havendo dissenso, na doutrina e na jurisprudência italianas, sobre se são *integratici di quelle penali*. O bem jurídico protegido é o *poder tributário do estado* (Albert Hensel, *Diritto Tributário*, trad. D. Jarach, Ed. Giuffrè, 1956, p. 311), ou *l'interesse fiscale del ente pubblico* ou *il bene protetto ... é soltanto l'interesse alla trasparenza fiscale* (F. Tesauro, op. cit., p. 249). Em toda e qualquer hipótese, o ilícito (agressão a tal bem jurídico) delinea-se, define-se, confina-se ao setor tributário, para ter repercusão, no campo penal, como total dependência das qualificações legais e respectivas categorizações jurídicas anteriores. A alternativa — até mais favorável à tese que aqui vem sendo exposta — seria aceitar a unidade substancial do ilícito, para dá-lo "absolvido", integralmente, *ex vi* do art. 138 do c.t.n. Basta recordar lição do mestre Cernichiaro: "Aceita a colocação, facilita extrair a conclusão de que a lei repressiva fiscal se situa no âmbito do Direito Penal. Esta ilação não deve ser recebida com reservas; *o Direito é um todo indivisível, não apresenta contradições*; ao contrário, as normas se completam e se interpenetram, não sendo de estranhar que o rigor penal seja trazido à colação *para reforço do bem juridicamente tutelado*, ainda que de interesse imediato do Tesouro" (Vicente Cernichiaro, *Estudos em Homenagem a Aliomar Baleeiro*, Universidade de Brasília, 1976, p. 300).

Cernichiaro é coerente e categórico: "A visão deve ser global, porque o ilícito (também o lícito), substancialmente, é um só" (p. 300).

Assim, se a denúncia espontânea (art. 138 do c.t.n.) suprimiu do mundo jurídico o ilícito, não cabe — do abstrato discernimento entre o caráter penal ou tributário — sustentar sua persistência, contra a letra e o espírito da lei (art. 138, c.t.n.). À perplexidade que tal postura coloca, voltaremos oportunamente.

II — Caráter sistemático do direito

Tudo isso decorre da unidade fundamental do sistema jurídico, atribuindo-lhe necessária harmonia interna. Quem — como os juristas — percebe o cunho sistemático do direito, sabe que suas diversas "partes" são solidárias e que os preceitos que o compõem são harmônicos entre si. Daí que o sistema jurídico não abrange contradições. Pelos princípios gerais da lógica jurídica (positivados pela lei de introdução ao código civil) o intérprete sabe encontrar a coerência, harmonia e, pois, sistematicidade no "aparente" caos (aos olhos do leigo) do direito positivo (Lourival Villanova). E sabe que não coexistem no sistema normas conflitantes, preceitos reciprocamente excludentes (Tércio Sampaio Ferraz). As normas de um sistema não brigam umas com as outras (Carlos Maximiliano). O que o direito dá com a mão esquerda não retira com a direita (Rui Barbosa). Daí ser correto dizer que, em direito, uma coisa ou é ou não é. Não pode ser e não ser ao mesmo tempo sob a mesma perspectiva. A norma é eficaz ou ineficaz; vigente ou não; existente ou inexistente; e pois aplicável ou não. De tudo isso depende a subsunção do fato à norma. Dada a subsunção, a norma incide. E incidindo, produz os efeitos para que foi "posta" (direito *positivo*) no sistema.

Paulo Barros Carvalho formula a propósito, síntese rigorosa: "... as normas jurídicas formam um sistema, na medida em que se relacionam de várias maneiras, segundo um princípio unificador. Trata-se do direito posto que aparece no mundo integrado numa camada de linguagem prescritiva. Produto do homem para disciplinar a convivência social, o direito pertence à região ôntica dos objetos culturais, dirigindo-se, finalisticamente, ao campo material da conduta... Examinando o sistema de baixo para cima, cada unidade normativa se encontra fundada, *material e formalmente*, em normas superiores. Invertendo-se o prisma de observação, verifica-se que das regras superiores derivam, *material e formalmente,* regras de menor hierarquia.

"Todas as normas do sistema convergem para um único ponto — a norma fundamental — que dá fundamento de validade à constituição positiva. Sua existência imprime, decisivamente, caráter unitário ao conjunto e a a multiplicidade de normas, como entidades da mesma índole, lhe confere o timbre da homogeneidade. Isso autoriza dizermos que o sistema também empírico do direito é unitário e homogêneo, afirmação que vale para referência ao direito nacional de um país ou para aludirmos ao direito internacional, composto pela conjunção do pluralismo dos sistemas nacionais" (*Curso de Direito Tributário*, Ed. Saraiva, 5ª edição atualizada, p. 84).

III — Denúncia espontânea e ilícito penal

Se aceitas estas premissas, fica mais fácil introduzir o raciocínio conducente à solução da questão posta pela consulta e que se resumiria à indagação de cunho teórico: *É efeito da espontaneidade suprimir do universo jurídico o ilícito? Supresso este, pode-se sustentar que produza efeitos no campo da responsabilidade penal?*

Ora, o desaparecimento de um implica a perempção de outro, mormente se este outro é reforçador daquele. "O Direito Tributário visa ao recolhimento de contribuições do indivíduo para a receita do Estado. As suas sanções não são mais do que conseqüências jurídicas destinadas a criar coação geral e individual para o contribuinte cumprir sua obrigação; em outras palavras, buscam garantir e efetivar as respectivas normas" (Vicente Cernichiaro, op. cit., p. 298).

Se a lei tributária — com o fito de estimular a regularidade do fluxo de recursos para o Tesouro Público (Albert Hensel) — cria instituto que implica o desaparecimento de delito, já se vê que as sanções previstas (penais ou meramente administrativas) devem ser compreendidas e aplicadas em consonância com esse *desideratum*, inspirador da lei tributária.

Aproveitando a lição do insigne magistrado Cernichiaro, vê-se que não tem sentido cogitar-se de "coação geral e individual", num caso em que o próprio comportamento visado foi tornado lícito pela lei tributária (art. 138 do c.t.n), tornando perempta toda pretensão punitiva. Seja qual for a teoria que se adote, não cabe reforço penal de obrigação que a lei dispensou ou extinguiu: "A pena, mesmo aceitando-se o Direito Penal — constitutivo, originário e autônomo — no sentido de reelaborar conceitos — em virtude de sanções menos severas se mostrarem insuficientes, comparece para *reforçar* o cumprimento das determinações jurídicas" (op. cit. pág. 298).

A "determinação" legal que a lei 8.137/90 "reforçava" desapareceu, *ex vi* do art. 138 do c.t.n., no caso.

Ora, *se* a denúncia espontânea, em virtude de expressa disposição legislativa, (art. 138, do c.t.n.) coalesce com as demais normas integrantes do sistema e é com elas harmônica; *se* ela torna lícito o ilícito; *se* "apaga" o erro; *se* reverte as situações; *se* faz desaparecer a pretensão punitiva; e *se*, sobretudo, a lei penal simplesmente sanciona a lei tributária para reforçar-lhe a eficácia, é fácil de verse que, no caso de denúncia espontânea, o ilícito desaparece, acarretando a extinção da punibilidade.

Gritante contradição — não abrigada pelo sistema — seria desaparecer o ilícito fiscal consistente no não recolhimento do tributo e permanecerem os instrumentos acessórios estabelecidos em seu *reforço*. Isso agride o princípio segundo o qual o acessório segue o principal. A sanção é norma de segundo grau (Villanova), destinada a dar eficácia à norma de primeiro grau. Satisfeita esta, não tem propósito pretender-se incidente a outra.

Seria, mesmo, inteiramente despropositado pretender a manutenção do instituto da espontaneidade, sem atribuir-lhe o efeito de tornar peremptas todas as pretensões estatais referentes à obrigação que ela, espontaneidade, visa a absolver. Ora, tal contradição não se abriga em nenhum sistema jurídico. Admitir que o fisco possa manter e exercitar pretensão penal, diante de comportamento induzido pela lei (art. 138 do c.t.n.) é vislumbrar norma chocando-se com norma; norma brigando com norma, todas vigentes e eficazes ao mesmo tempo. Instituto jurídico anulando instituto jurídico.

À forma normal que o nosso sistema consagra para a eliminação de um instituto completo, acabado e definido, como o é a *denúncia espontânea*, é a revogação. No dia que o legislador complementar decidir tirar do sistema a espontaneidade, deverá editar lei complementar revogando o art. 138 do c.t.n.

Enquanto o legislador complementar não introduza explícito preceito revogando o art. 138 do c.t.n., este persistirá. E continuará irradiando sua especial eficácia sobre as situações que foi chamado a cobrir. Vigente este, a lei ordinária — penal ou tributária — terá sua interpretação e aplicação subordinada a seus preceitos.

Pretender aplicar lei penal com abstração das impostergáveis exigências sistemáticas concernentes ao instituto da espontaneidade — modelado por lei tida pela jurisprudência e pela maioria da doutrina como complementar — é desrespeitar os mais básicos princípios conformadores de nossa ordenação jurídica e desacatar os mais elementares postulados da coerência que tornam viável a exclusão do arbítrio e da álea, timbres do direito nos estados civilizados.

Nenhuma das figuras penais previstas na lei 8.137/90 pode ter existência ou qualificação, independentemente da legislação tributária. Não é possível, assim, ao intérprete da lei penal desconhecer os institutos tributários e a disciplina que tal legislação estabelece. Mais do que isso: a relação, no caso, é de dependência. A solução penal depende da solução tributária. Se a lei tributária dispõe ser inexistente ou inexigível uma obrigação ou um dever, não pode o aplicador da lei penal entender diversamente.

No caso da consulta, se a lei tributária — art. 138 do c.t.n. — preceitua que os encargos decorrentes de uma situação desaparecem e não são mais exigíveis, não se pode entender aplicável a sanção que a protege. Se a lei tributária expressamente "apaga" o ilícito, não se pode entender persista ele para efeitos penais.

Conseqüentemente, não pode o fisco ver mantido seu interesse jurídico na punição do ilícito, se norma jurídica válida (art. 138 do c.t.n.) o fez desaparecer apagando-o. Com a denúncia espontânea, a nosso ver, feneceu a legitimidade da perseguição punitiva.

IV — Indiferenciação substancial entre sanção penal e tributária

É corrente, entre os mais autorizados professores de direito tributário, a afirmação de que não há diferença entre infração e sanção penal e infração e sanção tributária, o que leva à lógica conseqüência de que o desaparecimento de uma — por força de um fato legalmente qualificado para produzir tal efeito — leva ao inexorável desaparecimento da outra.

Deveras, o ilícito tributário é também penal, em alguns casos, definidos discricionariamente pelo legislador. Porém, "ontologicamente, os ilícitos não se distinguem. A distinção é dogmática, residindo unicamente nas sanções — conseqüências da não-prestação" (Vicente Cernichiaro, *Estudos em homenagem a Aliomar Baleeiro*, p. 297).

É da melhor doutrina espanhola: "*Infracciones y sanciones penales e infracciones y sanciones administrativas* son, creemos, con una gran parte de la doctrina, esencialmente, *ontológicamente, iguales*. El legislador califica la conducta ilícita en ambos casos de igual forma: de tal manera que la hace merecedora de una sanción penal, de una sanción que tiene como finalidad el castigo y la intimidación" (Jose Juan Ferreiro Lapatza, *Curso de Derecho Financiero Español*, Ed. Marcial Pons, Madrid, 13ª edición, 1991, p. 432).

Sublinha o insígne professor de Barcelona: "La *diferencia* entre sanciones e infracciones penales e infracciones y sanciones administrativas es *puramente formal*. Se basa fundamentalmente en el órgano llamado a apreciarlas y aplicarlas. Si es un órgano judicial, la infracción y la sanción son penales. Si es un órgano administrativo, la infracción y la sanción son administrativas" (pp. 432-433).

Tal tese sustenta-se, solidamente, no postulado da unidade do sistema jurídico. Diz Ferreiro: "Las normas penales (propias o impropias, es decir, penales administrativas) conforman un *único ordenamiento* jurídico. Tal unidad postula, junto a otras razones que en él inciden, el mantenimiento del princípio non bis in idem en todos los casos" (p. 437).

Assim, expõe, com vigor, a conseqüência do postulado: "El principio general del derecho conocido por non bis in idem — ha declarado el Tribunal Constitucional (S. de 30 de enero de 1981) — supone en una de sus más conocidas manifestaciones, que *no recaiga duplicidad de sanciones — administrativa y penal* — en los casos en los que se aprecie la identidad del sujeto, hecho y fundamento sin existencia de una relación de supremacia especial de la Administración — relación de funcionario, servicio publico, concesionario, etc. — que justificase el ejercicio del ius puniendi por los Tribunales y a su vez de la potestad sancionadora de la Administración'' (p. 437).

Esta argumentação deduz, como se vê, as corretas e adequadas conseqüências do postulado. E reforça substancialmente a concepção — a que nos arraigamos — de que a extinção da pretensão punitiva é total e absoluta, não comportando inteligência cuja conseqüência implique desconsideração das exigências do sagrado princípio *ne bis in idem*, seja em seus aspectos positivos, seja negativos. Porque esse princípio só pode ser lembrado na inteireza de sua eficácia e somente aplica-se na hipótese de identidade substancial de comportamentos e normas que o qualifiquem.

V — Tratamento exegético do caso concreto

a) Exclusão de punibilidade e prudência na interpretação

Ninguém pode ser punido por exercer um direito. Principalmente quando o exercício do direito é instrumento do cumprimento de um dever. Deveras, o art. 138 do c.t.n. dá ao contribuinte um direito, que, por sua vez, é instrumento (estímulo, veículo) do cumprimento do dever de pagar tributo.

Ora, se alguém exerce o direito, exatamente na forma (e para a finalidade) prescrita na lei tributária, não poderá incidir em sanção penal. Tal contradição não se abriga em nenhum sistema jurídico.

b) Revogação do art. 14 da Lei 8.137/90

A Lei 8.383, de 1991 (art. 98) revogou o art. 14 da Lei 8.137/90. Deve-se perquirir o alcance dessa decisão legislativa, à luz dos preceitos constitucionais sobre a matéria.

Por acaso o dito art. 14 suprimiu a eficácia do art. 138 do c.t.n.? Parece que não. É implicação clara e necessária desse preceito (art. 138) que a pretensão punitiva desaparece, com o desaparecimento do ilícito tributário. O art. 14 da Lei 8.137/90 tinha a virtude de dispensar esforços de interpretação e agilizar, no campo penal, as conseqüências do art. 138. Por outro lado, perturbava sua eficácia, enquanto induzia muitos contribuintes a aguardarem a iminência da denúncia penal, para recolherem o débito tributário.

Daí que sua revogação (do art. 14) não possa ser reputada como tendo o efeito de esvaziar — retirando-lhe toda eficácia — o art. 138 do c.t.n. Pelo contrário. Veio tornar mais rápida a resposta do contribuinte faltoso ao seu estímulo (já não aguardará a iminência da denúncia; pelo contrário, antecipar-se-á a qualquer ação fiscal, ainda na esfera administrativa).

Enquanto não sobrevier lei complementar que o retire do sistema, o art. 138 há de produzir os efeitos que lhe são próprios (aqui estudados). Estes efeitos supõem, necessariamente, o desaparecimento do ilícito anterior, que só chegou a ser conhecido pelo fisco, pela autodenúncia do contribuinte.

Não se pode atribuir à revogação do art. 14 da Lei 8.137/90 significado que implique desconsiderar o quadro geral — dentro do qual movimentar-se-á o intérprete — que condiciona, envolve e dá substância e eficácia ao art. 138 do c.t.n.

É que — se desaparece a legitimidade para o fisco argüir o não pagamento, com seus consectários — forçosamente desaparece a pretensão punitiva penal, indissociável da teleologia do art. 138 do c.t.n. Seria superficial — para não dizer primária — a visão fragmentária das normas aglutinadas em torno do art. 138.

c) Contradição interpretativa (incompatibilidade entre o art. 138 do c.t.n. e punição)

Ou o art. 138 do c.t.n. apaga os fatos ilícitos passados, ou não apaga. Não há meio termo. É que (a) o ilícito é um só (não ter pago tributo oportunamente) e (b) a espontaneidade perde razão de existir, se o contribuinte arriscar-se a ser submetido a processo penal.

Todo o concerto da doutrina — secundado pela jurisprudência — entende que o comportamento do contribuinte, nos termos do art. 138 do c.t.n., torna lícito o ilícito; desfaz a ilicitude e "dá o dito por não dito". Para que a lei complementar tributária não seja tida como ineficaz pelo intérprete, deve ter seus efeitos integralmente respeitados. Isso, no caso, implica necessariamente o afastamento da sanção penal.

Entender doutra forma é afirmar a superioridade da lei ordinária sobre a complementar e atribuir grave incoerência ao sistema. Pretender aplicar sanção penal, para proteger obrigação tributária extinta e desaparecida — *ex vi* do art. 138 do c.t.n. — é ignorar a lei tributária e sobrepor a sanção ao próprio bem jurídico tutelado, subvertendo a lógica do sistema e invertendo seus desígnios.

Há invencível e evidente incompatibilidade entre o preceituado no art. 138 do c.t.n. e qualquer punição. A esta imprime a ordem jurídica um sentido negativo incompatível com a nota positiva, característica do c.t.n.

Admitir, assim, punição — em razão de fatos que se abrigam no art. 138 do c.t.n. — é dá-lo por revogado. Ora, não se tem por revogado um instituto jurídico por implicação, por inferência. Havia necessidade de explícita manifestação legislativa, nesse sentido, o que não houve. Além do mais, se o c.t.n. contém normas gerais, só lei complementar poderia revogá-lo.

Todo resultado de esforços exegéticos que levem à inutilização, redução à ineficácia ou perempção do instituto da espontaneidade — tal como timbrado pelo preceito do art. 138 do c.t.n. — deve ser repelido, por repugnante ao nosso sistema. Deveras, assim entender é dar por perempta essa disposição. É entender que houve sua revogação tácita.

Ora, isso seria rotundo equívoco. Um instituto jurídico com tão clara inspiração e contornos tão nítidos, exercendo função tão bem estabelecida no nosso sistema e harmonicamente articulado com todos os demais institutos tributários não se pode reputar expelido do sistema por implicação, revogado tacitamente, como se se tratasse de preceito secundário, sem significação maior.

Se o art. 138 é norma geral de direito tributário — como o entendem doutrina e jurisprudência — não pode a interpretação da lei penal levar a conclusão pela sua revogação (ou esvaziamento) por obra de lei ordinária, como o é a lei penal.

d) Direito penal tributário

O mais influente doutrinador espanhol, o prof. Sainz de Bujanda, enquadrando o direito penal tributário no direito penal, àquele designa *derecho tributario sancionador* (*Hacienda y Derecho*, vol. V, p. 540).

Critica a expressão "penas penais" (o mesmo que "penas criminais") a que é levada a fórmula italiana pedestremente positivista (que "deja ... al jurista en vacaciones: ya no tiene que pensar. Para que?"), após repudiar sua posição científica: "Vuelvo, pues, a lo que apuntaba hace unos instantes. No voy a seguir — decia — el método adoptado por un amplio sector de la literatura italiana, sino otro que toma en consideración ciertos conceptos generales para explicar, desde ellos, la peculiar situación en que se encuentra, dentro de la ciencia del Derecho, el tema de la infracción tributaria y el del Derecho penal tributario.

"Para que mi modo de razonar no parezca estéril, por irreal, me veo precisado a ampliar algo estas consideraciones metodologicas, de tipo preliminar, con las que trataré, de paso, de poner de relieve que la guinera se aloja más bién en la construcción que se opone a la que postulo, es decir, en aquella que pretende convertir la voz imperativa del legislador en creadora de todo Derecho y, lo que es más inconcebible, en artífice de la ciencia que lo explica" (p. 544).

E, após resistir a que *el pensamiento jurídico haya quedado paralizado o prisionero en las mallas del dispositivo legal* (op. cit., p. 547), distingue o conceito jurídico do conceito legal (op. cit., p. 548), examina as sanções sob o critério do conteúdo, fundamento e finalidade (op. cit., p. 550), para — à semelhança de Juan Manuel Teran — distinguir conceitos jurídicos *puros* de decisões autoritárias do legislador criando *conceitos legais*.

Ao cabo de acurado encadeamento de raciocínios críticos, elegantemente expostos, sublinha o desígnio de "segurança" que perpassa o sistema jurídico e considera que as infrações são — mais que ameaça a esse valor (segurança jurídica) — uma ruptura transitória dele, cujo remédio é a sanção (p. 551). Prossegue mostrando que a infração torna a sociedade — titular do bem ultimamente protegido = a ordem jurídica — vítima, ao lado daqueles seus membros, que têm diretamente lesada sua esfera jurídica de modo especialmente intenso (p. 552).

Desenvolve sua fecunda elaboração, para sustentar que a sanção tributária é sempre pena intimidatória, exemplar e repressiva (p. 562), seja qual for o *nomem juris* que lhe atribua o legislador. Daí o excluir qualquer cunho indenizatório, para repisar seu caráter expiatório, com finalidade intimidatória (p. 563).

Daí extrair a conclusão de que substancialmente são idênticas as sanções chamadas tributárias e as penais, não confundindo o jurista a natureza das normas, em função das denominações adotadas pelo legislador (p. 568), que não conseguirá jamais superar sua "identidade substancial".

Presente — por razões que não importa agora discutir — a sanção, num corpo legislativo designado "código penal" ou "código tributário", com o nome de pena, ou sanções pecuniárias, ou multas, a "identidade substancial" persiste. Daí a exonerável incidência dos princípios constitucionais retores do exercício do *ius puniendi* em todos os casos, a despeito (p. 571) de qualquer manobra legislativa ou locubração doutrinária. Com base nisso, pode afirmar, magistralmente:

"Pues bién, supuesto todo lo que antecede, como negar que el Derecho que regula las infracciones tributarias y las penas que a ellas se aplican es una *parte del Derecho penal*? Se trata, sin duda, de un sector del Derecho penal que no ha emigrado del campo de la legislación tributaria, pero que por ello *no deja de ser constitutivamente Derecho penal*" (p. 572).

E Sains de Bujanda, com sua admirável verve, reproduz a explicação (ou justificação) doutrinária prevalecente, tal omo formulada pelo ínclito Dino Jarach: "... se trata de una parcela del derecho penal que aún no se ha emancipado del cuerpo del Derecho positivo tributario, que sigue viviendo en el marco de los textos positivos tributarios, por lo que la denominación de Derecho tributario penal es orientadora para el profesional del Derecho y permite, además, en el plano didáctico, seguir comprendiéondolo dentro de un Curso de explicaciones del derecho tributario" (p. 573).

De tudo (que esta pálida síntese seja estímulo à releitura detida das lições desse grande mestre) resulta, a nosso ver, demonstrada a impossibilidade de discernir infração tributária de infração penal e, sobretudo, a inviabilidade de pretender-se que uma lei exclua *ex tunc* um ilícito para efeitos de responsabilidade tributária, sem ter o mesmo efeito no setor penal.

e) Confissão de crime — Inversão da teleologia da lei?

Parece rotundamente equivocada toda interpretação que conclua que a espontaneidade possa ser entendida como confissão de crime. Pior, como requerimento que o contribuinte faz de abertura de inquérito para apurar crime por ele mesmo cometido. *Nemo venire in se.* Admiti-lo é jogar por terra toda a doutrina que a civilização ocidental veio construindo nos últimos séculos. Daí o impor-se categórica repulsa a toda interpretação que caminhe nesse sentido.

É razoável a interpretação que afirma que a revogação do art. 14 da Lei 8.137/90 teve o condão de transformar uma causa extintiva de punibilidade em confissão e prova material de crime?

A prevalecer tal orientação, criar-se-á estímulo a que todos os contribuintes escondam seus ilícitos e tratem de dissimular seus traços, empenhadamente. Enfim, estar-se-á afirmando a revogação ou — o que dá no mesmo — total perda de eficácia do art. 138 do c.t.n.

Na verdade, parece mais jurídico entender que a lei revogadora teve o fito de retirar o aparente estímulo a que os contribuintes optassem por só pagar tributo às vésperas da denúncia.

Deveras, o caráter sistemático do direito postula conclusões exegéticas opostas: induz claramente o intérprete a entender que a revogação do dito art. 14 — ao contrário de esvaziar — veio reforçar a eficácia do art. 138 do c.t.n., restabelecendo a cristalinidade do desígnio prescrito e afastando toda perturbação à realização de seu desiderato.

Com a revogação do art. 14, superou-se a situação de dúvida do contribuinte e afastou-se o aparente incentivo a que só recolhesse o tributo já devido, mas não declarado nem recolhido, às vésperas da denúncia penal.

Com a dita revogação, nenhum fator normativo transtorna a denúncia espontânea, desde o primeiro momento, após a prática do ilícito. Não há mais o dado normativo perturbador que induzia o contribuinte faltoso a aguardar a iminência da denúncia penal, para, só então, quitar-se perante o fisco. A revogação do art. 14 aprimorou substancialmente o sistema.

f) Proteção à confiança

Doutrina e jurisprudência alemãs preocupam-se com "proteção da confiança". Autores espanhóis refletem o cuidado com esse valor. Alberto Xavier dedica belas páginas ao tema (v. *Princípios da legalidade e tipicidade da tributação*, ed. R.T., S.P., 1978, p. 43 e ss.). De nada vale a Constituição, se o clima que a jurisprudência vier a propiciar não resguardar esse dado republicano elementar.

À vista disso, vê-se que o fisco não pode "aproveitar" soesmente o art. 138 do c.t.n., para punir o contribuinte que adere a seu espírito. No instante em que isso fosse tolerado, ele (art. 138) seria inutilizado e teria perdido toda sua significação e eficácia. A lei tributária deixaria de servir à sua natural teleologia (abastecer os cofres públicos) e empobrecer-se-ia como instrumento de indução de comportamentos corretivos dos contribuintes.

Ora, tal deliberação política tão grave — e de tão importantes efeitos — não poderia ser adotada pelo intérprete, mas só pelo legislador complementar.

VI — Desdobramentos

a) Crime de dano

Os crimes previstos na lei 8.137/90 devem ser tratados como crimes de dano, ainda que algumas figuras aparentem crime de "mera conduta". É que o bem jurídico tutelado é, sempre e principalmente, a eficácia e regularidade da arrecadação (Francesco Tesauro). Mesmo porque todos os comportamentos previstos nessa lei só têm explicação — e só podem ser compreendidos — em função do interesse da arrecadação tributária.

Nessa perspectiva, parece evidente que a decisão normativa do legislador tributário, incentivando a denúncia espontânea, há de ser entendida como satisfatória do interesse tributário posto à sua cura. Daí também que o saneamento do ilícito (substancialmente detrimentoso do tesouro) exclui peremptoriamente o dano. Não cabe cogitar de dano, se a lei (art. 138 do c.t.n.) faz presumir plenamente quite o contribuinte devedor.

b) Direito italiano

Também a lei italiana exclui a punibilidade em casos de auto denúncia: "Non è punibile chi — entro novanta giorni dal termine stabilito per la presentazione della dichiarazione — porta specificamente a conoscenza degli uffici competenti i redditi non indicati nella dichiarazione infedele, sempreché la violazione non sia stata constatata e *non siano iniziate ispezioni* o verifiche. Trattasi del c.d. ravvedimento operoso, che richiede chi si porti a conoscenza dell'ufficio, in qualsiasi modo, il reddito non dichiarato. Deve trattarsi de una comunicazione precisa del dato non dichiarato: talle comunicazione ha *efficacia esclusivamente penale*, e non impedisce l'applicazione delle sanzioni amministrative per l'illecito di infedele dichiarazione" (Francesco Tesauro, *Istituzioni di Diritto Tributario*, UTET Editore, pp. 254-255).

A diferença entre o direito italiano e o nosso está em que, lá, a auto denúncia só exclui a responsabilidade penal e não — como aqui — também a tributária (ou administrativa tributária).

Sublinha Tesauro a condição legal — como no direito brasileiro — da espontaneidade: "Vediamo, ora, l'esimente. 'Non punibile chi specificamente indica nella (relativa) dichiarazione i corrispettivi non fatturati o non annotati, a condizioni che ne sia stata effettuata apposita annotazione nelle scritture contabili, che la violazione non sia stata constatata e che non siano iniziate ispezioni o verifiche'. L'esimente, quindi, accordata a chi — omessa l'annotazione o la fatturazione — *vi ponga poi rimedio*, provvendo all'annotazione e dichiarando i corrispettivi originariamente non fatturati o non annotati; il revvedimento deve essere *spontaneo*: tutti sono disposti a pentirsi, quando temono di essere scoperti (deve precedere, quindi, l'accertamento)" (op. cit., p. 256).

Não é originalidade nossa a inspiração do art. 138 do c.t.n. Apenas nossa disciplina é mais moderna. E mais abrangente.

c) Direito alemão

Já no direito alemão da década de 20 era certo que "depois de cometida uma fraude fiscal... quem retifica sua declaração inexata — sem que tenha havido (objetivamente) uma denúncia ou seja iniciada uma inspeção e sem que um imediato perigo de ser descoberto o haja induzido (subjetivamente) à retificação — remanesce impune" (Hensel, *Diritto Tributario*, trad. D. Jarach, p. 313).

Na redação atual do código de impostos alemão (R.A.O.) o tema é tratado pelo § 153, que prevê a retificação (1.1) que, combinado com os §§ 168 e

169 (v. *Ordenanza tributaria alemana*, trad. Carlos Palao, estudo preliminar de Heinz Paulick, ed. Instituto Estudios Fiscales, Madri, 1980, p. 133), dá a feição atual do instituto, da retificação por auto denúncia.

Do teor do preceito e dos comentários do autorizado H. Paulick se vê que nem passa pelas cogitações dos aplicadores, atualmente, a pretensão de punir o contribuinte que se auto-denuncia, colaborando (ainda que serodiamente) com o fisco e atendendo a um induzimento ilegal.

d) Clima administrativo-fiscal brasileiro

O não pagamento de tributo não é necessariamente inspirado em má-fé. Várias são as razões que podem a isso conduzir, como didaticamente o expõe Aires Barreto: "Não raras vezes, contribuintes, mal informados ou assessorados, descumprem dispositivos legais, regulamentares ou administrativos" (*Suplemento tributário*, LTR, n. 49/79, p. 259).

No tumulto dos regulamentos e normas menores, na instabilidade legislativa e na desorganização administrativa em que vimos vivendo, não estranha que haja equívocos e erros de fato e de direito involuntariamente praticados, por ação ou omissão.

As próprias divergências entre órgãos administrativos, e até mesmo judiciais, alimentam esse clima e dão ensejo a todo tipo de perplexidades e dúvidas, que explicam muitos erros e, pois, muitas aparentes sonegações e inadimplências.

Isso é que contribui para explicar a postura legislativa de criar um tão forte estímulo a que os contribuintes — ao contrário de esconderem seus erros (voluntários ou não) — procurem o fisco e relatem-nos, recolhendo os tributos devidos, cuja existência era ignorada pelo fisco e tinham muita probabilidade de assim persistirem.

VII — Síntese conclusiva

Todo o aqui longamente exposto pode assim ser — a título de conclusão — sintetizado:

1. A intelecção da lei penal — na maioria dos casos de crimes contra a ordem tributária — depende de prévia determinação dos conceitos tributários, todos estritamente legais.

2. Conseqüentemente, a aplicação da lei penal é condicionada à exata interpretação da lei tributária que, no caso, é "pressuposto" daquela.

3. Só compreensão global da ordenação jurídica — necessariamente una e sistemática — permite adequada solução dos casos concretos postos à decisão dos aplicadores. Essa *compreensão* é que enseja ver a interrelação específica entre lei penal e lei tributária.

4. A denúncia espontânea de ilícito tributário — acompanhada, como foi o caso, do recolhimento do tributo devido — apaga, expungindo do universo jurídico, a infração. Desaparece, conseqüentemente, a responsabilidade do contribuinte. Extinguem-se, pois, quaisquer pretensões punitivas do estado.

5. As infrações e sanções penais são ontologicamente iguais às infrações e sanções tributárias. O bem jurídico tutelado é o mesmo. Desaparecida a infração não cabe a sanção. Se o art. 138 do c.t.n. cancela, anula, extingue a infração tributária, não pode persistir sanção que a reprime.

6. Se a finalidade da espontaneidade (art. 138 do c.t.n.) é incentivar a autodenúncia, punir plenamente quem a faça implica retirar toda eficácia ao instituto. Isso é contradição que o sistema não abriga.

7. Interpretar desta forma é afirmar a revogação — implícita, por inferência, por construção interpretativa — do art. 138 do c.t.n. Ora, isso é impossível, porque (a) lei complementar não se revoga por lei ordinária e (b) instituto jurídico definido, típico, sistematicamente localizado e cabalmente delineado não se entende revogado por indireta implicação.

8. A denúncia espontânea é direito do contribuinte. Ninguém pode ser punido por exercer direito. O exercício desse direito é instrumental do dever de pagar tributo. Punir o exercício do direito é impedir o cumprimento de dever, cujo beneficiário (*pretensor*, na linguagem do ínclito Lourival Villanova) é o próprio estado (fisco).

9. O art. 14 da Lei 8.137/90 excluía a punibilidade, no caso de pagamento do tributo antes da denúncia penal. Revogado esse preceito (pela Lei 8.383/91), não se pode entender (a) revogado o art. 138 do c.t.n., nem (b) esvaziada sua eficácia. É que este — lei complementar que é — persiste vigente, não sendo perturbado em seu conteúdo, sentido e alcance por regras de lei ordinária. Ainda que assim não fosse, a convergência de duas leis para o mesmo objetivo não induz que a revogação de uma (art. 14) implique revogação da outra.

10. O art. 138 do c.t.n. é incompatível com qualquer punição. Se são indiscerníveis as sanções punitivas, tornam-se perremptas todas as pretensões à sua aplicação.

Por tudo isso, sentimo-nos autorizados a afirmar que a auto-denúncia de que cuida o art. 138 do c.t.n. extingue a punibilidade de infrações (chamadas penais, administrativas ou tributárias).

É o parecer, s.m.j.

São Paulo, 29 de julho de 1993

TRATADOS
SUPERIORIDADE HIERÁRQUICA EM RELAÇÃO À LEI FACE À CONSTITUIÇÃO FEDERAL DE 1988

ALBERTO XAVIER
HELENA DE ARAÚJO LOPES XAVIER

1. Colocação do problema

A jurisprudência que tem recusado a aplicação do princípio da exclusividade garantida pelo artigo II, *b*), do GATT tem, porém, invocado um outro argumento segundo o qual a inaplicação do tratado GATT resulta de o mesmo haver sido revogado pelo Decreto-lei 2.404/87 que estabeleceria no artigo 5º, V-*c*), condições de "isenção" do AFRMM diversas das fixadas no tratado.

Nos termos do artigo 5º, V-*c*), "ficam isentas do pagamento do AFRMM as cargas importadas em decorrência de atos internacionais firmados pelo Brasil, sendo, neste caso, o pedido de isenção encaminhado através do Ministério das Relações Exteriores".

Este preceito foi regulamentado pelo Decreto do Presidente da República 97.945, de 11 de julho de 1989, que dispõe, quanto à isenção do AFRMM, o seguinte:

"Artigo 2º: *Estão isentas* do Adicional ao Frete para Renovação da Marinha Mercante *as cargas importadas, em decorrência de atos internacionais firmados pela República*.

"Artigo 3º: Para os efeitos dos artigos precedentes, ato internacional é o acordo firmado entre pessoas jurídicas de direito público externo, celebrado e ratificado pelo Presidente da República e aprovado pelo Congresso Nacional.

"Artigo 4º: O reconhecimento das isenções de que tratam os artigos 1º e 2º dependerá de pedido formulado por intermédio do Ministério das Relações Exteriores.

"Artigo 5º: A dispensa do pagamento dos serviços industriais e comerciais prestados por órgão vinculados ao Ministério dos Transportes e a *isenção do Adicional ao frete para a Renovação da Marinha Mercante — AFRMM só poderão ser concedidas às mercadorias importadas ao abrigo de atos internacionais que contiverem cláusulas expressas prevendo a concessão desses benefícios*."[1]

Ora, o setor de jurisprudência em exame tem vindo a sustentar que estes normativos da lei interna tiveram por alcance uma alteração do próprio artigo II, *b*, do GATT, de tal modo que a garan-

1. Itálicos nossos.

tia da tributação exclusiva e limitada teria sido substituída por um direito de "isenção" de caráter não automático e condicionado à previsão nominativa, caso por caso, em tratado de natureza contratual de que decorresse diretamente a importação da mercadoria:

I) *Acórdão da Segunda Turma do Tribunal Regional Federal da Quarta Região*, de 6 de fevereiro de 1992, Apelação em mandado de segurança 91.04 12.762-5-RS, Relator Juiz Presidente Teori Albino Zavascki:

"A isenção prevista no artigo 5º., V-*c*), do Decreto-lei 2.404/87 supõe ato internacional de natureza contratual, do qual decorra diretamente a importação da mercadoria" (ponto 3 da Ementa).

II) *Acórdão da Primeira Turma do Superior Tribunal de Justiça, de 29 de novembro de 1993*, Recurso especial 34.025-5-PR, Relator Ministro César Asfor Rocha:

"O reconhecimento da isenção do AFMM depende de ato internacional que estabeleça, expressamente a desobrigação de contribuições para a intervenção no domínio econômico" (ponto I da Ementa).

III) *Acórdão da Primeira Turma do Superior Tribunal de Justiça, de 15 de dezembro de 1993*, Recurso especial 37.065-5-PR (93.002.0326-6), Rel. Min. Demócrito Reinaldo:

"Se o ato internacional não estabelecer, de forma expressa, a desobrigação de contribuições para a intervenção no domínio econômico, inexiste isenção pertinente ao AFRMM" (§ 3 da Ementa).

IV) *Acórdão da Primeira Turma do Superior Tribunal de Justiça, de 7 de fevereiro de 1994*, Recurso especial 41.135-1-RS (93.003.2993-6), Relator Ministro Garcia Vieira:

"Não tem a recorrente direito à isenção com base em acordo internacional, que não contém cláusula isentando o produto importado do Adicional ao Frete para a Renovação da Marinha Mercante" (Ementa).

V) *Acórdão da Primeira Turma do Superior Tribunal de Justiça, de 23 de fevereiro de 1994*, Recurso especial 41.147-5-PR, (93.003.3045-4), Relator Ministro Demócrito Reinaldo:

"Se o ato internacional não estabelecer, de forma expressa, a desobrigação de contribuições para a intervenção no domínio econômio, inexiste isenção pertinente ao AFRMM" (§ 3 da Ementa).

Esta jurisprudência coloca assim frontalmente o problema da relevância dos tratados na ordem interna e, especificamente, o do respectivo valor hierárquico formal.

O problema da relevância dos tratados na ordem interna desdobra-se em duas questões distintas: (I) a de saber quais as condições em que as normas internacionais ganham relevância na ordem interna; e (II) a de determinar qual o valor formal hierárquico na ordem interna das normas internacionais que aí ganharam relevância, ou seja, se valem na ordem interna como normas internacionais ou como simples normas de direito interno.[2]

São quatro os argumentos fundamentais em que assenta a tese de superioridade hierárquica dos tratados face à lei interna:

I) a Constituição Federal consagrou o sistema monista com cláusula geral de recepção plena (artigo 5, § 2º.), o que significa que os tratados valem na ordem interna como tal e não como leis internas, apenas sendo suscetíveis de revogação ou denúncia pelos mecanismos próprios do direito dos tratados;

II) o artigo 5º., § 2º., da Constituição Federal atribui expressa superioridade hierárquica aos tratados em matéria

2. Cfr. Isabel de Magalhães Collaço, *Direito Internacional Privado*, I, Lisboa 1966, 317.

de direitos e garantias fundamentais, entre os quais se inclui a matéria tributária (artigo 150, *caput*);

III) a celebração dos tratados é ato da competência conjunta do Chefe do Poder Executivo e do Congresso Nacional (artigos 84, inciso VIII e 49, I), não sendo portanto admissível a sua revogação por ato exclusivo do Poder Legislativo;

IV) o artigo 98 do Código Tributário Nacional — que é lei complementar que se impõe ao legislador ordinário — é expresso ao estabelecer a superioridade hierárquica dos tratados, sendo inadmissível restringir essa superioridade apenas a algumas espécies ou modalidades, não distinguidas por lei.

2. *Adoção do sistema monista com cláusula geral de recepção plena (artigo 5º, § 2º, CF)*

a) *As concepções gerais sobre as relações entre direito internacional e direito interno: a querela monismo-dualismo*

A existência de duas ordens jurídicas, a nacional e a internacional, e a possibilidade de a norma de direito internacional *poder regular qualquer matéria*, suscita a questão de saber o que acontece se uma determinada questão for regulada *simultaneamente, mas em termos diversos* por uma norma interna e por uma norma internacional.

Este problema consiste afinal em saber se entre a ordem jurídica nacional e internacional há ou não relações sistemáticas e, em caso afirmativo, de que tipo.

A rejeição de uma necessidade de *convivência* entre ordem jurídica nacional e internacional conduziria à cisão da personalidade jurídica do Estado que poderia apresentar uma *cara* no exterior e outra no domínio interno, como uma bifronte cabeça de Juno, conforme melhor lhe conviesse. Esta situação constituiria não só um absurdo jurídico rejeitado pela consagração constitucional do Estado como ente uno, ainda que diferenciado nas suas estruturas internas de atuação — cfr. artigos 1º, 2º, 3º e 4º CF —, como possibilitaria, por exemplo, que a República Federativa do Brasil, no plano externo, sustentasse rigorosa defesa dos direitos humanos e repudiasse o terrorismo e o racismo — cfr. o artigo 4º, incisos II e VIII CF — e, no plano interno, violasse sistematicamente os direitos fundamentais dos seus cidadãos decorrentes de tratados internacionais — cfr. o § 2º do artigo 5º CF.

Uma tal situação é, porém, hoje, objeto de firme rejeição e esta rejeição tem por base não só a solidez e a maturidade secular de uma cultura de direito constitucional assente no aperfeiçoamento e desenvolvimento dos sistemas de auto-vinculação do Estado e de que o princípio da proibição do *venire contra factum proprium* é um mero corolário; como também, hoje, assenta diretamente na norma expressa do § 2º do artigo 5º da nova Constituição Federal de 1988, a qual dá solução clara e unívoca a esta problemática, resolvendo dissídios e ambigüidades suscitadas no anterior direito constitucional brasileiro não só se assume como um ordenamento que não vive alheado do ordenamento internacional, pois com ele se conexiona de modo sistemático e institucional, como também e sobretudo se auto-afirma como um ordenamento que coexiste na ordem interna coerentemente com um direito internacional convencional aí dotado de vigência autônoma e plena.

Está assim hoje definitivamente superada na nossa ordem jurídica a querela entre as teses que, classicamente e na ausência de normas constitucionais expressas, eram colocadas em abstrato: a *tese dualista* e a *tese monista*. Para a *tese dualista*, a diversidade absoluta quanto às fontes, entre direito internacional e direito interno, impedia que a norma internacional vigorasse na ordem interna, antes de ser *transformada* em lei interna.[3] Para a construção *monista*, o direito constitui uma unidade de que a ordem interna como a ordem internacional constituem meras manifestações. Esta construção comportava duas variantes, consoante, em caso de conflito entre as ordens interna e internacional, se desse prevalência à norma interna ou à norma internacional. No primeiro caso, falava-se de *monismo com primado do direito interno*; no segundo, de *monismo com primado do direito internacional*.[4]

Para o *monismo de direito internacional*, a diversidade entre direito internacional e direito interno não impede a coexistência e vigência autônoma mas articulada de ambos, de tal modo que entre eles é possível estabelecer relações sistemáticas. A esta luz, a repercussão na ordem jurídica interna de normas constantes de tratados faz-se a título de *vigência plena* destas e não já a título da sua transformação material em direito interno, como sustenta a solução dualista.[5]

b) Os sistemas de vigência do direito internacional na ordem interna: transformação, cláusula geral de recepção semi-plena e cláusula geral de recepção automática plena

Como se compreende, cada uma das teses abstratas quanto ao tipo de relações existentes entre o direito interno e o direito internacional, tem em si embutida já a resposta a dar à questão de saber como é que o direito internacional vigora na ordem interna dos Estados.

Assim, como se disse já, para os dualistas, há uma rejeição absoluta por parte do direito interno quanto à vigência do direito internacional na ordem interna, de tal modo que o conteúdo de uma norma internacional só vigorará na ordem interna se for reproduzido por uma fonte interna. Por esta razão, a norma internacional não vigora como tal, mas apenas como *norma interna*, mediante *transformação* ou *ordem de execução*.[6]

Para os monistas com primado do direito internacional, os Estados reconhecem a plena vigência na ordem interna do direito internacional — e nomeadamente também do direito internacional convencional — *enquanto tal*. A recepção do direito internacional é formal: é a chamada *cláusula geral de recepção automática plena*, que pode mesmo dispensar qualquer formalidade para recepção do direito internacional na ordem interna.[7]

3. Sobre a tese dualista, desenvolvida por Triepel, *Völkerrecht und Landesrecht*, 1899 (reimpressão, 1958), 111 ss., veja-se Riccardo Monaco, *Diritto Internazionale Pubblico* (2ª ed.), Turim 1971 (1989, reimpressão), 210 e ss., e a bibliografia aí citada; Manuel Diez de Velasco, *Instituciones de Derecho Internacional Publico* (9ª ed.), Madrid 1991, 185 ss.

4. Cfr., por todos, Gonçalves Pereira/Fausto de Quadros, *Manual de Direito Internacional Público* (3ª ed.), Coimbra 1993, 81 ss., que observam que a questão abstrata tem vindo a perder relevância, pois passou a receber solução expressa pelo direito internacional convencional e pelos textos constitucionais. Na ausência destes, a opção por uma ou outra posição andava intimamente ligada à posição que se houvesse assumido quanto ao fundamento do direito internacional. Assim, os dualistas ou monistas com primado do direito interno são voluntaristas. Já os monistas com primado do direito internacional têm uma posição antivolutarista (normativistas, sociologistas, jusnaturalistas).

5. É esta a visão mais atual do problema. Cfr. Partsch, *Die Anwendung des Völkerrechts im innerstaatlichen Recht; Uberprüfung der Transformations-lehre*, Relatórios da Deutschen Gesellschaft für Völkerrecht, 1964; Bernhardt, *Bundesverfassungsgericht und völkerrechtliche Verträge*, in *Bundesverfassungsgericht und völkerrechtliche Verträger*, in Bundersverfassungsgericht und *Grundgesetz* 1976, II, 154 ss.; Rudolf Geiger, *Grundgesetz und Völkerrecht*, 1985, 181 ss. Cfr., entre nós, Vicente Marotta Rangel, *Os conflitos entre o direito interno e os tratados internacionais*, RFDUSP LXII (1967), fasc. II (separata), *passim*.

6. Cfr. André Gonçalves Pereira/Fausto de Quadros, *Manual de Direito Internacional Público* (3ª ed.), Coimbra 1993, 94.

7. Cfr. André Gonçalves Pereira/Fausto de Quadros, *Manual*, 94 s., 96.

Já o monismo com primado do direito interno conduz à negação pura e simples do direito internacional — assim se identificando com os dualistas — , pois parte — tal como estes — de uma idéia de recepção individual ou transformação material, para justificar o caráter paritário de ambos. O monismo de direito interno é, asim, uma manifestação do voluntarismo uni-estadual (de Zorn, Wenzel e Jellinek, e da doutrina soviética) que vai contra a letra expressa do artigo 27 da Convenção de Viena sobre o Direito dos Tratados, de 1969 (CV), segundo o qual nenhum Estado pode invocar as suas normas internas para se eximir ao cumprimento das suas obrigações internacionais.[8]

A este propósito, cabe transcrever a eloqüente advertência de Rezek no sentido de que "se é certo que pouquíssimos autores, fora do contexto soviético, comprometem-se doutrinariamente com o monismo nacionalista, não menos certo é que essa idéia norteia as convicções jurídicas em inúmeros países do ocidente — incluídos o Brasil e os Estados Unidos da América — , quando os tribunais enfrentam o problema do conflito entre normas de direito internacional e de direito interno".[9]

c) A vigência do direito internacional convencional na ordem interna brasileira

Vamos agora examinar qual das atitudes possíveis perante o direito internacional foi a adotada pelo direito positivo brasileiro.

O procedimento de formação dos tratados no Direito Constitucional brasileiro e, em particular, a fase da celebração, revela que se trata de um processo simultaneamente internacional e interno (artigos 21, I, 84, VIII e 49, I da Constituição Federal).

O momento mais relevante para o direito interno condensa-se na intervenção do Congresso e traduz a participação do Poder Legislativo — a par do Executivo — no *treaty-making power* brasileiro. Esta participação é, como se viu, anterior ao momento internacional do *consensus*. Situando-se, assim, em fase lógica e cronologicamente anterior à conclusão do tratado, não tem o significado de "transformação" deste em direito interno. O significado da intervenção do Congresso é bem diferente e visa garantir a repartição de competências materiais entre legislativo e executivo, operada pela Constituição. Esta repartição, a nível interno, tem por critério o princípio da reserva de lei. A nível de atuação internacional, ficou salvaguardada pela exigência constitucional de participação sistemática e articulada do Executivo e do Congresso no *treaty-making power*, o que previne, em matérias como a tributária, que o tratado possa representar uma invasão inconstitucional na esfera reservada à competência do legislativo. Trata-se, repita-se, de uma intervenção de "controle prévio", que se traduz numa simples autorização para ratificação e não numa "ordem de execução" produtora de normas jurídicas internas por reenvio receptício às normas internacionais constantes dos tratados.[10]

8. Cfr. André Gonçalves Pereira/Fausto de Quadros *Manual*, 85 s., 94 s. e 96.

9. Cfr. Rezek, *Direito Internacional Público* (2ª ed.), São Paulo 1991, 5-6.

10. Ao contrário do que sucede no direito italiano, em que o mesmo ato — a autorização parlamentar — desempenha a dupla função de autorização de ratificação e ordem de execução: cfr. R. Monaco, *Manuale di Diritto Internazionale Pubblico*, 234 ss.; Enzo Cannizaro, *Tratatto internazionale (adattamento al)*, Enc. del Dir. XLIV (1992), 1394; Garbarino, *La tassazione del reddito transnazionale*, Pádua 1990, 508.

E ao contrário também do que sucede no direito britânico, como conseqüência direta de aí o *treaty-making power* constituir prerrogativa exclusiva da Coroa. Como, porém, a Coroa não pode "produzir" direito e como o Parlamento não par-

O tratado tem eficácia imediata na ordem interna, logo que revestido da publicidade devida, mediante publicação no Diário Oficial. A consagração constitucional de um processo de ratificação dos tratados que não comporta o que se poderia chamar um "específico instrumento de introdução" na ordem jurídica interna das normas deles constantes (cfr., de novo, de um lado, os artigos 21, I, 84, VIII, 49, I; e de outro, os artigos 5º, § 2º 109, III da Constituição Federal) revela que é monista a solução adotada pelo direito brasileiro quanto à vigência interna do direito internacional.[11]

É este, com efeito, também o entendimento de José Francisco Rezek que expressamente afirma: "(...) *sem prejuízo de sua congênita e inafastável internacionalidade, deve o tratado compor, desde quando vigente*,[12] a ordem jurídica nacional de cada Estado-parte. (...) Assim poderão garantir-lhe vigência juízes e tribunais, qual fazem em relação aos diplomas normativos de produção interna".[13, 14]

ticipa do *treaty-making power*, desenvolveu-se a concepção de que os *self-executing treaties* terão de ser objeto de um *Act of Parliament*: veja-se Rezek, *Direito Internacional Público, cit.*, 62; e André Gonçalves Pereira/ Fausto de Quadros, *Manual*, 98 com nota 1 e bibliografia aí citada.

11. Note-se ainda que, em matéria tributária, só o tratado é forma adequada de vinculação externa do Estado brasileiro. Os *meros acordos*, de forma simplificada (*agreements in simplified form*), não sujeitos a ratificação do Presidente da República, só poderão atuar, quando muito, em matéria subtraída ao princípio da legalidade, ou seja, em matéria estritamente regulamentar: Cfr. Chayet, *Les accords en forme simplifiée*, Ann. f. de dr. int. 1957, 4 ss.

12. Itálicos nossos.

13. Rezek, *Direito Internacional Público, cit.* 83.

14. É esta também hoje a solução adotada pela França, pela República Federal Alemã, pela Suíça, pela Espanha, pelos Estados Unidos da América e por Portugal: cfr. Rezek, *Direito Internacional Público*, 104-105; André Gonçalves Pereira/ Fausto de Quadros, *Manual*, 98 ss.

d) O lugar das convenções internacionais na hierarquia das fontes de direito brasileiro

Questão diversa, mas que é corolário lógico da anterior, é a de saber qual o lugar das convenções internacionais na hierarquia das fontes de direito brasileiro.

De acordo com a teoria da transformação (*Transformationslehre*), o Direito Internacional Público convencional, depois de *transformado*, assumiria o grau hierárquico do respectivo ato interno que operasse tal tranformação.[15]

A esta corrente aderia entre nós parte substancial da doutrina anterior à vigência da Constituição Federal de 1988.[16]

Importa, no entanto, sublinhar que, mesmo então, a doutrina já se dividia quanto ao valor hierárquico das convenções internacionais incorporadas no direito interno. Como agudamente salien-

15. Que corresponde à visão da tese dualista e do monismo como primado do direito interno: veja-se Fritz Ossenbühl, *Die Quellen des Verwaltungsrechts*, in Hans-Üwe Erichsen/Wolfgang Martens (org.), *Allgemeines Verwaltungsrecht* (8ª ed.), Berlim/ Nova York 1988, 63 (127).

16. Cfr. Luis da Gama e Silva, *A Ordem Pública em Direito Internacional Privado*, São Paulo 1944. No direito tributário, sustentaram a equivalência entre tratado e lei, admitindo a revogabilidade do primeiro pela segunda, Geraldo Ataliba, *Apontamentos de Ciência das Finanças, Direito Financeiro e Tributário*, São Paulo, 1969, 110; Sampaio Dória, *Da lei tributária no tempo*, São Paulo, 1968, 41 ss.; Bernardo Ribeiro de Moraes, *Sistema constitucional tributário na Constituição de 1969*, São Paulo 1973, 157; Vladimir Rossi Lourenço, "Tratados, convenções internacionais e tributação", *RDT* 37 (1986), 167, considerando o decreto legislativo (instrumento de transformação) do mesmo nível hierárquico que a lei ordinária; José Alfredo Borges, "Tratado internacional em matéria tributária como fonte de direito", *RDT* 27/28 (1984), 162, onde o autor, baseado numa concepção monista, com primado do direito interno, chega a afirmar a inconstitucionalidade do artigo 98 do Código Tributário Nacional; José Francisco Rezek, *Direiro dos Tratados*, Rio de Janeiro, 1984, 464 ss. Esta corrente da doutrina está, porém, definitivamente superada face à Constituição de 1988, pelas razões aduzidas no texto.

tava Accioly,[17] "o alcance prático, por exemplo, da recepção ou incoporação de normas internacionais no direito interno de um Estado não consiste, apenas, em transformá-las em direito nacional. Realmente, se é verdade que uma lei interna revoga outra ou outras anteriores, contrárias à primeira, o mesmo não se poderá dizer quando a lei anterior representa direito convencional transformado em direito interno, porque o Estado tem o dever de respeitar suas obrigações contratuais e não as pode revogar unilateralmente. Daí poder dizer-se que, na legislação interna, os tratados e convenções a ela incorporados formam um *direito especial que a lei interna, comum, não pode revogar*.[18] Daí, também a razão por que a Côrte Permanente de Justiça Internacional, em parecer consultivo proferido a 31 de julho de 1930, declarou: "É princípio geralmente reconhecido, do direito internacional, que, nas relações entre potências contratantes de um tratado, as disposições de uma lei interna não podem prevalecer sobre as do tratado".[19]

Marotta Rangel, defensor do primado da norma convencional refere outros autores no mesmo sentido. Para além de Accioly, eram já partidários deste entendimento Pedro Lessa, Filadelfo Azevedo,[20] Vicente Ráo e Carlos Maximiliano.

Também já Albuquerque Mello[21] salientava que "as normas internacionais, na sua maioria, são dirigidas aos Estados, pessoas internacionais, assim sendo, todo o ordenamento jurídico estatal deve se conformar ao Direito Internacional. Seria impossível existirem, em última análise, duas ordens jurídicas contraditórias e válidas ao mesmo tempo. (...) Kaufman bem observa que é "o mesmo Estado que possui uma vida interior e uma vida exterior"; ele "é o ponto de junção entre as duas ordens" (...)". E acrescenta: "por outro lado, parece-me contraditório afirmar como fazem certos autores (Brownlie) que uma lei posterior ao tratado revoga este e passa a ser aplicada, mas que o Estado é responsável por ter violado norma internacional. Ora, por esta afirmação, o mesmo ente (Estado) se encontra sujeito a duas normas contraditórias; o que me parece violar um princípio básico de que ninguém pode estar obrigado a cumprir duas normas com o mesmo valor e contraditórias entre si ao mesmo tempo. Tal fato na verdade só surge por falta do entrosamento entre o Poder Executivo e o Legislativo em matéria internacional, geralmente, por causa de questões de polí-

17. Cfr. Hildebrando Accioly, *Manual de Direito Público* (3ª ed.) São Paulo, 1956, 22-23.

18. Itálicos nossos.

19. Também no parecer emitido em 1925 no caso de "troca das populações grega e turca", a Côrte havia declarado que "um Estado que contraiu validamente obrigações internacionais é obrigado a introduzir no seu direito positivo as modificações necessárias para assegurar o cumprimento dos compromissos assumidos." Também em 1932, no caso do "tratamento dos cidadãos polacos em Dantzig", a mesma Côrte consignou que "um Estados não poderá invocar em face de outro Estado a sua própria Constituição para se subtrair às obrigações que lhe impõe o Direito Internacional ou os tratados em vigor" (in Série A/B 44, 4 ss. (24), *apud* André Gonçalves Pereira/ Fausto de Quadros, *Manual*, 119, com nota 1). Esta jurisprudência vai assim ao ponto de sustentar que todo o direito internacional, incluindo pois também todo o direito internacional convencional obriga o Estado e prevalece sobre a própria Constituição. Neste sentido, veja-se André Gonçalves Pereira/ Fausto de Quadros, *Manual*, 119, que observam ter sido este entendimento acolhido pela Convenção de Viena sobre o Direito dos Tratados, ao estabelecer no artigo 26, que "todo tratado em vigor obriga as partes e deve ser cumprido por elas de boa fé" e, no artigo 27, que "uma parte não pode invocar as disposições de seu direito interno para justificar o inadimplemento de um tratado (...)" (cfr. tradução portuguesa da Divisão de Atos Internacionais do Ministério das Relações Exteriores). Contra, porém, a supremacia dos tratados à própria Constituição, no direito brasileiro, veja-se Rezek, *Direito Internacional Público*, 103-104.

20. Vide, *in infra*, nota 60.

21. *Curso de Direito Internacional*, I, (9ª ed.), Rio Janeiro, 1992, 88-89.

tica interna e esta deve se subordinar à ordem internacional.

"Se o tratado fosse equiparado realmente à lei interna, o executivo não poderia revogá-lo por meio da denúncia. Em outras palavras, se existe a equiparação, como justificar que uma lei interna (o tratado em vigor) seja revogada apenas pelo Executivo".[22]

E, por último, "a conclusão que podemos apresentar é que, sendo o Estado sujeito de direito interno e de direito internacional, é uma mesma pessoa, não se podendo conceber que ele esteja submetido a duas ordens que se chocam".[23]

Também então na jurisprudência brasileira se decidia já não só que um tratado revogava as leis anteriores,[24] como também que um tratado estava em vigor e era aplicável, não obstante haver uma lei posterior contrária a ele.[25]

Como se sabe, porém, a tendência subseqüente da jurisprudência brasileira foi a de um "verdadeiro retrocesso" nesta matéria,[26] marcado pelo Acórdão do Supremo Tribunal Federal proferido no Recurso Extraordinário 80.004 (1978) que decidiu que uma lei revoga o tratado anterior. Como, porém, agudamente observa ainda Albuquerque Mello,[27] "a grande maioria dos votos está fundamentada em autores antigos e dualistas, como é o caso de Triepel".

É assim que neste acórdão se incorre em outro equívoco, aliás, registrado pela agudeza de análise de Rezek,[28] e que consiste em confinar o cerne do problema a uma questão de expressão da vontade do legislador, esquecendo que se é certo que esta se manifesta autônoma — "contra" o Executivo — e substancialmente na aprovação de uma lei, na aprovação de um tratado ela dá-se, como atrás se viu, a título não autônomo — enquanto mero elemento do processo de formação de uma vontade alheia e mais ampla que é a do próprio Estado e, por isso, em articulação com a do Executivo — e em termos formais e externos.[29]

Por outras palavras, enquanto na lei a vontade do Legislativo, enquanto órgão do Estado, vale como parâmetro em relação aos atos do Executivo e do Judiciário, no tratado é a vontade da União, do Estado no seu conjunto, que vale como parâmetro da ação do conjunto dos seus órgãos legislativo, executivo e judiciário. A vontada manifestada nos tratados, não é a vontade do Legislativo, mas a vontade da própria União enquanto tal e por isso nela participa conjuntamente Legislativo e Executivo qualquer que seja a matéria.

Seja como for, o fato é que o argumento fundamental em que esta orientação se apoiava desapareceu na nova Constituição. Aduzia ela, com efeito, "que, *faltante na Constituição do Brasil garantia de privilégio hierárquico do tratado internacional sobre as leis do Congresso*, era inevitável que a Justiça devesse garantir a autoridade da mais recente das normas, porque paritária a sua estatura no ordenamento jurídico".[30]

22. *Ibidem*.

23. Celso Albuquerque Mello, *Curso de Direito Internacional Público*, I, (9ª ed.), Rio de Janeiro 1992, 91.

24. Cfr. caso da União Federal v. Cia Rádio Internacional do Brasil (1951; Apelação cível 9.587), *apud* Albuquerque Mello, *Curso*, 89.

25. Cfr. Acórdão do STF de 1914 no Pedido de Extradição 7, de 1913; e Acórdão do STF na Apelação cível 7.872, de 1943 (com base no voto de Filadelfo de Azevedo) *apud* Albuquerque Mello, *Curso* 89; veja-se ainda Filadelfo de Azevedo, *Os tratados e os interesses privados em face do direito brasileiro*, BSBDI I (1945), 12-29 (*apud* Rezek, *Direito Internacional Público*, 106, nota 51).

26. A expressão é de Albuquerque Mello, *Curso*, 90.

27. *Curso*, 90.

28. *Direito Internacional Público*, 106.

29. Vide, *in infra*, no texto, 46.

30. *Apud* Rezek, *Direito Internacional Público*, 107, com nota 52, reportando-se ao célebre julgamento do Recurso Extraordinário 80.004.

A verdade, porém, é que a Constituição Federal de 1988 dispõe hoje expressamente sobre o problema em relação aos tratados relativos a direitos e garantias. A inovação decisiva introduzida pela nova Constituição consiste na norma do § 2º do artigo 5º: "Os direitos e garantias expressos nesta Constituição não excluem outros decorrentes do regime e dos princípios por ela adotados, ou dos tratados internacionais em que a República Federativa do Brasil seja parte".

Este preceiro reconhece, assim, a emergência de direitos subjetivos e garantias individuais para os brasileiros e estrangeiros residentes no país, *diretamente* dos tratados internacionais em que a República Federativa seja parte. Por seu turno, o artigo 109, inciso III, estabelece: "Aos juízes federais compete processar e julgar (III) as causas fundadas em tratado ou contrato da União com Estado estrangeiro ou organismo internacional".

Este preceito, interpretado conjuntamente com o preceito antes referido (§ 2º do artigo 5º CF) reconhece que os juízes federais têm competência para apreciar direitos subjetivos emergentes *diretamente* de tratados internacionais. Ora, se os direitos decorrem *diretamente* dos tratados, isto significa que eles têm a sua origem em normas internacionais não previamente convertidas em leis internas. Daqui decorre que os tratados são fonte imediata de direitos e obrigações para os seus destinatários, podendo ser invocados, como tal, perante os tribunais (*princípio da eficácia direta e imediata*); e que à interpretação dos seus preceitos são aplicáveis as regras de hermenêutica que vigoram quanto aos tratados e não as que respeitam à legislação interna de cada Estado contratante.

Ora, se os tratados são recebidos na ordem interna como tratados e não como leis internas, ao abrigo de uma cláusula geral de recepção plena, isso significa que só podem ser celebrados, revogados ou denunciados pelos mecanismos que lhes são próprios e não pelos mecanismos que valem para as leis internas. É precisamente nesta impossibilidade de a lei ordinária interna revogar ou denunciar um tratado internacional que consiste a supremacia hierárquica deste último.

Tendo adotado o sistema de recepção automática plena, o direito brasileiro rejeitou a figura da "transformação", expressa ou implícita, mediante lei que tivesse paridade hierárquica com as demais leis ordinárias.

Com efeito, o ato de referendo do Congresso Nacional não tem a natureza jurídica de lei de transformação ou ordem de execução. Como se examinou antes, a *fase interna*[31] do processo de celebração do tratado, ou seja, a fase da consulta ao parlamento como *preliminar* da ratificação, e a própria ratificação são anteriores à consumação do *consensus*, e só esta assinala o nascimento do novo direito internacional convencional.

Por outras palavras, o direito brasileiro consagra uma *cláusula geral de recepção automática plena* do direito internacional convencional, de harmonia com a visão monista. O direito internacional convencional vigora, assim, na ordem interna brasileira, por efeito da vinculação internacional do Estado brasileiro, e vigora na sua qualidade de direito internacional, não se dando uma "transformação" ou "ordem de execução", caso a caso, ou seja, entrando em vigor independentemente de conversão legal (*princípio da aplicabilidade direta e imediata*).[32]

31. A expressão é de José Francisco Rezek, *Direito Internacional Público, cit.*, 12.

32. É esta a longa tradição do direito brasileiro, o qual, não obstante as hesitações de setor significativo da doutrina — vide, *in supra*, no texto, nota 52 — , parece ter aderido de longa data a uma visão monista, com primado do direito internacional. Cfr. Filadelfo Azevedo, "Os tratados e os interesses privados em face do Direito Brasileiro", *Boletim da Sociedade Brasileira de Direito Internacional* 1, 12-29; Oscar Tenório, *Lei de Introdu-*

É quanto basta para que o problema da determinação do seu grau hierárquico não possa ser resolvido por recurso ao valor hierárquico formal de um ato que o transformasse já que, como se viu, tal ato não existe.

Esta nova realidade do Direito Constitucional brasileiro não foi porém ainda cabalmente apreendida no plano jurisprudencial.[33]

Assim, a par de acórdãos que reconhecem claramente a supremacia dos tratados em relação à lei interna,[34] subsistem setores da jurisprudência que continuam de costas viradas para a nova Constituição.[35]

ção ao Código Civil Brasileiro (2ª ed.), Rio de Janeiro, 1955, citando Campos Botelho P. Rocha; H. Valladão, "Fontes de Direito Internacional Privado e conflitos entre as fontes internacionais e as internas", *Revista da Faculdade de Direito de Pelotas* 46-47, 1962; Parecer da Procuradoria Geral da Fazenda, *Revista de Direito Administrativo* 55, 337; Aliomar Baleeiro, *Direito Tributário Brasileiro* (10ª ed.), Rio de Janeiro, 1981, 411; José Carlos Faleiro, "A supremacia dos acordos internacionais sobre a legislação interna", *in Comentários ao Código Tributário Nacional*, vol. III, São Paulo, 1977, 71 ss. e a jurisprudência aí citada (84).

33. Como bem adverte Sacha Calmon Navarro Coelho, "*Tratados internacionais em matéria tributária* (perante a Constituição Federal do Brasil de 1988)", *Revista de Direito Tributário* 59 (1992), 180 (181), referindo-se aos "pregoeiros da prevalência da legislação interna sobre a derivada dos acordos e convenções, com base no avelhantado, e no particular, deletério conceito de soberania".

34. Cfr. Acórdão do Tribunal Regional Federal da Terceira Região, de 6 de novembro de 1991, Apelação em mandado de segurança 37.738-SP (903.38.037-6), Relatora Lúcia Figueiredo (relativo à prevalência do GATT) e Acórdão do Tribunal Regional Federal da Primeira Região, de 25 de novembro de 1992, Remessa *ex officio* 90.01 16.334-3-BA, Relator Tourinho Neto (relativo à prevalência do Acordo de Alcance Parcial n. 12 — Brasil/Peru).

35. Cfr. I) *Acórdão da Segunda Turma do Tribunal Regional Federal da Quarta Região, de 6 de fevereiro de 1992*, Relator Juiz Presidente Teori Albino Zavascki: "A eficácia dos tratados, na ordem internacional, subordina-se a formas próprias de criação e revogação, distintas das que operam na ordem interna. Uma vez integradas à ordem interna (CF, art. 49, I e art. 84, VIII), as normas internacionais estão sujeitas à revogação, segundo a forma estabelecida no art. 2º da Lei de Introdução ao Código Civil" (ponto 5 da Ementa; itálicos nossos);

II) *Acórdão do Superior Tribunal de Justiça, de 3 de novembro de 1993*, Recurso especial 25.363-2, Rio de Janeiro, Relator Ministro Hélio Mosimann, voto, fls. 1-2:

"Na sentença, cuja cópia foi acostada pela União Federal recorrente, encontra-se tese magistral do então Juiz Federal, Dr. Carreira Alvim, cujo trecho transcrevo:

"(...)

"A norma consubstanciada no artigo 98 do CTN não infirma esse entendimento, consoante resultou assentado pelo então TFR, de que '*Na conformidade de nosso sistema jurídico-constitucional, a lei nacional, advinda na vigência de tratado internacional, retira a incidência deste na matéria por ela regulada*' (cf. AMS 102.988-SP, *DJ* de 8.3.84; AMS 103.014-SP, *DJ* de 15.3.84; AMS 103.175-SP, *DJ* de 26.4.84)" (itálicos nossos).

"*Comungo da tese, inteiramente* (itálicos nossos), por isso que entendo violadas as normas federais apontadas no Recurso especial (...)."

III) *Acórdão do Superior Tribunal de Justiça, de 15 de dezembro de 1993*, Recurso especial 37 065-5/R (93 0020.326-6), Relator Ministro Demócrito Reinaldo, voto, fls. 3-4:

"Consectariamente, o ato internacional a que se reporta o artigo 5º, V, "c" do Decreto-Lei 2.404/87 deve ser entendido como aquele cujo objeto seja importação de mercadorias determinadas, pré-estabelecidas.

"Justamente por essa especificidade são eles doutrinariamente conceituados como tratados con-

Esta postura constitui, porém, uma violação frontal do direito dos tratados vigente no Brasil.

3. *A expressa superioridade hierárquica dos tratados em matéria de direitos e garantias (artigo 5º, § 2º, CF)*

Já atrás se invocou o § 2º do artigo 5º da Constituição Federal como fundamento de uma cláusula geral da recepção plena, pela qual os tratados são recebidos "como tal" na ordem nacional e não como leis internas.

Mas o § 2º do artigo 5º tem ainda um alcance mais amplo em matéria de direitos e garantias, pois ao estabelecer-se que os direitos e garantias expressos nesta Constituição *não excluem* outros decorrentes do regime e dos princípios por ela adotados, ou dos tratados internacionais em que a República Federativa do Brasil seja parte, revela claramente que as normas constantes dos tratados internacionais prevalecem sobre as normas internas nas matérias em causa.

Na verdade, se o Estado brasileiro assegura a nível constitucional, a vigência de direitos e garantias decorrentes dos tratados internacionais, isso significa que ele próprio *tem o dever de conformar a sua ordem interna com o direito convencional*, não podendo, assim, emitir leis infraconstitucionais contrárias às normas daquele.

Acresce ainda que se os direitos e garantias constitucionais "não excluem" os direitos e garantias decorrentes dos tratados, isto significa que estes últimos prevalecem sobre os próprios direitos e garantias constitucionais, sempre que forem mais fortes ou mais amplos.

Ora, a matéria tributária situa-se precisamente no cerne dos direitos e garantias constitucionais, pois não só a própria Constituição assim o considera (artigo 150, "caput", CF), como atinge de pleno direitos e garantias, como a propriedade privada, a liberdade de comércio e a proibição do confisco.

Apesar de expresso apenas no que concerne a "direitos e garantias" não vemos razão para restringir a superioridade hierárquica dos tratados a este terreno, já que ela decorre de outros elementos do sistema, como a existência de cláusula geral de recepção plena, a necessária participação do Chefe do Poder Executivo na sua celebração e a determinação expressa do artigo 98 do CTN.

trtuais, em oposição aos tratados-leis ou normativos, cuja função precípua é traçar regras "gerais" disciplinadoras das relações comerciais entre os copactuantes.

"A importância desta diferenciação transcende o campo doutrinário, refletindo-se sobremaneira no deslinde da controvérsia, principalmente no que respeita à alegada violação do artigo 98 CTN, assim vazado:

"Art. 98 — Os tratados e convenções internacionais revogam e modificam a legislação tributária interna, e serão observados pela que lhes sobrevenha.

"Ora, de sua dicção *não é lícito supor a irrevogabilidade de convenções e tratados, recepcionados pelo direito interno, ante a superveniência de legislação que regule a matéria de modo diverso* (itálicos nossos). Tal interpretação conduziria à inconstitucionalidade da norma, porquanto significasse iníqua restrição à competência primeira do Poder Legislativo."

IV) *Acórdão do Superior Tribunal de Justiça, de 23 de fevereiro de 1994*, Recurso especial 41 147-5/PR (93. 0033.045-4), Relator Ministro Demócrito Reinaldo: "*O mandamento contido no artigo 98 do CTN não atribui ascendência às normas de direito internacional em detrimento do direito positivo interno, mas, ao revés, posiciona-as em nível idêntico, conferindo-lhe efeitos semelhantes*" (ponto 1. da Ementa; os itálicos são nossos);

No mesmo sentido, vejam-se ainda (V) Acórdão do Superior Tribunal de Justiça, de 29 de novembro de 1993, Recurso especial 34.025-5-PR, Relator Ministro César Asfor Rocha; c (VI) Acórdão do Superior Tribunal de Justiça, de 29 de novembro de 1993, Recurso especial 35.774-8-RS, Relator Ministro César Asfor Rocha.

4. Impossibilidade de revogação por ato do Poder Legislativo de ato da competência conjunta do Chefe do Estado (artigo 84, inciso VIII) e do Congresso Nacional

O artigo 21, inciso I, entrega à competência da União "manter relações com Estados estrangeiros e participar de organizações internacionais". No que concerne à celebração de tratados, convenções e atos internacionais, ela é da competência privativa do Presidente da República, mas fica sujeita a referendo do Congresso Nacional (artigo 84, inciso VIII), sendo certo que é da competência exclusiva deste "resolver definitivamente sobre tratados, acordos ou atos internacionais que acarretem encargos ou compromissos gravosos ao patrimônio nacional'' (artigo 49, inciso I).

A Constituição Federal consagra, assim, o sistema segundo o qual ''a voz externa do Estado é, por excelência, a voz do seu chefe''.[36] Como salienta ainda Rezek,[37] se é certo que, por um lado, ''a condução efetiva da polícia exterior somente lhe incumbe, em regra, nas repúblicas presidencialistas (...)'', certo é também, por outro lado, que mesmo até em regimes parlamentares e ''(...) no que estritamente concerne, porém, ao direito dos tratados, a representatividade ilimitada do chefe de Estado não sofre desgaste (...)''.

Temos assim que, mesmo em regimes parlamentares, em que os chefes de Estado não governam, o seu poder de representação externa do Estado é de uma importância sem paralelo, ao ponto de se poder afirmar que ''a autoridade do chefe de Estado no domínio da celebração de tratados internacionais não conhece limites: ele ostenta, em razão do cargo, idoneidade para negociar e firmar o acordo, e ainda para exprimir — desde logo, ou mediante ratificação ulterior — o consentimento estatal definitivo''.[38]

Importa no entanto explicitar melhor em que consistem e como se articulam reciprocamente, por um lado, esta plenitude da representatividade exterior por parte do chefe do Estado e, por outro lado, a limitação constitucional dos poderes deste decorrente da sujeição dos seus atos a referendo do Congresso Nacional.

O procedimento de celebração dos tratados comporta duas fases: a fase das negociações e a fase da celebração. A *fase das negociações* inicia-se com a intervenção de agentes do Poder Executivo e termina com a *autenticação*, ou seja, o ato pelo qual as partes declaram concluído o processo de formulação do acordo e que tem como objetivo prático fixar o texto que será submetido a ratificação. A autenticação pode revestir a modalidade de rubrica (*parafratura, initialling*) ou de assinatura *ad referendum*, por agentes munidos de Cartas de Plenos Poderes.[39]

Em face do que antecede, importa desde logo sublinhar que a assinatura não cria por si só o vínculo convencional.[40] O consentimento que se expressa pela assinatura reporta-se apenas à ''*redação do projeto* convencional, e é apenas prenunciativo da expressão da vontade de *assumir o vínculo*''[41] refletindo a mera intenção do Governo de prosseguir no procedimento de celebração do tratado, nomeadamente de o submeter a referendo e a ratificação.

A *fase da celebração* inicia-se com o *referendo* do Congresso Nacional, o qual tem por objeto o texto autenticado e por conteúdo autorizar o Presidente da República a ratificar o tratado. O referendo limita-se à alternativa da permissão ou rejeição de ratificação, não sendo admissível qualquer interferência no conteúdo do tratado.[42] A reiterada prática constitucional brasileira revela que a forma adotada para o referendo é o *decreto legislativo*.[43] O referendo do Con-

36. Rezek, *op. cit.*, 36.

37. *Ibidem.*

38. Rezek, *op. cit.*, 36 s.

39. No mesmo sentido, veja-se, por todos, Rezek, *op. cit.*, 37 ss.; 40 ss.; 44 s.

40. Cfr. Rezek, *op. cit.*, 43.

41. Rezek, *ibidem*.

42. À excepção, bem entendido, como bem observa Rezek, *op. cit.*, 72-73, da possibilidade de aditar ou suprimir reservas. Esta possibilidade não se traduz, porém, numa possibilidade de interferir autonomanente no conteúdo do tratado, mas apenas num modo de condicionar a eficácia do próprio referendo do Congresso. Com efeito, como todo ato jurídico, este pode ser dado em termos absolutos ou condicionais — por exemplo, sujeito à condição suspensiva de o governo opor como reservas as restrições constantes do referendo ou de desabonar reservas antes por ele formuladas, conforme for o caso.

43. Cfr. Rezek, *op. cit.*, 70.

gresso Nacional reveste, assim, a natureza de uma autorização para ratificação.

Por seu turno, a *ratificação* é o ato unilateral pelo qual o Presidente da República, devidamente autorizado pelo Congresso Nacional, confirma um tratado e declara que este deverá produzir os seus devidos efeitos. Constitui pois "o ato unilateral com que o sujeito de direito internacional, signatário de um tratado, exprime definitivamente, no plano internacional, sua vontade de obrigar-se".[44] Caracterizado pela liberdade que o poder executivo tem quando à opção de praticá-lo ou não,[45] o ato de ratificação deve ser expresso e tem caráter formal, tomando a forma externa de *instrumento de ratificação*, assinado pelo Presidente da República e referendado pelo Ministro das Relações Exteriores.

A *troca dos instrumentos de ratificação* fixa o momento da entrada em vigor do tratado na ordem jurídica internacional, pois é precisamente nesse momento que se consuma o *consensus*.[46]

À ratificação segue-se a *promulgação*, por *decreto* do Presidente da República, ato jurídico de natureza meramente interna, pelo qual o governo torna pública a existência de um tratado por ele celebrado e o preenchimento das formalidades exigidas para a sua conclusão. A *promulgação* está sujeita a *publicação* no *Diário Oficial*, produzindo efeitos "ex tunc" com relação às datas previstas no tratado para a vigência deste (Parecer Normativo CST 3/79).[47]

44. Rezek, *op. cit.*, 54. Itálicos nossos.

45. Rezek, *op. cit.*, 55, 69.

46. Cfr. Rezek, *op. cit.*, 53; Araminta de Azevedo Mercadante, "Alguns aspectos do Direito Internacional Público na Constituição Brasileira", *Notícia de Direito Brasileiro* 49, 1975; Moura Borges, *Convenções sobre dupla tributação internacional*, Teresina/São Paulo, 1992, 118 ss.; Garbarino, *La tassazione del reddito transnazionale*, Pádua, 1990, 487 ss.; Durante, *Trattato* (*dir. vig.*), Enc. del Dir. XLIV (1992), 1.368 (1.375 ss.).

47. Sobre a eficácia da publicação, ver Manuel Diez de Velasco, *Instituciones de Derecho Internacional Publico* (9ª ed.), Madri, 1991, 194.

Verifica-se, assim, que o Congreso não ratifica tratados, quer porque a Constituição lhe não confere, em parte alguma, voz exterior, como também porque, assim sendo, não lhe seria possível vir a confirmar (ou ratificar) algo em que anteriormente não houvesse participado, nem ao menos por assinatura.[48]

Também não pode querer ver-se uma participação ativa do Congresso na competência para a celebração de tratados no ato de *referendo*. É que, como salienta Rezek com sua precisão e rigor de análise, "a ratificação é tão discricionária quão livre o Estado soberano para celebrar tratados internacionais"[49] e é sabido que é prática disseminada o prolongamento no tempo de situações em que o parlamento referenda um texto para ratificação, sem que no entanto esta venha a ocorrer, ou seja, sem que se consume o consenso.

A participação do legislativo na formação da vontade do Estado sobre o comprometimento exterior é, assim, estritamente formal e externa à própria substância da vontade. *Formal* porque não participa da cena diplomática da negociação e autenticação. *Externa* porque o referendo não vincula à consumação do consenso, mantendo-se intacta a liberdade do governo quanto ao estabelecimento ou não de compromisso internacional como conteúdo por ele e só por ele definido.

Uma vez dada a aprovação parlamentar, ela é *irretratável* após a ratificação.[50] Ato unilateral é discricionário, esta é também *irretratável*, impondo-se às partes o compromisso assumido, o qual só poderá ser denunciado unilateralmente de acordo com as regras pré-fixadas.[51]

Ora bem: se o procedimento de celebração dos tratados pressupõe a intervenção conjunta de dois poderes — o

48. Neste sentido, veja-se Rezek, *op. cit.*, 53.

49. *Op. cit.*, 55.

50. Cfr. Rezek, *op. cit.*, 70.

51. Rezek, *op. cit.*, 57.

Executivo, a título de negociação e ratificação — e o legislativo, a título de referendo, não pode admitir-se que a revogação ou denúncia dos mesmos se processe sem a colaboração conjunta dos mesmos poderes que participaram da sua celebração.

A revogação ou denúncia de um tratado por obra de lei ordinária interna, da competência exclusiva de um desses poderes — o Legislativo — teria o alcance de um verdadeiro "golpe de Estado", retirando da destruição dos efeitos de um ato jurídico a intervenção de um órgão sem o qual tal ato não poderia ter sido celebrado.

E não se diga que a impossibilidade de tal revogação ou denúncia por ato exclusivo do Congresso significaria retirarlhes os poderes soberanos que lhe competem no exercício de poder legislativo, pois tais poderes já foram exercidos, a título de referendo, na fase da celebração do tratado, mecanismo este que representa uma autolimitação em matéria de revogação ou denúncia.

5. *O artigo 98 do Código Tributário Nacional e a superada classificação dos tratados em tratados de natureza contratual e em tratados de natureza normativa*

A conclusão de que os tratados têm *supremacia hierárquica* sobre a lei interna e se encontram numa *relação de especialidade* em relação a esta, é confirmada, em matéria tributária, pelo artigo 98 do Código Tributário Nacional que, em preceito declaratório, dispõe que "os tratados e as convenções internacionais revogam ou modificam a legislação tributária interna e serão observados pela que lhes sobrevenha".

Observe-se, em homenagem à exatidão, que é incorreta a redação deste preceito quando se refere à "revogação" da lei interna pelos tratados. Com efeito, não se está aqui perante um fenômeno abrogativo, já que a lei interna mantém a sua eficácia plena fora dos casos subtraídos à sua aplicação pelo tratado. Trata-se, isso sim, de limitação da eficácia da lei que se torna *relativamente inaplicável* a certo círculo de pessoas e situações, limitação esta que caracteriza precisamente o instituto da *derrogação*[52] e decorre da relação de especialidade entre tratados e leis.

Cumpre notar que a supremacia hierárquica dos tratados sobre as leis internas tem como efeito exclusivo proibir a sua revogação por leis internas subseqüentes, não sendo porém o fundamento exclusivo da sua "aplicação prevalente" (*Anwendungsvorrang*).[53] É que, ainda que tratado e lei ordinária tivessem paridade de valor hierárquico, a aplicação prevalente do primeiro resulta diretamente de uma *relação de especialidade*.

É o que já Accioly ensinava ao afirmar que, na ordem interna, os tratados e convenções "(...) formam um direito especial que a lei interna, comum, não pode revogar" e que "(...) as disposições de uma lei interna não podem prevalecer sobre as do tratado".[54]

Observe-se, enfim, que o artigo 98 do Código Tributário Nacional, tendo natureza de *lei complementar*, contém um comando adicional ao legislador or-

52. Cfr. Salvatore Pugliatti, *Abrogazione*, Enc. del Dir. I (1958), 141 (145 ss.); *Mario Patrono, Legge (vicende della)*, Enc. del Dir. XXIII (1973), 904 (920 ss.); entre nós, Fábio Fanucchi, *Curso de Direito Tributário Brasileiro* (4ª ed.), I, São Paulo, 1976, 139; José Carlos Faleiro, *A supremacia dos acordos internacionais, cit.*, 82; Moura Borges, *Convenções, cit.*, 141.

53. Sobre a técnica da prevalência de aplicação, cfr. Gomes Canotilho, *Direito Constitucional* (5ª ed.), Coimbra, 1991, 916, nota, citando Geiger, *Grundgesetz und Völkerrecht*, 245 ss.

54. *Manual de Direito Internacional Público* (3ª ed.), São Paulo, 1956, 22-23.

dinário que veda a este, hierarquicamente, qualquer desobediência ao tratado.[55]

Todavia, certo setor da jurisprudência[56] tem adotado uma interpretação restritiva deste preceito, sustentando que se aplicaria apenas à modalidade de tratados que designa "tratados-contrato", por contraposição aos "tratados normativos" (como considera ser o GATT), em relação aos quais o artigo 98 do CTN não seria aplicável.

A ausência de fundamento desta corrente resulta, em primeiro lugar, de que a própria lei não procedeu a qualquer distinção dentro do âmbito dos "tratados ou convenções" — e, embora esta máxima de hermenêutica não tenha valor absoluto — em linha de princípio, "ubi lex non distinguit", não é lícito ao intérprete distinguir.

Acresce que a referência da lei a "tratados" ou "convenções" visa apenas aludir às duas expressões sinônimas de emprego equivalente na linguagem diplomática, não podendo entender-se como se reportando à dicotomia tratados-contrato e tratados-normativos, pois tal não corresponde, nem entre nós, nem noutros países, a qualquer tradição terminológica.[57]

Diga-se ainda que uma correta interpretação do artigo 98 jamais poderia admitir que a expressão "serão observados pela (legislação tributária interna) que lhes sobrevenha" se refere a "tratados-contratos". Com efeito, os contratos não são "observados" pelas leis posteriores, as quais devem, isso sim, respeitar os direitos adquiridos que deles decorrem. Mas tal respeito é uma regra de direito intertemporal, relativa à aplicação das leis no tempo e que já se encontra reconhecida nos princípios constitucionais da proteção do direito adquirido e do ato jurídico perfeito e da irretroatividade das leis tributárias, não tendo qualquer cabimento na matéria versada pelo artigo 98. A "legislação tributária interna" a que se refere o artigo 98 é constituída por normas jurídicas e estas

55. Neste sentido, por todos, Sacha Calmon Navarro Coelho, "Tratados internacionais em matéria tributária (perante a Constituição Federal do Brasil de 1988)", *Revista de Direito Tributário* 59 (1992), 180 (185): "(...) o Ministro Rezek, que pertenceu à Suprema Corte, pôde dizer que o art. 98 construiu no domínio tributário uma regra de primado do direito internacional sobre o direito interno ("Tratado e Legislação Interna em Matéria Tributária" — *ABDF* n. 22). Hans Kelsen, corifeu da teoria monista que dava primazia aos Direitos das Gentes sobre os Direitos Nacionais, ficaria finalmente satisfeito. O Ministro Rezek indubitavelmente está certo".

56. Cfr. (I) Acórdão da Segunda Turma do Tribunal Regional Federal da Quarta Região, de 6 de fevereiro de 1992, Apelação em mandado de segurança 91 04 12.762-5-RS, Relator Juiz Presidente Teori Albino Zavascki:

"6. A parte final do art. 98 do CTN deve ser interpretada, sob pena de inconscitucionalidade, como aplicável, tão-somente aos tratados contratuais (RE 80.004-RTJ 83/809)" (ponto 6 da Ementa);

II) Acórdão da Primeira Turma do Superior Tribunal de Justiça, de 15 de dezembro de 1993, Recurso especial 37.065-6-PR (93.002 0.326-6), Relator Ministro Demócrito Reinaldo:

"O mandamento contido no artigo 98 do CTN não atribui ascendência às normas de direito internacional em detrimento do direito positivo interno, ao revés, posiciona-as em nível idêntico, conferindo-lhes efeitos semelhantes.

"O artigo 98 do CTN, ao preceituar que tratado ou convenção não são revogados por lei tributária interna, refere-se aos acordos firmados pelo Brasil a propósito de assuntos específicos e só é aplicável aos tratados de natureza contratual" (§§ 1 e 2 da Ementa);

III) Acórdão da Primeira Turma do Superior Tribunal de Justiça, de 23 de fevereiro de 1994, Recurso especial 41.147-5-PR (93 003 3.045-4), Relator Ministro Demócrito Reinaldo:

"O mandamento contido no artigo 98 do CTN não atribui ascendência às normas de direito internacional em detrimento do direito positivo interno, ao revés, posiciona-as em nível idêntico, conferindo-lhes efeitos semelhantes.

"O artigo 98 do CTN, ao preceituar que tratado ou convenção não são revogados por lei tributária interna, refere-se aos acordos firmados pelo Brasil a propósito de assuntos específicos e só é aplicável aos tratados de natureza contratual" (§§ 1 e 2 da Ementa).

57. Cfr. Rezek, *op. cit.*, 15-16.

devem observar não contratos, mas outras normas jurídicas, de força hierárquica prevalente, as quais só podem ser as constantes de tratados normativos, a aceitar-se a dicotomia em causa.

E nem se diga que esta interpretação se traduz numa interpretação inconstitucional do artigo 98, com o argumento de que conduziria a uma limitação da competência do Poder Legislativo. É que, como atrás já se demonstrou, tal limitação decorre hoje inequivocamente do novo texto constitucional.[58]

Enfim, a dicotomoa tratados-contratos e tratados normativos não tem hoje qualquer validade científica, nem jamais foi invocada na doutrina a respeito da discussão sobre a força hierárquica dos tratados em relação à lei interna.

"A distinção entre tratados *contratuais* e tratados *normativos* vem padecendo de uma incessante perda de prestígio". Esta é a asserção lapidar de José Francisco Rezek,[59] corroborada aliás em termos unânimes pela doutrina juspublicista contemporânea, nacional e estrangeira.[60]

O problema desta classificação dos tratados é que dela não decorrem efeitos jurídicos distintos para cada uma das espécies de contratos identificados. Na verdade, as normas de direito internacional e de direito interno relativas à validade, eficácia, interpretação e extinção dos tratados não dependem da designa-

58. Veja-se também Natanael Martins, "Tratados internacionais em matéria tributária", *Revista de Direito Tributário* 54 (1990), 105, *passim*. No mesmo sentido, veja-se, por último, Sacha Calmon Navarro Coelho, "Tratados internacionais em matéria tributária (perante a Constituição Federal do Brasil de 1988)", *Revista de Direito Tributário* 59 (1992), 180 (186).

59. *Direito Internacional Público* (2ª ed.), São Paulo, 1991, 29.

60. No mesmo sentido, Celso de Albuquerque Melo, *Curso de Direito Internacional Público*, I (9ª ed.), Rio de Janeiro, 1992, 164-165 ["Esta classificação entre tratados-leis e tratados-contratos deve ser abandonada. Esta é a opinião de Scelle, Kelsen, Quadri, Sereni, Morelli etc. Na verdade, todo e qualquer tratado é fonte de DI, uma vez que estabelecem normas de conduta. O estatuto da CIJ, no seu artigo 38, ao enumerar as fontes da nossa disciplina, fala em "convenções gerais e especiais" sem fazer qualquer distinção. A divisão dos tratados conforme o critério acima é difícil de ser feita em caso concreto, uma vez que os tratados contêm geralmente dispositivos "legislativos" e "contratuais" ao mesmo tempo. Os próprios doutrinadores, como vimos, não chegaram a uma conclusão sobre as características do tratado-lei e do tratado-contrato. (Tanto assim é que para dois autores diferentes o mesmo tratado pertencia a categorias diferentes. Aréchaga dá o seguinte exemplo: um acordo de cooperação militar entre dois Estados em que um fornecerá tropas terrestres e outro forças navais. Para Triepel, seria um tratado-contrato, porque as vontades têm conteúdo diferente: enquanto para outros (Bourquin), seria um tratado-lei, "porque dele emana uma norma jurídica geral, suscetível de aplicar-se a toda espécie de agressão que se realize no futuro"). Por outro lado a vontade manifestada por um dos contratantes recai sobre todo o tratado e não apenas sobre a sua prestação, mas também sobre a prestação do outro contratante. *Esta distinção não tem qualquer alcance jurídico, uma vez que não existe no DI qualquer hierarquia entre o tratado-lei e o tratado-contrato*. Entretanto, podemos salientar que na prática realmente existem certos tratados (os denominados tratados-leis) que possuem certas características próprias: normas objetivas, aberto, impessoal e unidade de instrumento. A distinção entre tratado-lei e tratado-contrato apresenta valor no tocante à aplicação das regras de interpretação, isto é, nos tratados-contratos recorre-se mais às negociações anteriores à conclusão dos tratados. Acrescenta-se que em caso de guerra os tratados-contratos são ab-rogados, enquanto os tratados-leis são suspensos (Favre)"]; André Gonçalves Pereira/Fausto de Quadros, Manual de *Direito Internacional Público* (3ª ed.), Coimbra 1993, 182 ("Esta classificação, consagrada pela tradição, não tem presentemente o valor que outrora lhe foi atribuído"); Silva Cunha, *Direito Internacional Público* (5ª ed.), Coimbra 1991, 188-190 ("A maiorarte dos autores contemporâneos, porém, considera ambas as classificações [tratados-leis/tratados-contratos, tratados coletivos/tratados bilaterais] como tendo apenas valor pedagógico ou didáctico. O valor jurídico dos tratados seria sempre idêntico, diferindo apenas a extensão do campo de aplicação dos seus preceitos"); Azevedo Soares, *Lições de Direito Internacional Público* (4ª ed.), Coimbra 1988, 154 ["Esta classificação (tratados-leis e tratados-contratos) é muito contestada, pela sua imprecisão. Muitas vezes, as convenções apresentam um caráter híbrido, não senso susceptíveis de se en-

ção a estes dada no âmbito de uma determinada classificação.[61]

A colocação desta reserva inicial e de princípio não é neutralizada pela advertência de Rezek, no sentido de se evitar o extremo de recusar qualquer valor jurídico à tentativa de classificação dos tratados em contratuais e normativos. É que o valor jurídico de tal classificação se confina à teoria geral do direito internacional público, não se repercutindo no aspecto que aqui nos ocupa e que é o do próprio direito dos tratados. Ela permite apreender o maior significado das negociações anteriores à sua conclusão na interpretação dos tratados-contratos e discernir que, em caso de guerra, os tratados-contratos são ab-rogados, enquanto os tratados-leis são suspensos.[62] Como sublinha Rezek,[63] esta tentativa de classificação "(...) abriu caminhos à teoria geral do direito internacional público. Juan Carlos Puig[64] lembra que a teoria do *tratado-lei* é de uma utilidade inestimável para a devida inteligência da função legislativa numa comunidade descentralizada. Mas é possível afirmar com segurança, que a distinção entre tratados contratuais e tratados normativos pouco ou nenhum préstimo oferece ao próprio direito dos tratados".[65]

Colocada esta reserva inicial, estamos agora em condições de examinar mais de perto esta classificação e de verificar se dela se pode extrair algum contributo ou critério para a solução do problema que nos ocupa.

Tratados-leis ou tratados normativos é assim a designação que se dá aos tratados celebrados geralmente entre muitos Estados. Estabelecem normas de direito internacional e podem ser comparados a verdadeiras leis[66], pois por meio deles as partes editam *uma regra de direito objetivamente válida*.[67] A esta espécie pertencem não só as grandes convenções coletivas, como também todos os tratados em que se percebesse o intuito das partes de estabelecer certas regras uniformes de conduta.[68]

Trata-se pois de tratados que possuem normas jurídicas que os Estados aceitam como normas de conduta, ou seja, de tratados com "a finalidade de criar normas jurídicas".[69] As vontades que os formam têm conteúdo idêntico e por isso são fonte do direito internacional pú-

quadrar numa das categorias agora expostas. Todavia, o Estatuto do Tribunal Internacional de Justiça consagra tal distinção, na alínea *a*) do n.º 1 do seu artigo 38, sob os termos *convenções gerais e convenções especiais*"]; Manuel Dies de Velasco, *Instituciones de Derecho Internacional Público*, I (9.ª ed.), Madri, 1991, 126 ("Por su función en el plano de la creación de obligaciones se ha distinguido entre aquellos Tratados que prevén entre los contratantes un intercambio de prestaciones y los que intentam crear una norma de carácter general aplicable a toda la C.I. o a una parte de ella. En una terminologia ya superada, que tuvo su origen en la doctrina alemana del siglo XIX y una amplia repercusión entre los iusinternacionalistas encabezados por Triepel, se les designó como *tratados-contrato* a los primeros y *tratados-ley* a los segundos").

61. Neste sentido, veja-se Riccardo Monaco, *Manuale di Diritto Internazionale Pubblico* (2.ª ed.), Torino, 1971 (reimpressão 1989), 96, que justamente salienta a inexistência de progressos científicos em relação a algumas classificações tentadas no passado (cfr. *op.* e *loc. cit.*, com notas 40 e 41 e bibliografia aí citada). Também Rezek, *op. cit.*, 26, ao observar que "aqui se estudam tão-só aqueles esquemas classificatórios que, em certa medida, irão contribuir para o melhor entendimento de aspectos da gênese, da vigência ou da extinção dos tratados internacionais", mais não faz que registrar o valor meramente heurístico, mas não hermenêutico, dos esquemas classificatórios dos tratados e, em especial, da classificação entre tratados contratuais e tratados normativos (ob. cit, 31).

62. Albuquerque Mello, *Curso*, cit., 165.

63. *Direito Internacional Público*, cit., 31.

64. Rezek reporta-se à obra de Puig, *Derecho de la comunidad internazional*, I, Buenos Aires, 1975, 173.

65. Itálicos nossos.

66. Hildebrando Accioly, *Manual de Direito Internacional Público* (3.ª ed), São Paulo, 1956, 159.

67. Rezek, *Direito Internacional Público, cit.*, 30.

68. Rezek, *ibidem*.

69. Albuquerque Mello, *Curso*, cit., 164.

blico, estabelecendo uma situação jurídica impessoal e objetiva. Caracterizam-se não só por serem geralmente plurilaterais, como por possuírem cláusula de adesão.[70]

Já Kelsen[71] apontava como pleonasmo a expressão *tratados normativos*, uma vez que, como Rezek observa[72] "todos o são, dos mais transcendentes pactos universais às avenças de comércio que os Estados concluem aos pares. O que pode variar, em verdade, é o feitio de execução das normas convencionais — menos, porém, à luz do direito que sob um enfoque econômico, político ou histórico. Acresce que um dos dois pólos dessa classificação, o *tratado contratual*, é algo que talvez nunca se encontre em estado de pureza. Mesmo nas avenças bilaterais voltadas para a singela troca de bens ou serviços, é usual que marque presença o elemento "normativo" (...)".

Este é com efeito a pedra de toque dos dispositivos de salvaguarda e, sobretudo, das cláusulas finais sobre ratificação, entrada em vigor ou denúncia.

Acresce que, como também já Kelsen havia observado[73] a vontade convencional das partes tem exatamente a mesma extensão e o mesmo objeto — o teor integral do tratado, ou seja, a sua prestação e também a prestação do outro contratante[74] — quer este seja contratual, quer seja normativo. A diversidade das vontades dos Estados, apontada como elemento distintivo daquelas duas espécies de tratado, não é assim uma diversidade jurídica, mas uma mera diversidade, do objeto mediato[75] sobre que aquela incide.

Como aliás salienta Rezek noutro passo da sua obra,[76] "a produção de efeitos de direito é essencial ao tratado, que não pode ser visto senão na sua dupla qualidade de *ato jurídico* e de *norma*. O acordo formal entre Estados é o ato jurídico que produz a norma, e que, justamente por produzi-la, desencadeia efeitos de direito, gera obrigações e prerrogativas, caracteriza enfim, na plenitude de seus dois elementos, o tratado internacional".

A crítica decisiva e definitiva quanto à falta de sentido jurídico-dogmático desta classificação é, porém, aquela que assenta na constatação de que inexiste qualquer hierarquia entre tratado-lei e tratado-contrato.[77]

Em suma, esta distinção tem um valor meramente indicativo e auxiliar da interpretação do próprio tratado, nada dizendo, porém, quanto aos problemas próprios do direito dos tratados, nomeadamente quanto à vigência dos tratados na ordem interna brasileira e quanto ao seu lugar na hierarquia das fontes de direito brasileiro que aqui nos ocupam.

Bastaria esta asserção para se concluir pela insubsistência daquela orientação jurisprudencial[78] que tem tentado ancorar nesta classificação não só o fun-

70. Albuquerque Mello, *ibidem*.

71. *Principles of International Law*, Nova York, 1952, 320 (*apud* Rezek, *Direito Internacional Público, cit.*, 30.

72. Rezek, *Direito Internacional Público*, cit., 30-31.

73. *La théorie juridique de la convention, Arch. Ph.* 10 (1940), 40-43 (*apud* Rezek, *Direito Internacional Público*, cit., 30).

74. Veja-se Albuquerque Mello, *Curso*, 165.

75. Ou o *quid* sobre que incidem os efeitos da vontade, como é o minério de ferro ou o petróleo no pacto de troca referido por Rezek, *ob. cit.*, 30.

76. Rezek, *Direito Internacional Público*, cit., 19.

77. Albuquerque Mello, *Curso*, cit., 165.

78. Estão nesta situação, entre outros, os seguintes Acórdãos:

I) Acórdão da Segunda Turma do Tribunal Regional Federal da Quarta Região, de 6 de fevereiro de 1992, Apelação em mandado de segurança 91 04 12.762-5-RS, Relator Juiz Presidente Teori Albino Zavascki: "A parte final do art. 98 do CTN deve ser compreendida, sob pena de inconstitucionalidade, como aplicável tão-somente aos tratados contratuais (RE 80.004-RTJ 83/809)" (ponto 6 da Ementa);

damento jurídico para o lugar que atribui aos tratados "normativos" na hierarquia das fontes de direito brasileiro, como também uma interpretação restritiva do artigo 98 CTN. Como, porém, já se viu, tal orientação peca ainda por não tomar em consideração no seu raciocínio, as disposições inovatórias da Constituição Federal em matéria de vigência de tratados que recusam a superioridade hierárquica dos tratados em geral.

Conclusões

Em face do quanto antecede, impõem-se as seguintes conclusões:

a) a Constituição Federal consagrou o sistema monista com cláusula geral de recepção plena (artigo 5º, § 2º), o que significa que os tratados valem na ordem interna como tal e não como leis internas, apenas sendo suscetíveis de revogação ou denúncia pelos mecanismos próprios do direito dos tratados;

b) o artigo 5º, § 2º, da Constituição Federal atribui expressa superioridade hierárquica aos tratados em matéria de direitos e garantias fundamentais, entre os quais se inclui a matéria tributária (artigo 150, "caput");

c) a celebração dos tratados é ato da competência conjunta do Chefe do Poder Executivo e do Congresso Nacional (artigos 84, inciso VIII e 49, I), não sendo portanto admissível a sua revogação por ato exclusivo do Poder Legislativo;

d) o artigo 98 do Código Tributário Nacional — que é lei complementar que se impõe ao legislador ordinário — é expresso ao estabelecer a superioridade hierárquica dos tratados, sendo inadmissível restringir essa superioridade apenas a algumas espécies ou modalidades, não distinguidas por lei.

II) Acórdão do Superior Tribunal de Justiça, de 13 de setembro de 1993, Recurso Especial 39.932-5-PR, Relator Ministro Demócrito Reinaldo: "O artigo 98 CTN, ao dizer que o tratado ou convenção não é revogado por lei tributária interna, refere-se aos acordos firmados pelo Brasil acerca de assuntos específicos e só é aplicável aos tratados de natureza contratual" (ponto 3 da Ementa);

III) Acórdão do Superior Tribunal de Justiça, de 15 de dezembro de 1993, Recurso especial 37 065-5/PR (93 0020326-6), Relator Ministro Demócrito Reinaldo: "O artigo 98 CTN, ao preceituar que tratado ou convenção não são revogados por lei tributária interna, refere-se aos acordos firmados pelo Brasil a propósito de assuntos específicos e só é aplicável aos tratados de natureza contratual" (ponto 3 da Ementa);

IV) Acórdão do Superior Tribunal de Justiça, de 23 de fevereiro de 1994, recurso Especial 41.147-5/PR (93 003 3.045-4), Relator Ministro Demócrito Reinaldo: "O artigo 98 do CTN, ao preceituar que tratado ou convenção não são revogados por lei tributária interna, refere-se aos acordos firmados pelo Brsil a propósito de assuntos específicos e só é aplicável aos tratados de natureza contratual" (ponto 2 da Ementa).

CADERNOS DE DIREITO TRIBUTÁRIO

VENDA DE IMÓVEL É CIVIL NÃO COMPORTA FATURAMENTO

PAULO SALVADOR FRONTINI
Professor da Faculdade de Direito da Universidade de São Paulo

I — DOS FATOS — II — A CONSULTA — III — OBSERVAÇÕES INTRODUTÓRIAS — IV — OS FUNDAMENTOS: 1. Introdução — 2. Surgimento do Direito Comercial — 3. Evolução histórica — 4. Dualismo e codificação — 5. Direito Civil e Direito Comercial: campos de incidência; 5.1 Critério de demarcação dos dois ramos; 5.2 As sociedades anônimas; 5.3 Empresas de construção; a prestação de serviços; obrigação de dar e obrigação de fazer; 5.4 Síntese da argumentação desenvolvida — 6. Dualismo da compra-e-venda no direito privado; identificação das hipóteses concretas de compra-e-venda mercantil, compra-e-venda imobiliária; compra e venda imobiliária com relação de consumo — 7. Regime jurídico pertinente a cada uma dessas operações: 7.1 Âmbito da compra e venda mercantil; 7.2 Segue; 7.3 Extração de fatura: ato de faturamento; conceito de faturamento; 7.3.1 Legislação societária: demonstrações financeiras, resultado do exercício e receita bruta de vendas e serviços. Conceitos jurídicos contábeis da legislação societária que não abrangem operações em que não há extração de fatura; 7.3.2 Compra-e-venda e nota fiscal-fatura. 7.4 Compra e venda a consumidor final; 7.5 Venda a varejo: nartureza civil documentação cabível; nota fiscal, recibo, duplicata, cheque pré-datado — 8. Compra-e-venda de coisa móvel entre particulares — 9. Compra e venda imobiliária — contrato solene; formalismo que se acentua se presente a relação de consumo; inocorrência de faturamento; objeto do contrato, bem imóvel, que não constitui mercadoria. V — CONCLUSÃO: Resposta aos quesitos.

PARECER JURÍDICO

I — Dos fatos

A Consulente é empresa — companhia aberta — que tem por objeto social "a indústria da construção civil, por conta própria e de terceiros, obras civis por empreitada ou administração, incorporação, comercialização de imóveis e outros empreendimentos imobiliários, execução de obras públicas de infra-estrutura e saneamento básico, exploração de outras atividades em setores afins, prestação de serviços, intermediação na venda de produtos e serviços de acabamento de obras, tanto no país como no Exterior. Pode outrossim, participar de outras empresas (estatuto social, art. 3º e § único).

Dentro da amplitude de seu objeto social, a consulente desenvolve destacadamente a construção civil por conta própria de imóveis, edifícios de apartamentos e comerciais, para fim de ulterior venda final. Essa é a atividade empresarial preponderante da consulente, que se centra, pois, no negócio jurídico compra e venda de imóveis, eis que, em resumo, adquire o terreno, constrói o edifício, promete e vende as respectivas unidades a terceiros.

Para esse fim e como é óbvio, celebra com os interessados os necessários instrumentos de promessa de compra-e-venda e escritura pública de compra-e-venda.

Sempre no âmbito de seu objeto social, mas sob menor destaque, a consulente realiza a construção civil por conta de terceiros, obras civis por empreitada ou administração e execução de obras públicas, atividades que rotula como prestação de serviços.

II — A consulta

Assim expostos os fatos, a consulente solicita nosso exame jurídico sob o enfoque de Direito Privado sobre a natureza e características dos negócios jurídicos que celebra no exercício de sua atividade preponderante, a construção civil por conta própria, que culmina com a venda de cada imóvel ao comprador final.

Podemos desdobrar essa formulação genérica nos seguintes quesitos:

1.º) Qual a natureza do contrato celebrado entre a consulente e cada um de seus clientes, adquirente de unidade imobiliária que a consulente, após construir por conta própria, vende?

2.º) como se classifica esse contrato?

3.º) Perante o Direito Privado (civil e comercial), que natureza tem o bem que a consulente vende a cada um de seus clientes?

4.º) Ainda sob o ângulo de Direito Privado, qual modalidade de obrigação se identifica no principal dever contratual que a consulente assume perante cada cliente, comprador de unidade imobiliária?

5.º) Qual a forma jurídica que a consulente deve observar para validamente cumprir a principal obrigação contratual que assume com seus clientes?

6.º) No negócio jurídico sob exame, está obrigada, a consulente, a extrair fatura? Pode, em caso de negócio a prazo, sacar duplicata contra o adquirente? Ocorre, no caso, faturamento?

III — Observações introdutórias

Para oferecer resposta fundamentada aos quesitos propostos, este parecer divide-se em duas partes a saber, *fundamentos e conclusão*.

Quanto aos fundamentos, demonstraremos que o Direito Privado, no Brasil, conserva até hoje a tradicional dualidade de ramos, Direito Civil e Direito Comercial. Serão apresentadas as áreas de incidência das normas daquele e deste, bem como e porque se situam, os negócios imobiliários, no campo do Direito Civil.

Serão examinados os diversos tipos de compra-e-venda existentes no Direito Privado. A compra-e-venda mercantil, tendo por objeto mercadoria, que é coisa móvel destinada à comercialização, com suas exigências legais — extração de fatura (ato de faturamento), emissão de nota-fiscal ou nota-fiscal-fatura e eventual saque de duplicata. A compra e venda de coisa móvel a consumidor final e as formalidades que nela ocorrem, com destaque à legislação do consumidor. A compra-e-venda de coisa móvel entre particulares (ausência de comerciante e de consumidor). A compra-e-venda de imóveis e suas exigências, especialmente quanto a operações em que presente relação de consumo, bem como o ramo de Direito Privado em que se insere. Seu objeto não é mercadoria.

Veremos que nos contratos de compra-e-venda em geral (compra-e-venda mercantil, compra-e-venda a consumidor final, compra-e-venda civil de coisa móvel e compra-e-venda imobiliária) a principal prestação do vendedor consiste em transferir o domínio de coisa corpórea, móvel ou imóvel. Trata-se, pois, de obrigação de dar, e não obrigação de fazer, própria da prestação de serviços, e, muito menos, de obrigação de não-fazer.

Por fim, daremos ênfase à natureza solene da compra-e-venda de imóvel, com suas exigências instrumentais (escritura pública), cujos timbres formais se acentuam por força das leis sobre proteção ao consumidor, quando presente relação de consumo.

Toda essa investigação jurídica, afinal, resta sumulada no último item (n. 10) da fundamentação.

Por derradeiro, na última parte do parecer — "conclusão" — daremos respostas aos quesitos propostos.

IV — Os fundamentos

1. Algumas observações introdutórias irão possibilitar-nos compreender e demarcar as questões propostas.

É que não podem elas ser apreendidas, em sua complexidade, sem que tenhamos presente o fenômeno econômico-cultural dos institutos jurídicos. E, como parece evidente, é no contexto maior dos institutos jurídicos que lograremos compreender o sentido e o alcance de preceitos de direito positivo, que se irradiam a partir da lei, e que não podem ultrapassar os limites próprios de sua essência.

2. O estudo do Direito Privado para o fim de investigar as causas que originaram seu dualismo, expresso no binômio Direito Civil — Direito Comercial, não remonta senão a meados da Idade Média. Dizem-no, de modo geral e unânime, os doutrinadores (R. Goldschmidt (*Curso*, Cap. I, ed. UCV) Vivante (*Tratatto*, I/3, 5ª ed.), Ripert ("Traite", I/3, 13ª ed.), Jean Escarra (*Principes*, I/11, ed. 1934), Carvalho de Mendonça (*Tratado* I/17 e 18) e Waldemar Ferreira ("Instituições" 1/12). Ascarelli é preciso ao determinar o nascimento do Direito Comercial como resultado de uma fratura entre o direito romano-canônico comum, até então vigente, e as exigências econômicas de vocação capitalista, surgidas nas comunas italianas no século XII (*Panorama do D. Comercial*, p. 22, Saraiva, 1947). Em tempos anteriores, especialmente no quadro do Direito Romano, cujas normas atendiam satisfatoriamente a um tráfico ainda incipiente, não há registro de qualquer ordenação sistematizada, identificável com o que veio a constituir-se no Direito Comercial. Figuras pioneiras e isoladas, como o *nauticum faenus* e a *Lex Rhodia de jactu*, vindas de eras precedentes, apenas confirmam essa asserção.

3. A partir de seu aparecimento naqueles idos medievais, o Direito Comercial não cessou de expandir-se e de aperfeiçoar-se. Surgido como um estatuto corporativo extra-oficial, foi adotado pelo Estado como o "direito dos comerciantes" (as *Ordonnances* de 1673 e 1681, sob Luis XIV), e evoluiu objetivamente para tornar-se o "direito dos atos de comércio" (*Code de Commerce* de 1807, sob Napoleão). O passo seguinte, desde já visível, *mas ainda não completado*, indica o rumo do Direito Comercial no sentido de tornar-se o *direito da atividade econômica privada* (Ascarelli; Corso; G. Ferri, *Manuale*, Cap. I, p. 38, 3ª ed. — Utet; Comparato, *O Poder de Controle na S.A.*, n. 28, p. 91; Sylvio Marcondes, "Da Atividade Negocial", in *Problemas de Direito Mercantil*, p. 129

e ss.; O. Barreto Fº., "Teoria do Estabelecimento Comercial", n. 8) ou o Direito de Empresa, como explicitamente deseja o projeto de Código Civil Brasileiro, pendente no Senado (projeto de lei 634-B, de 1975, livro II, "Do Direito de Empresa") e como gostaria de tê-lo feito, parece-nos, o Código Civil italiano já em 1940, não fossem as implicações corporativas então imperantes na península (Guarrigues, *Hacia um Nuevo Derecho Mercantil*, p. 271 e ss.). Autores da maior respeitabilidade assim pensam (Escarra, Garrigues, Rubens Requião, Ruy de Souza e Bulgarelli).

Interessa, isto sim, salientar, como faz Ascarelli, indissociável correlação entre o sistema capitalista e o Direito Comercial, a ponto de afirmar ser este uma autêntica *categoria histórica* (ob. e loc. cit.); idem, Oscar Barreto Filho, *Sociedades de Investimento*, p. 24, 1956.

Assim, em resumo, parece ser.

Com efeito, se é verdade a observação de Drucker de que "a cada dois ou três séculos ocorre na história ocidental uma grande transformação", podemos logo perceber que cada um desses momentos transformativos foi acompanhado por uma correspectiva etapa do Direito Mercantil, assinalada pelo surgimento de alguns de seus grandes institutos (*A Sociedade Pós Capitalista*, ed. Pioneira, 1993, p. XI e ss.).

O surgimento, no século XIII, da nova cidade (os burgos) coincide com o nascimento do próprio Direito Comercial, as corporações, seus estatutos, os primeiros usos do comércio à distância e a figura do câmbio. Entre a invenção de imprensa (1455) e a Reforma, que citado autor indica como a segunda grande transformação, surgem os Estados nacionais (França, Espanha, Países Baixos, Inglaterra). É o período da incorporação das normas jurídico-mercantis ao direito positivo, das Companhias das Índias e do endosso cambial. A transformação seguinte — a Revolução Industrial — expressa-se, no plano do Direito Comercial — pela sociedade por ações. E o símbolo jurídico-mercantil da transformação ora em curso (a Revolução Tecnológica e o ingresso na Era do Conhecimento) desponta na mobilização dos direitos, na crescente expansão dos bens incorpóreos, nas grandes organizações, inclusive multinacionais e outras figuras de larga magnitude, como as relações de massa e a afirmação de novos direitos sociais, como os do consumidor, do meio-ambiente e da concorrência (N. Bobbio, *A Era dos Direitos*, espec. p. 49 e ss., Ed. Campus, Rio, 1992).

4. É admirável como toda essa dinâmica do Direito Comercial processou-se dentro do Direito Privado sem perda da coexistência com o Direito Civil. Este remanesceu o grande trono do Direito Privado, tal qual edificado progressivamente nos tempos de Roma, até consolidar-se no conjunto das compilações de Justiniano (Institutas, Digesto, Código e Novelas), séculos após ganhando o título de Corpus Juris Civilis (Biondi, "Instituzioni", § 13, Ed. Giuffrè, 1972; Moreira Alves, "Direito Romano", I/60 e ss., Ed. Forense, 1978). A morte de Justiniano, em 565 d.C., "é tradicionalmente considerada o termo oficial do direito romano" (Moreira Alves, ob. cit., p. 72), mas, como todos sabemos, não significou senão o início de sua influência na formação do sistema jurídico continental, recepcionado em diversos países como ocorreu na Alemanha, França, Espanha e Portugal (id., ib.). "Nesses países — é sempre a lição de Moreira Alves — o direito romano aplicado à prática vigorou como *direito comum* até a codificação, em cada um deles, do Direito Privado, o que ocorreu, principalmente, no século XIX" (ob. cit. p. 77).

Pois bem: esse *direito comum*, derivado do Direito Romano, após a fratura sobrevinda no século XII, que fez nascer o Direito Comercial, esse direito comum, repita-se, findou por corporificar-se como o Direito Civil. Tal se deu tanto em Portugal, como no Brasil, após mais que secular fermentação. Impossível não referir os séculos de vigência das Ordenações Filipinas (1603), adornadas pela Lei da Boa Razão de 18.8.1769. A esta última, por seu sentido "autenticamente revolucionário", como proclamou Orlando Gomes, deve-se como fonte subsidiária e flexível, a extraordinária vitalidade das Ordenações Filipinas (*Ensaios de Direito Civil e do Trabalho*, pp. 242/243, Ed. Aide, Rio, 1986), vitalidade que as levou a vigirem em Portugal até 1867 e no Brasil até 1916, anos em que nesses países e respectivamente entraram em vigência seus Códigos Civis.

Não por mero acaso, nas duas Nações, procedendo às codificações civis, foram promulgados os Códigos Comerciais, o de Portugal em 1833 e, em 1850, o do Brasil.

Oficializava-se, assim, por esse caminho, nas duas Nações de fala portuguesa, o *dualismo* do Direito Privado, a exemplo do que já ocorrera pioneiramente à época de Napoleão na França, assim como ocorreria na Alemanha, na Espanha e na Itália, nesta até a vigência do atual Código Civil (1942).

Tal resultou de diversidade de fatores, a influenciarem de um lado o direito comum e de outro o Direito Comercial. Aquele, cuidando da propriedade, das coisas, da família e das sucessões, trazia consigo a trava de relações de dominação, ligadas à propriedade fundiária, à servidão, à família patriarcal; e este necessariamente marcado pelo tráfico marítimo, predominantemente internacional, informal, expedito e igualitário. Se alguma dúvida resta, faça-se e confronto dos cinco livros das Ordenações Filipinas — que silenciam sobre o comércio — com os "Princípios de Direito Mercantil e Leis de Marinha" de Cairu ("a primeira grande obra de nosso literatura jurídica", na voz autorizada de A. Lamy — prefácio à reedição de 1963, p. XV, Ed. M.J.N.I). O ecumenismo e o pluralismo de fontes das normas mercantis afloram em cada página escrita por Cairu (1815).

Assim, o dualismo do Direito Privado permaneceu até nossos dias. Aliás, Portugal, Espanha, França e Alemanha também conservam a dualidade de ramos no Direito Privado.

5. Há assim no quadro do ordenamento jurídico nacional dois campos demarcados de incidência de normas de Direito Privado: O Direito Civil e o Direito Comercial, como, aliás, o proclama a própria Constituição (art. 22, I — "legislar sobre direito civil, comercial"... etc). O Direito Civil com feições amplas de direito comum, definindo os sujeitos de direito, qualificando a capacidade das pessoas, os bens, os atos jurídicos, a família, as sucessões, a propriedade, a posse, as regras gerais das obrigações e os *contratos civis*; o Direito Comercial, como um ramo especializado do Direito Privado, acatando todas categorias básicas do Direito Civil (sujeitos de direito, capacidade, bens, atos jurídicos, e regras gerais das obrigações), mas regendo seus próprios institutos, o comerciante, as firmas e sociedades comerciais, títulos de crédito, registro de comércio, escrituração mercantil, falência e concordata, instituições financeiras, mercado de capitais, valores mobiliários, propriedade industrial e contratos mercantis.

5.1 A esta altura cabe a pergunta: qual o critério para, no vasto campo do Direito Privado, identificar quais situações e relações jurídicas se submetem ao Direito Civil e quais ao Direito Comercial?

O direito positivo brasileiro já teve, no passado, um critério legal e explícito, que decorria da necessidade de definir a competência dos Juízos e Tribunais do Comércio. Com efeito, o Regulamento sobre a ordem do juízo no processo comercial, baixado pelo Decreto n. 737 de 25.11.1850 (conhecido como "Regulamento 737"), em seu art. 19, definia o que era considerado mercancia, alinhando estas hipóteses: "§ 1º. A compra e venda ou troca de efeitos móveis ou semoventes, para os vender por grosso ou a retalho, na mesma espécie ou manufacturados, ou para alugar o seu uso; § 2º. As operações de câmbio, banco e corretagem; § 3º. As empresas de fábricas, de comissões, de depósito, de expedição, consignação e transportes de mercadorias, de espetáculos públicos; § 4º. Os seguros, fretamentos, riscos e quaisquer contratos relativos ao comércio marítimo; § 5º. A armação e expedição de navios".

Era um critério legal. Como é sabido, o Decreto 2.662 de 9 de outubro de 1875 suprimiu os Tribunais do Comércio; mas o Regulamento 737 subsistiu como procedimento para as causas comerciais; e, pelo Decreto 763 de 19.9.1890, esse Regulamento foi mandado aplicar às causas cíveis. Na prática, ficou em vigência até a entrada em vigor do Código de Processo Civil de 1939.

Revogado esse diploma, a conceituação de comércio (mercancia), perdeu base legal. Foi preciso, desde então, enquanto categoria lógica. A doutrina, porém, fixou-se de um modo geral na idéia de prática profissional, e pois habitual, do ato de comércio, caracterizado pela intermediação entre produtor e consumidor (Bulgarelli, *Direito Comercial* n. 1.6; Hernani Estrella, *Curso*, p. 18; J. Eunapio Borges, *Curso*; Carvalho de Mendonça, *Tratado* 1/291 e 311; Waldemar Ferreira, *Instituições*, I/55).

Em termos efetivos, porém, o que se viu foi subsistir até hoje o conceito de comércio como tendo por conteúdo aquelas práticas, profissionais e habituais, descritas no art. 19 do Regulamento 737, retro transcrito. Dir-se-ia que ganhou foros de costume, fonte relevante do Direito Comercial, o conceito de mercancia ali descrito, cujos fundamentos teriam passado a ser, face à do Regulamento 737, consuetudinários.

A esse conceito de comércio acresce-se o decorrente dos atos de comércio por força de lei, no clássico enunciado de Carvalho de Mendonça (ob. cit., nº 373). É o que, por exemplo, a lei impôs às sociedades anônimas, que são sempre consideradas comerciantes (DL 2.627/40, art. 2º, § 2º, e Lei 6.404/76, art. 2º, § 2º) e as empresas de construção, a quem a Lei 4.068 de 9.6.62 declarou serem comerciais, derrogada parcialmente pela Lei 5.474 de 18.7.68 (ver Theotonio Negrão, *Código Civil e Legislação Civil em vigor*, verbete "Contratos Imobiliários", 12ª ed., p. 401).

5.2 No caso das sociedades anônimas, o legislador, ao proclamá-las sempre comerciais, pôs termo à polêmica causada pelo art. 1.364 do Código Civil. Esse preceito admitia a existência de sociedade civil por força de seu objeto, mas sob forma de companhia anônima, gerando sérios questionamentos especialmente no âmbito de sua sujeição aos institutos da falência e da concordata. Ora, toda tradição das sociedades anônimas provém do comércio. Nada mais lógico, portanto, que o legislador restabelecesse essa comercialidade plena, qualquer que fosse o objeto da companhia. Foi o que fez em 1929, com a Lei de Falências então promulgada, que a ela submeteu todas as anônimas, fórmula reiterada pelo DL. 2.627 de 1940 e mantida na legislação atual.

5.3 Quanto às empresas de construção, sua comercialidade, decretada pela Lei 4.068 de 1962, resultou da conveniência de excepcionar seu regime jurídico normal, de Direito Civil, face à natureza imobiliária de suas atividades. Por que assim se fez?

Justamente para aparelhá-las com certos instrumentos do Direito Comercial. Com efeito, essa lei, sobre submetê-las aos procedimentos concursuais mercantis (falência e concordata) impôs a essas empresas o saque de duplicata "contra as pessoas naturais ou jurídicas para as quais realizem construção" (art. 2º). Quis o legislador, assim, franquear-lhes o acesso a um título de crédito decorrente da prestação de serviços feita, como empreiteiras, ao comitente, o dono da obra. É evidente que o legislador estava pensando na função de liquidez que um título de crédito causal, nessas condições, pode proporcionar. A matéria foi tratada nos artigos 2º a 5º dessa lei, e significa o precedente imediato da duplicata de prestação de serviços, surgida pela Lei 5.474 de 18.7.68. Esta última, aliás, em seu art. 28, revogou os artigos da Lei 4.068 referentes à duplicata, restando em vigor apenas o art. 1º, justamente o que confere índole mercantil às empresas de construção. Como a lei 5.474 criou a duplicata de prestação de serviços (arts. 20 e 22), as empresas de construção permaneceram com a *possibilidade* ("poderão... emitir") de sacar duplicata contra os comitentes das obras, que empreitam.

Esse tratamento de exceção só fez, contudo, confirmar a regra geral sobre comercialidade, regra essa que, como vimos, exclui do campo do Direito Comercial a atividade imobiliária (p. ex., atividades de loteamento em geral, bem como a prestação de serviços).

Ou seja, apenas os serviços consistentes em empreitada de construção, ganharam foros de comercialidade.

Frise-se o ponto: as empresas de construção foram consideradas comerciais pela idéia de comercializar no caso, sua prestação de serviços ao comitente, e não por cuidarem de matéria imobiliária.

E de fato como regra geral, *a prestação de serviços constitui atividade civil*, já que o prestador de serviços não exerce intermediação na circulação de riqueza. Cumpre *obrigação de fazer*, como bem anota Maria Helena Diniz (*Tratado Teórico e Prático dos Contratos* 2/152) *e não obrigação de dar, ou entregar*, como é típico do comerciante (*interposição na troca*).

O legislador tributário, aliás, atento a essa relevante circunstância, criou dois impostos diferentes, um para a circulação de mercadoria (ICM), e outro para a prestação de serviços (ISS), com sujeitos ativos diversos na relação obrigacional-tributária (Estado-Município). Observou-se no campo tributário a dualidade que revela serem de diversa natureza as hipóteses de incidência de cada um desses impostos: intermediação na troca, obrigação de entregar, comércio; prestação de serviços, obrigação de fazer, atividade civil.

Vimos, desta maneira, nestas linhas, como se demarcam, hoje, perante a lei brasileira, os territórios do Direito Comercial e do Direito Civil.

5.4 Assim, e em resumo, arrolam-se no campo do Direito Comercial aquelas atividades originariamente definidas no art. 19 do revogado Regulamento 737, ainda que sua comercialidade hoje resulte mais da tradição — usos e costumes — e não da lei; situam-se, ainda, no Direito Comercial as sociedades anônimas, pois a lei assim o determina, qualquer que seja seu objeto; e as empresas de construção.

Já a atividade imobiliária, ou seja, os negócios jurídicos que tem por objeto os imóveis e a atividade de prestação de serviços, tais ficaram no campo do Direito Civil.

6. Cabe, agora, por oportuno, analisar a questão da dualidade do Direito Privado no âmbito do contrato de compra-e-venda. Interessa particularmente examinar e confrontar as figuras da compra-e-venda mercantil, da compra-e-venda civil de coisa imóvel e da compra-e-venda de imóveis.

Essas três figuras, na verdade, devem ser desdobradas em várias hipóteses, face às peculiaridades legais que regem:

a) a compra-e-venda de mercadorias entre comerciantes, agindo ambos em função de seus negócios;

b) a compra-e-venda de mercadoria, sendo o comprador comerciante, agindo em razão de sua atividade;

c) a compra-e-venda em que o vendedor é comerciante, no exercício da mercancia, e o comprador é consumidor final; é a hipótese do chamado "ato misto", em que, na verdade, está presente uma *relação de consumo*;

d) a compra-e-venda de coisa móvel entre duas pessoas, nenhuma delas se apresentando nesse caso quer como comerciante, quer como consumidor. É a compra-e-venda esporádica, avulsa, entre pessoas que só ocasionalmente contratam nessas circunstâncias;

e) a compra-e-venda de imóveis, não sendo o comprador consumidor final; ou seja, negócio imobiliário ocasional entre empresas, ou entre dois particulares, ou entre um particular e uma empresa;

f) a compra-e-venda de imóveis, sendo vendedor uma empresa (sociedade comercial ou sociedade civil de fins econômicos, geralmente uma S/C Ltda.) vendendo em função de seu objeto social e sendo comprador um consumidor final. Presente neste caso, novamente, uma *relação de consumo*.

As duas primeiras hipóteses (letras "a" e "b" acima) caracterizam claramente a compra-e-venda mercantil que tem como legislação o Código Comercial (art. 191 e ss.) e tem por objeto *mercadorias* (coisa móvel destinada à revenda ou à locação de seu uso).

A terceira hipótese (letra "c", acima) configuraria o outrora comentado "ato misto", ou "ato bifronte" (Waldemar Ferreira). Na verdade, nela se encerra uma relação de consumo, sujeita às normas de proteção do consumidor. Temos firme convicção de que esse negócio jurídico, tão corriqueiro na sociedade de consumo, por encerrar a chamada venda a retalho ou a varejo, ou venda a consumidor final, é negócio jurídico civil, regendo-se pelo Código Civil e pela legislação de tutela do consumidor.

A quarta hipótese (letra "d", acima) é típica situação obrigacional civil, nela não se vendo a presença nem de comerciante, nem de consumidor. Rege-se pelo Código Civil (art. 1.122 e ss.).

A quinta hipótese caracteriza contrato imobiliário (letra "e", acima). É contrato puramente civil, solene, regido pelo Código Civil (art. 1.122 e ss.).

A última hipótese (letra "f") enquadra-se como compra-e-venda imobiliária, negócio jurídico civil, mas *caracterizando relação de consumo*, incidindo, concomitantemente, as normas de proteção ao consumidor.

7. Interessa sobremodo destacar os fundamentos jurídicos dessa variedade de situações, especialmente porque se apresentam com regime jurídico variado.

Acima de tudo, é importante relembrar como a legislação brasileira estruturou a compra-e-venda mercantil, ensejando, a partir daí, a configuração da compra-e-venda civil. E, mais recentemente, normatizando, com matizes peculiares, a compra-e-venda em que está presente uma *relação de consumo*.

7.1 No elenco constante daquele art. 19, cumpre destacar a primeira hipótese: "a compra-e-venda de efeitos móveis ou semoventes, para os vender por grosso ou a retalho, na mesma espécie ou manufacturados, ou para alugar o seu uso".

Efeitos *móveis*. Esse o ponto a destacar.

Em correspondência com esse preceito, o Código Comercial, ao cuidar da compra-e-venda mercantil, no art. 191,

2ª parte, fez o mesmo destaque: "*Art. 191. ... (omissis)... É unicamente considerada mercantil a compra e venda de efeitos móveis ou semoventes, para os revender por grosso ou a retalho, na mesma espécie ou manufaturados, ou para alugar o seu uso; compreendendo-se na classe dos primeiros a moeda metálica e o papel-moeda, títulos de fundos públicos, ações de companhias, contanto que nas referidas transações o comprador ou vendedor seja comerciante*".

Este dispositivo está em vigor. De seu texto resulta, em conclusão, que a compra e venda é mercantil quando e apenas quando tiver por *objeto coisas* ("*efeitos*") *móveis ou semoventes*; e quando, sendo pelo menos uma das partes comerciante, a coisa móvel se destinar a revenda ou a ter seu uso alugado.

É nessa hipótese que desponta, inequívoco, o conceito de *mercadoria*, coisa móvel que a parte compradora, no vínculo da compra-e-venda mercantil, adquire para revender, ou para locar seu uso.

É a lição inconteste dos doutores (Vivante, *Trattato*, IV, ns. 1.633 e 1.635; Carvalho de Mendonça, ob. cit., V, n. 24; Comparato, "A Cessão de Controle Acionário..." *RDM* 37/113;

7.2 Na verdade, portanto, o art. 191 do Código Comercial dá a regência das duas primeiras situações de compra-e-venda referidas retro (n. 6, "a" e "b"), ou seja, quando um comerciante compra de outro, ou quando um comerciante compra de um não comerciante, tendo intenção de revenda ou locação, dentro do giro de seu negócio, e sendo objeto do contrato *mercadoria* (coisa móvel adquirida com fim de revenda ou locação).

Submete-se esse negócio ao Direito Comercial.

Se o vendedor for comerciante (hipótese retro, n. 6, letra "a"), deverá ele, obrigatoriamente, apresentar ao comerciante comprador "por duplicado", no ato da entrega das mercadorias, a fatura ou conta dos gêneros vendidos" (C. Com. art. 219). Essa norma, que instituiu a *fatura* na legislação brasileira, destina-se à documentação da venda mercantil *entre comerciantes*. E foi o embrião da duplicata mercantil, pois a fatura devia ser apresentada em duas vias ("por duplicado"), sendo ambas assinadas.

A segunda via, pelos usos comerciais, passou nas vendas a prazo a operar com efeito comercial (continha a assinatura do devedor), sendo descontada em banco.

A legislação de duplicatas (hoje, Lei 5.474/68) ampliou esse mecanismo.

Manteve-o referente a "todo contrato de compra-e-venda mercantil entre as partes domiciliadas no território brasileiro", previu a *possibilidade* de saque de duplicata nas vendas mercantis à vista (prazo inferior a 30 dias — art. 3º, § 2º) e obrigou a extração de fatura nas vendas com prazo não inferior a 30 dias (30 dias ou mais), possibilitando também o saque de duplicata (art. 1º, *caput* e art. 2º).

7.3 Interessa observar que o art. 3º, que se refere à obrigatoriedade da duplicata indicar sempre o valor total da fatura, permitiu ao vendedor não incluir no valor total da duplicata os abatimentos de preços das mercadorias feitos pelo vendedor até o *ato do faturamento*, desde que tais abatimentos constem da fatura.

Desponta aí, nesse texto (art. 3º, § 1º da Lei n. 5.474/68) o termo *faturamento*.

Faturamento, como se depreende dessa norma de Direito Comercial, é substantivo que designa a ação consistente em extrair fatura. Por aí se vê, que o vocábulo tem acepção própria no Direito Mercantil, correspondendo assim a um *conceito jurídico de Direito Privado*. O nome (substantivo) que se dá, na terminologia de Direito Comercial, à ação de extrair fatura é *faturamento*.

É, aliás, o que assinala o consagrado Aurélio (*Novo Dicionário da Língua Portuguesa*, 2ª ed., Nova Fronteira, 1986): "Faturamento: ato ou efeito de faturar". "Admite-se", diz-se nesse dicionário, "acepção popular brasileirista, no sentido de "tirar proveito material" (sobretudo pecuniário); "ganhar muito dinheiro"; ou "auferir vantagens".

O vocábulo é de recente incorporação ao nosso vernáculo, tanto que não consta do prestigioso Caldas Aulete (*Dicionário Contemporâneo da Língua Portuguesa*, 2ª edição brasileira, 1970).

Assim, é de rigor fixar a vinculação do conceito de faturamento, presente na lei comercial brasileira, à ação de extrair fatura, o que ocorre necessariamente na compra-e-venda mercantil.

7.3.1 Neste ponto vale a indagação: seria lícito admitir que, no Direito Comercial brasileiro, existe outro significado para o vocábulo faturamento? Teria esse substantivo, pelo ângulo de sua acepção jurídico-mercantil, assumido significação equivalente à do brasileirismo popular "tirar proveito material", "ganhar muito dinheiro" ou "auferir vantagem"?

Não nos parece que assim seja.

A legislação brasileira tem, no plano societário, terminologia própria e precisa sobre o assunto.

A questão ganha destaque na legislação das sociedades anônimas, eis que estas tem por objeto "qualquer empresa de fim lucrativo" (Lei 6.404, art. 2º, *caput*).

Ao cuidar das demonstrações financeiras, a Lei 6.404 desdobrou-as em balanço patrimonial, demonstração dos lucros ou prejuízos acumulados, demonstração do resultado do exercício e demonstração das origens e aplicações de recursos (art. 176, *caput*).

Não há, na legislação societária, qualquer referência a faturamento. Fala esse diploma, isto sim, em lucros ou prejuízos acumulados e em resultado do exercício.

Para designar o que seja *resultado do exercício*, o legislador nele inclui a *receita bruta* das vendas e serviços, as deduções das vendas, os abatimentos e os impostos, a *receita líquida* das vendas e serviços, o custo das mercadorias e serviços e o lucro bruto; as despesas com vendas, despesas financeiras deduzidas das receitas, as despesas gerais, administrativas e operacionais; o lucro ou prejuízo operacional, as receitas e despesas não operacionais e o saldo da conta de correção monetária (o chamado "resultado bruto"); o resultado antes do Imposto de Renda e sua provisão; as participações de debêntures, dos empregados, administradores e partes beneficiárias e as contribuições para instituições ou fundos de assistência ou previdência dos empregados; o *lucro* ou *prejuízo líquido* do exercício e seu montante por ação do capital social (art. 187).

Assim, e como se vê, a lei societária fala em receita bruta, incluindo-a no rol do resultado do exercício. E acresce o indicativo de que essa receita bruta provém das *vendas* e *serviços*.

Receita bruta, assim, é expressão abrangente, de largo alcance para fins de globalização das demonstrações financeiras, dentro do quadro da vida societária.

Receita bruta, proveniente das vendas e serviços, interessa assim aos fins societários das demonstrações financeiras (participações, dividendos, etc.). E interessa também aos efeitos da atividade da empresa para fins de imposto de renda (DL 1.598, art. 12; Decreto 1.041 de 11/1/91 — Regulamento do Imposto sobre a Renda — RIR — art. 226).

Nessa ordem de raciocínio, conclui-se que a legislação societária — a única no Direito Privado a tratar da matéria — identifica, em linguagem jurídico-contábil, a rubrica "resultado do exercício" e inclui em seu âmbito a receita de vendas e serviços, não só para fins de determinação do lucro/prejuízo líquido, como também para determinar o "resultado bruto", também chamado "resultado antes do Imposto de Renda".

Revela-se aí a importância do conceito de resultado do exercício, com destaque ao item receita bruta das vendas e serviços, para fins tributários de Imposto de Renda.

Quer dizer: receita bruta de vendas e serviços repercute nas sociedades anônimas, como a consulente, para determinar o imposto de renda devido e, após isso, o lucro líquido.

Mas, no Direito Privado — legislação societária — não se fala em faturamento. Daí poder-se dizer que, no Direito Societário, o conjunto das entradas por vendas e serviços, caracteriza receita bruta, mas não tem correlação ou sinonímia com faturamento, conceito que, assim, remanesce, na legislação privatista, ligado ao ato de faturar.

E é nesse sentido, ou seja, associado à idéia de extração de fatura, que esse substantivo aparece na legislação sobre custeio da seguridade social.

A Lei Complementar 70, de 30.12.91, que instituiu a contribuição social para financiamento da seguridade social, adotou o conceito de faturamento para base de cálculo desse encargo. Mas, como é próprio da fatura, desde logo proclamou considerar faturamento a receita bruta das vendas de *mercadorias*, de *mercadorias* e *serviços* e de serviços de qualquer natureza (art. 1º).

Agiu corretamente o legislador, pois, como vimos neste parecer, fatura é documento que, pelo Direito Comercial, relaciona-se exclusivamente à venda mercantil (C.Com., art. 219), ou seja à venda de mercadorias, ou à prestação de serviços (Lei 5.474, arts. 1º e 2º).

Daí ser lógico concluir que, em operação que não comporta extração de fatura, por inocorrer venda de mercadoria, ou prestação de serviços, não há faturamento.

Assim, sociedade anônima que realiza vendas, e obtém a respectiva receita, terá essa receita bruta considerada para fins de imposto de renda. Se essa renda se referir a mercadorias, a receita bruta (*rectius*, a mesma receita bruta de vendas) servirá de base de cálculo à contribuição da Lei Complementar 70/91. Mas, se essas vendas não abrangem mercadorias, não há faturamento. Nesse caso, a receita de vendas vai repercutir apenas para fins de imposto de renda, e não para fins de contribuição à seguridade social (COFINS).

7.3.2 Claro está que finalmente, na compra-e-venda mercantil entre comerciantes, a legislação tributária impõe a emissão de nota fiscal. E, mais, visando economia de custos, surgiu, por conseqüência de normas tributárias, a *nota-fiscal-fatura*, ou seja, uma nota fiscal que discrimina as mercadorias vendidas, seu valor unitário e total.

Cumpre a nota fiscal-fatura, assim, dúplice função, uma de natureza fiscal, outra própria de natureza comercial, a descrição da conta dos gêneros vendidos, ou fatura.

7.4 Cabe agora analisar a compra-e-venda mercantil entre comerciante e consumidor final (n. 6, retro, "c"). Houve quem dissesse que ela caracterizaria o chamado "ato misto", comercial para o vendedor, civil para o comprador.

Essa concepção, porém, é inaceitável, em primeiro lugar porque a legislação mercantil não inclui essa hipótese no âmbito da compra-e-venda mercantil. Consoante foi visto (retro, nº VI), a compra-e-venda é mercantil quando os "efeitos móveis" se destinam à revenda ou à locação de seu uso (Cód. Comercial, art. 191, 2ª parte). Evidentemente é o comerciante quem compra para revender ou alugar o uso. E a coisa móvel, objeto dessa compra, chama-se *mercadoria*. A operação final do ciclo econômico, ou seja, a venda feita pelo comerciante ao consumidor, não é mercantil, já que, além de não se ajustar ao conceito de compra-e-venda mercantil da legislação brasileira, essa operação em termos econômicos, é o ato pelo qual cessa a circulação do bem. É ato de consumo.

O assunto é polêmico, face a posições que consideram esse negócio jurídico como ato de comércio (Carvalho de Mendonça) ou de posições que o consideram ato misto (Jean Escarra), categoria que inexiste, pois o mesmo negócio jurídico, entre as mesmas partes, não pode sujeitar-se a duas leis ao mesmo tempo.

É verdade que, em nossa legislação, o interesse prático dessa distinção é relativo, interessando principalmente pelo ângulo que permite evidenciar o exercício da mercancia, por uma das partes, qualificando-a como comerciante o que tem relevantes efeitos jurídicos (J. Eunapio Borges, *Curso*, ns. 108 a 110 e n. 114). Recentemente, face à legislação do consumidor, a questão adquiriu maior realce.

Dizemos, com convicção, que esse negócio jurídico deve prevalecer como *ato civil* porque a relação jurídica que se estabelece entre varejista e consumidor final qualifica-se, nos dias de hoje, no Brasil, como *relação de consumo*.

Ora, a relação de consumo tem, entre nós, franco caráter tutelador do consumidor final (Lei 8.078/90). Não parece razoável, assim, que um negócio jurídico que recentes normas passam a tutelar em favor da parte que não é comerciante — o consumidor — deva se reger pela legislação comercial. Se a lei consumerista quer proteger a vulnerabilidade do consumidor no mercado (art. 4º, I, Lei 8.078), não seria lógico que, a venda a consumidor final se regesse pela lei comercial, a que a parte contratual mais forte está mais afeiçoada.

É importante registrar finalmente que tanto o Cod. Comercial como a Lei 5.474 silenciam sobre a emissão de fatura nessa operação, pois referem-se à sua extração obrigatória apenas na compra-e-venda entre comerciantes (C. Com., art. 219) ou compra-e-venda mercantil.

7.5 Mesmo assim, nas vendas a consumidor final é do uso das praças brasileiras por força da legislação tributária extrair-se nota-fiscal nas operações à vista; e nas operações a prazo, adotou-se o critério da legislação de duplicatas, ou seja, extração de fatura e saque de duplicata (sendo sempre de rigor a extração da nota fiscal).

Temos certeza, porém, de que nessas operações de varejo, a legislação de Direito Privado não obriga à emissão de fatura, nem impõe, se a venda for a prazo, o saque de duplicata contra o consumidor. Apenas, como a lei não veda a utilização dessa técnica, ela foi adotada por muitos e muitos anos.

Observa-se, porém, *atualmente*, que, sendo sempre obrigatória a emissão da nota-fiscal, nas operações a prazo, com consumidor final, a duplicata está sendo largamente substituída pelo cheque pré-datado.

Emitir cheque pré-datado nada tem de ilegal. Nem é ilícito recebê-lo.

O cheque pré-datado é negócio de fidúcia. Se o pontador (no caso, comerciante-vendedor a prazo) apresenta o cheque antes da data combinada pelas partes no pacto extra-cártula, o bando sacado deve pagá-lo. Mas, pela quebra de acordo, por parte do beneficiário, desponta, em favor do emitente, claro direito à reparação (Lei 7.357/85 — Lei do Cheque — art. 16, "a contrario sensu").

Assim, e em resumo, a venda de mercadoria a consumidor final é negócio jurídico civil, tempera-se pelas normas de proteção ao consumidor, tem por objeto coisa móvel, *não obriga à extração* de fatura, exige emissão de nota-fiscal e, quando feita para pagamento a prazo, pode ser documentada por duplicata mercantil ou por cheque pré-datado, em confiança.

Vale lembrar que a simples emissão e entrega a consumidor da nota fiscal não atesta o pagamento do preço dela constante, tanto que o comprador tem direito a quitação e pode reter o pagamento, enquanto lhe não for dada (C. Civil, art. 939).

7.6 Resta enfrentar, em tema de venda a consumidor final, uma última questão, que podemos assim colocar: se essa operação é civil, como pode sobre ela incidir o imposto sobre circulação de mercadorias? Seria a mercadoria objeto de uma compra-e-venda civil?

Sabemos que, enquanto a coisa móvel está no ativo circulante do comerciante vendedor (Lei 6.404, art. 179, I), ela é mercadoria, pois destina-se a ser comercializada. Quando o consumidor a adquire, essa mercadoria deve ser entregue. A entrega transmite o domínio de bens móveis (C.Civil, art. 620). Transmitido o domínio, deixa de ser mercadoria e tornar-se bem de consumo final. Daí o cuidado do legislador complementar (DL 406/68) em fazer, na venda a consumidor, o fato gerador ocorrer na saída da mercadoria do estabelecimento comercial (art. 1º, I).

O fato gerador, assim, incide enquanto a coisa móvel ainda é mercadoria, pois a tradição (*Traditio*) ainda não se consumou.

8. A compra-e-venda de coisa móvel entre particulares (ausência de comerciante e de consumidor nessa obrigação) rege-se pelo C. Civil (Livro das Obrigações, especialmente art. 1.122 e ss.). É negócio ocasional, civil, sem nota-fiscal, sem fatura, que se documenta na forma dos autos civis (C. Civil, arts. 135 e 939). O objeto do contrato não se qualifica como mercadoria.

É quanto basta dizer relativamente à hipótese prevista no n. 6, "d", retro.

9. A compra-e-venda de imóveis rege-se pelos preceitos da legislação civil.

Se presente relação de consumo, incidirão também às normas de resguardo do consumidor.

Embora o C. Comercial identifique a escritura pública como um dos possíveis meios de prova dos contratos comerciais (art. 122, I), a forma de instrumento público desponta em poucos casos, como no de alienação ou hipoteca de embarcações (C. Com. art. 468).

Em tema de operações imobiliárias, a legislação mercantil silencia a respeito, pela óbvia razão de que a matéria é civil. E o C. Civil exige a adoção de escritura pública nos contratos constitutivos ou translativos de direitos reais sobre imóveis de valor superior a cinqüenta mil cruzeiros (art. 134, II), sob pena de nulidade (art. 130).

Seja o vendedor pessoa natural ou jurídica, tenha, ou não, fim de lucro; sendo, ou não, comerciante, para vender imóvel deverá outorgar escritura pública.

É da essência do ato.

A singeleza da proposição, sedimentada em secular prática, dispensa maiores considerações em face de óbvio. Tradições culturais, razões econômicas e hoje a relevante questão do cunsumidor abonam o vigor solene do ato.

Assim, qualquer vendedor, ainda que seja, p. ex., uma sociedade anônima, como tal comerciante, somente poderá transmitir o domínio de um imóvel ao comprador através de instrumento público.

E será o registro deste, no Registro de Imóveis, que efetivará, ao comprador, a aquisição da propriedade (C. Civil, art. 530, I).

10. Ficam assim claras as asserções de que:

a) os imóveis, como objeto jurídico da legislação privatista brasileira, regem-se pela lei civil;

b) a compra-e-venda de imóveis, desconsiderada pela lei comercial brasileira, é contrato regido pela lei civil e, se presente relação de consumo (venda de imóvel por empresário a adquirente final), sofre a intercorrência das normas de tutela do consumidor;

c) imóvel objeto de compra-e-venda não é mercadoria, pois o conceito desta prende-se ao de coisa móvel destinada à revenda ou locação de seu uso;

d) na venda, ou mesmo na promessa de venda, de imóvel, não há lei que determine a extração de fatura, documento típico da compra-e-venda mercantil; logo, o vendedor de imóvel, ainda que seja comerciante, não deve e não pode extrair fatura ou praticar o ato de faturamento, aliás destituído de qualquer sentido prático, pois essa venda deve documentar-se de modo solene (escritura pública); sequer para efeitos tributários a fatura faria sentido, pois essa operação sofre incidência de tributos cujo fato gerador se documenta por outro modo (I.T.B.I. e I.R.);

e) Se a operação envolver relação de consumo, maiores serão os rigores a observar (Lei 8.078/90 — CDC — arts. 12, 18 e 19, 46 e 53), solenizando ainda mais o negócio.

Tais são os fundamentos jurídicos da temática proposta e que permitirão dar resposta as questões que a consulente apresentou.

V — Conclusão

Resposta aos quesitos propostos

Considerando os fatos expostos pela consulente, e face aos fundamentos jurídicos, de base legal e doutrinária retro apresentados, pensamos ser possível, com segurança, dar resposta às questões propostas:

Primeiro quesito

Qual a natureza do contrato celebrado entre a consulente e cada um de seus clientes, adquirentes de unidades imobiliárias que a consulente, após construí-las por conta própria, vende?

Resposta

A venda feita pela consulente, por vezes precedida de promessa de venda, é negócio jurídico civil, ou seja, contrato de compra-e-venda de imóvel, sendo vendedor uma sociedade comercial e comprador um consumidor.

Segundo quesito

Como se classifica esse contrato?

Resposta

É contrato civil, bilateral, oneroso, comutativo, solene e de consumo.

Rege-se pelo Direito Civil e, também, pelas normas da Lei 8.078/90 (Código de Defesa do Consumidor).

Terceiro quesito

Sob o ângulo técnico-jurídico de Direito Privado (Civil e Comercial), que natureza tem o bem que a consulente vende a cada um de seus clientes?

Resposta

As unidades vendidas pela consulente classificam-se como bens corpóreos, incorporados permanentemente ao solo e como tal são bens imóveis (C.Civil, art. 43, II).

Sob ponto de vista de legislação do consumidor identifica-se como produto (Lei 8.078, art. 3º § 1º)

Quarto quesito

Ainda sob o ângulo de Direito Privado, qual modalidade de obrigação se identifica no principal dever contratual que a consulente assume perante cada cliente, comprador de unidade imobiliária?

Resposta

Como parte vendedora, na compra-e-venda de imóvel, a consulente assume a responsabilidade de cumprir obrigação de dar coisa certa, já que se obriga a transferir o domínio de determinado imóvel (C.Civil, art. 863).

Não ocorre, no caso, nenhuma outra modalidade de obrigação, seja de dar coisa incerta, indicada pelo gênero e quantidade (C.Civil, art. 874), de fazer (prestação de serviço, C.Civil, art. 878), ou de não fazer (C.Civil, art. 882).

Quinto quesito

Qual a forma jurídica que a consulente deve observar para validamente cumprir a principal obrigação contratual que assume com seus clientes?

Resposta

Para fins de venda, a forma jurídica é a escritura pública, tendo em conta o caráter solene desse negócio jurídico e os imperativos legais.

Concomitantemente, devem ser cumpridas obrigações tributárias, principais e acessórias, relativas ao Imposto de Renda, Imposto de Transmissão de Bens Imóveis e comunicação de operação imobiliária.

A nível de promessa de venda, a forma jurídica correta é o compromisso de compra-e-venda, por instrumento público ou particular.

Face à existência de relação de consumo, urge observar os preceitos da Lei 8.078/90, que incidem tanto em caso de promessa (compromisso de compra-e-venda) como em caso de venda (escritura definitiva de compra-e-venda).

Sexto quesito

No negócio jurídico sob exame, está obrigada, a consulente, a extrair fatura?

Pode, em caso de negócio a prazo, sacar duplicata contra o adquirente?

Ocorre, no caso, faturamento?

Resposta

A consulente, nesse tipo de operação — promessa de venda ou venda definitiva de imóvel — está obrigada a cumprir outras formalidades, bem mais solenes, face à natureza da coisa vendida (imóvel) e face à presença de relação de consumo.

Não há previsão de extração de fatura, e em conseqüência, face ao Direito Privado, que rege em substância essa operação, não existe faturamento.

O saque/aceite de duplicata é incabível porque o financiamento de imóvel faz-se necessariamente por outros instrumentos, sem ou com garantia real (hipoteca), que é pacto adjeto, também solene.

São Paulo, setembro de 1994

CADERNOS DE DIREITO TRIBUTÁRIO

ICMS — O DELITO CAPITULADO NO ART. 2º, II, DA LEI 8.137/90. PROBLEMAS CONEXOS

ROQUE ANTONIO CARRAZZA
Professor Titular de Direito Tributário da Faculdade de Direito da Universidade Católica de São Paulo

1. Vamos analisar questão atual, que assim pode ser resumida: *débito de ICMS declarado e não pago caracteriza o delito do art. 2º, II, da Lei 8.137/90*?

Alega-se, com freqüência, que quem não paga o *ICMS*, nos prazos legais, pratica o crime de deixar de recolher tributo que já foi recebido do contribuinte, para repasse aos cofres públicos. Haveria, nesta conduta, o crime contra a ordem tributária capitulado no art. 2º, II, da Lei 8.137/90?

2. Para encaminharmos o assunto, temos que considerar que o comerciante, quando realiza a operação mercantil, pratica o *fato imponível do ICMS*. Neste momento, passa a ocupar o pólo passivo da obrigação tributária correspondente, nascendo, para ele, o *dever jurídico* de recolher o tributo, na forma e nos prazos estabelecidos na lei.

O comerciante, porém, por uma peculiaridade do *ICMS*, quando vende a mercadoria, repassa a *carga econômica* do tributo — porque a lei a tanto o autoriza — ao adquirente do bem (que pode ser outro comerciante ou o próprio consumidor final). Se o adquirente for outro comerciante, o fenômeno se repete e, assim sucessivamente, até que a mercadoria vai ter ao *consumidor final*. Este vê embutido no *preço final* da mercadoria, o montante de *ICMS* que incidiu sobre *todas* as operações mercantis realizadas com o bem móvel adquirido, desde sua produção, até — após passar pelo fabricante, pelo atacadista, pelo varejista etc. — chegar as suas mãos. Exemplificando, para melhor esclarecer, se o consumidor final adquire uma mercadoria por R$100,00 (cem reais), 18% desse preço (no caso, R$18,00) equivalem à *carga econômica* do *ICMS*. Por quê? Porque, a alíquota do *ICMS* é, de regra, 18% sobre o valor da operação mercantil realizada.

O comerciante, de sua feita, dependendo da legislação — em geral uma vez por mês — recolhe o *ICMS* devido por todas as operações mercantis por ele realizadas no período. E, ao fazê-lo, efetua os abatimentos que o *princípio da não-cumulatividade* lhe permite realizar. Assim, *em termos contábeis*, se ele adquiriu a mercadoria por R$90,00 (noventa reais) e a revendeu por R$100,00 (cem reais), pagará, por esta operação mercantil, apenas 18% de R$10,00 (dez reais), isto é, R$1,80 (um real e oitenta centavos).

Isto posto, volta-se a indagar, agora de maneira mais específica: comete crime contra a origem tributária o comerciante que, tendo repassado a carga econômica do *ICMS*, deixa de recolher o tributo, no prazo legal? Já adiantamos que *não*.

Mas, vamos por etapas.

3. Tem havido, de uns tempos a esta parte, um endurecimento da legislação fiscal, que se manifesta, especialmente, na criação de novos crimes contra a Fazenda Pública. A Lei 8.137/90 vem ao encontro deste movimento que pretende colocar, no âmbito do Direito Penal, irregularidade contra o Fisco, de regra praticadas por pessoas pertencentes a círculos sociais e econômicos mais elevados.

Dentro desta tendência de criminalização de condutas tributárias que, tradicionalmente, sempre foram consideradas meras infrações administrativas, foi editada, por um Governo que se caracterizava pela teatralidade, a Lei 8.137, de 27 de dezembro de 1.990, que bem poderíamos definir, parafraseando Vico, como sendo uma *monstra lego*, já que não descreveu corretamente as figuras típicas. Pelo contrário, ao invés de aperfeiçoar os tipos penais-tributários, como seria desejável, operou, no dizer expressivo de Wagner Balera, uma *degradação dos tipos*.

Mas, indo ao ponto que ora mais nos interessa, estipula o art. 1º., da Lei 8.137/90:

"Art. 1º. Constitui crime contra a ordem tributária suprimir ou reduzir tributo, ou contribuição social e qualquer acessório, mediante as seguintes condutas: I — omitir informação, ou prestar declaração falsa às autoridades fazendárias; II — fraudar a fiscalização tributária, inserindo elementos inexatos, ou omitindo operação de qualquer natureza, em documento ou livro exigido pela lei fiscal; III — falsificar ou alterar nota fiscal ou documento equivalente, relativa à venda de mercadoria ou prestação de serviço, efetivamente realizada, ou fornecê-la em desacordo com a legislação. Pena — reclusão, de 2 (dois) a 5 (cinco) anos, e multa".

De seu turno, estabelece o art. 2º., deste mesmo diploma normativo:

"Art. 2º. Constitui crime da mesma natureza: II — deixar de recolher, no prazo legal, valor de tributo ou de contribuição social, descontado ou cobrado, na qualidade de sujeito passivo de obrigação e que deveria recolher aos cofres públicos (...). Pena — detenção, de 6 (seis) meses a 2 (dois) anos, e multa".

Portanto, nos dias atuais, deixar de recolher, no prazo legal, valor de tributo descontado ou cobrado do contribuinte, tipifica *crime contra a ordem tributária*. Usando de uma linguagem mais técnica, podemos dizer que o *núcleo do tipo* é deixar de recolher aos cofres públicos, no tempo e no lugar devidos, o montante de tributo cobrado ou descontado de terceiro. Trata-se de crime omissivo próprio, já que se consuma com o simples não-recolhimento do valor do tributo, nas condições aqui apontadas.

Para que o delito ocorra, no entanto, é preciso verificarmos se, perante o Direito Tributário, havia realmente tributo a recolher e se este foi descontado ou cobrado do contribuinte.

3.1 Graças às lições clássicas de Gian Antonio Micheli, sabemos que o Direito Tributário é um "direito de superposição". Noutras palavras a lei tributária, na maioria das vezes, não incide diretamente sobre fatos, mas, sim, sobre fatos já qualificados por outros ramos do Direito. Exemplificando, quando a lei tributária alude à propriedade, é necessário buscar no Direito Civil, a noção de propriedade; quando a lei tributária faz referência a comerciante, é necessário buscar no Direito Comercial, a noção de comerciante; etc.

Todavia, no campo do chamado *Direito Penal Tributário*, dá-se o fenômeno inverso: é a lei penal que não incide diretamente sobre comportamentos ou sobre fatos, mas, sim, sobre comportamentos ou fatos regulados previamente pela lei tributária. É preciso conhecermos a qualificação e os efeitos jurídicos que a lei tributária dá a esses comportamentos ou fatos, para, só depois, verificarmos se eles se subsumem à lei penal.

Como aguisadamente nota Geraldo Ataliba, "diante da lei penal, a lei tributária é uma '*lei de subposição*' (e, não, 'de superposição', como ocorre diante da lei civil, da lei comercial, da lei bancária, da lei trabalhista etc.)".

É o Direito Tributário, com seus próprios critérios, que vai revelar se há, ou não, tributo a pagar, se espirou, ou não, o prazo de seu recolhimento, se há, ou não, o dever de preencher o formulário, de extrair a nota fiscal, de escriturar o livro fiscal, de emitir o documento e assim por diante. Sem uma *resposta tributária*, para estas questões, não há falar em crime fiscal.

Por quê? Porque a lei penal, ao tipificar os crimes fazendários, estabelece como *pressuposto*, o descumprimento de deveres jurídicos tributários. Sem a certeza de que tal pressuposto ocorreu, não se pode apenar o contribuinte.

Este raciocínio só não se aplica aos casos em que a lei penal tributária alude a uma *fraude* ou *falsidade* (falsificação de papel, de documento, de assinatura etc.). Aí, não há necessidade de se utilizar os esquemas de raciocínio fiscais. Simplesmente uma perícia dirá, por exemplo, se a assinatura foi falsificada, se o documento não foi impresso de acordo com as exigências administrativas, se duas notas fiscais tem o mesmo número e assim avante.

Mas isso é absolutamente excepcional, nas leis penais tributárias. A regra é que façam referência a figuras, situações, contingências ou fatos do Direito Tributário.

Na maioria dos casos, é preciso avaliar, sob a óptica do Direito Tributário, os *tipos penais-tributários*. Estas colocações crescem de ponto na medida em que sabemos que a apuração dos crimes fiscais, por si só, já põe em risco o nome, o conceito, a dignidade e a honra, de pessoas físicas e de pessoas jurídicas (ou de seus representantes).

Portanto, um ato ou fato praticado pelo contribuinte, configurará, ou não, crime fiscal, dependendo do que estipular o Direito Tributário.

É o que se dá, segundo pensamos, quando temos diante de nós o tipo "deixar de recolher, no prazo legal, valor de tributo ou de contribuição social, descontado ou cobrado, na qualidade de sujeito passivo de obrigação e que deveria recolher aos cofres públicos" (art. 2º, II, da Lei 8.137/90).

Só poderemos dizer se houve o crime contra ordem tributária ali apontado, após analisarmos, cuidadosa e cientificamente, se o pretenso infrator realmente praticou esta omissão delituosa.

3.2 Assim agremiados, temos para nós que o comerciante que deixa de recolher, a tempo e a hora, o *ICMS* devido, não comete o crime contra a ordem tributária capitulado no art. 2º, II, da Lei 8.137/90. Noutras palavras, ele não está deixando de recolher, no prazo legal, valor de tributo, descontado ou cobrado de terceiro. Está, apenas, numa situação de inadimplência. Vejamos.

Só para nos situarmos no assunto, o sujeito passivo de qualquer tributo (e, portanto, também do *ICMS*) é sempre a pessoa posta pela lei, na contingência de figurar no polo negativo da obrigação tributária, desde que ocorrido o *fato imponível* (o fato gerador *in concreto*, do tributo). Normalmente, a carga econômica do tributo é suportada pelo próprio realizador do *fato imponível*. Algumas vezes, no entanto, a legislação permite que a carga econômica do tributo seja suportada por terceira pessoa, de algum modo relacionada com o realizador do fato imponível. Esta terceira pessoa quase sempre é o *consumidor final*.

A Economia rotula os tributos em que o ônus financeiro é suportado por terceiros, de *indiretos* (em contraposição aos *tributos diretos*, em que tal ônus é suportado pelo próprio realizador do *fato imponível*. Para o Direito, entretanto, esta cogitação é irrelevante: sujeito passivo do tributo é sempre quem, tendo realizado o *fato imponível*, figura no polo passivo da obrigação tributária correspondente e, por isso, deve providenciar seu adimplemento.

Diante do exposto, indagamos: o sujeito passivo do *ICMS* é o consumidor final da mercadoria? *Não*. O sujeito passivo do *ICMS* é o comerciante, o industrial ou o produtor, que pratica a operação mercantil. É ele que figura no polo negativo da obrigação tributária correspondente.

O consumidor final da mercadoria é, apenas, o *destinatário* da carga econômica do *ICMS*. É ele que suporta a carga econômica deste tributo. Não é ele, porém, que integra, como sujeito passivo, a obrigação tributária. Ele é simplesmente aquilo que a Economia rotula de *contribuinte de fato*, que não tem nada a ver com o *contribuinte de direito*, isto é, com a pessoa que figura no polo negativo da obrigação tributária.[1]

1. Anos a fio manteve-se acirrada discussão, em sede doutrinária (que ainda está longe de arrefecer), sobre se o sujeito passivo do *ICMS* é o contribuinte de direito (o realizador do *fato imponível*) ou o contribuinte de fato (a pessoa que suporta a carga econômica do tributo). Tal cogitação, boa para a Economia, é de todo em todo irrelevante para o Direito, já que o sujeito passivo de qualquer tributo (e, portanto, também do *ICMS*) é sempre a pessoa posta pela lei, na contingência de figurar no polo negativo da obrigação tributária, desde que ocorrido o *fato imponível*. As posteriores relações entre o contribuinte *de iure* e o contribuinte *de facto* não são jurídicas, embora este último venha a suportar o ônus econômico do tributo.

Melhor esclarecendo, a legislação do *ICMS* apenas permite que o contribuinte repasse a carga econômica do tributo ao consumidor final. Mas, este, não é o contribuinte de direito.

Como o *ICMS* integra o preço da mercadoria, o consumidor final — voltamos a repetir — é mero *contribuinte de fato*. Quem realmente tem o dever de recolher o *quantum debeatur* é o comerciante, o industrial ou o produtor que praticou a operação mercantil (contribuinte de direito).

O que estamos procurando significar é que, na verdade, o consumidor final não está recolhendo o *ICMS*. Apenas, ele vê embutido, no preço final da mercadoria, o imposto devido. Devido — insistimos — pelo comerciante, pelo industrial ou pelo produtor.

O consumidor final não figura no polo passivo da obrigação de pagar o *ICMS*. Tanto não, que se não houver o recolhimento tempestivo do tributo, não é ele que será executado ou sancionado, mas o comerciante, o industrial ou o produtor, que praticou a operação mercantil. Ainda que o comerciante, o industrial ou o produtor deixarem de repassar a carga econômica do tributo ao consumidor final, não se eximirão do dever de pagar o *ICMS* (justamente porque são eles os contribuintes *de iure*).

Notamos que, no caso do *ICMS*, o repasse da carga econômica do tributo é feito às abertas e publicadas. Melhor dizendo, tudo é devidamente escriturado. Assim as coisas se processam, exatamente para viabilizar-se o cumprimento do *princípio da não-cumulatividade*, isto é, para que, com acentuado grau de certeza, se possa compensar "o que for devido em cada operação relativa à circulação de mercadorias ou prestação de serviços com o montante cobrado nas anteriores pelo mesmo ou outro Estado ou pelo Distrito Federal" (art. 155, § 2º, I, da CF).

Isto, porém, não significa que, apenas no *ICMS* ocorre este repasse da carga econômica do tributo. Pelo contrário, podemos dizer que quase sempre, embora de maneira menos explícita, a empresa repassa, ao preço final de suas mercadorias, os tributos (inclusive as *contribuições previdenciárias) que é obrigada a pagar.*[2] *Tudo acaba compondo o custo final* das mercadorias. E nem poderia ser de outro modo. Deveras, se a empresa deixasse de fazer tal repasse, em breve estaria operando com prejuízo, e, nessa medida, caminhando a passos largos para a falência. O repasse, nesses casos, também existe; apenas não é contabilizado.

Fixada esta premissa de que o sujeito passivo do *ICMS* não é o consumidor final, mas o comerciante, o industrial ou o produtor que praticou a operação mercantil, fica fácil, segundo supomos, sustentarmos, a inexistência, na questão proposta, de qualquer crime contra a ordem tributária.

3.3 O comerciante que não recolhe o ICMS, dentro dos prazos que a lei lhe assinala, não comete delito algum. Muito menos o capitulado no art. 2º, II, da Lei 8.137/90.

De fato, ele não está deixando de recolher, no prazo legal, tributo descontado de terceiro. *O tributo é devido por ele (em nomem próprio).* Ele está, simplesmente, incidindo em inadimplemento. Inadimplemento que poderá acarretar-lhe o dever de pagar, além do tributo, a multa, os juros e a correção monetária. A Fazenda Pública, neste caso, poderá — e, ousamos dizer, deverá — executá-lo, nos termos da Lei 6.830/80 (Lei das Execuções Fiscais).

Mas apenas isso. Nunca esse inadimplemento poderá coduzi-lo a uma condenação criminal. Por quê? Porque sua conduta não é típica. E, sem tipicidade, não pode haver crime, nem, muito menos, condenação criminal.

Em nosso ordenamento constitucional, não há crime por dívida tributária. De fato, o direito brasileiro não pune nem as dívidas pecuniárias, nem aquilo que algumas legislações estrangeiras chamam de *delitos de risco* (nos quais, mesmo não havendo tributo a pagar, qualquer ato ou omissão do contribuinte, que coloque em risco os interesses da Fazenda, configura, desde que especificado em lei, crime).

Nem se diga — como querem alguns — que, tendo sido o *ICMS* destacado na nota fiscal, o comerciante tem o dever de repassar aos cofres públicos a quantia que recebeu do consumidor final (que não é o contribuinte "de iure" do imposto). É que este destaque em nota fiscal do *ICMS*, não se reveste da menor liquidez, com relação à obrigação tributária. Apenas expressa o montante correspondente ao imposto naquela quantia cobrada, calculado *por dentro*, do qual o emitente da nota ainda deve compensar os créditos que tenham contra o Fisco, para, só depois, quando for o caso, recolher o tributo. O não-recolhimento do *ICMS* não caracteriza, repetimos, nenhuma conduta delituosa; muito menos a definida no art. 2º II, da Lei 8.137/90.

Lembramos que o recolhimento do *ICMS* dá-se após o preenchimento, pelo próprio comerciante, da *GIA* (guia de informação e apuração do *ICMS*). É ele que declara o valor a ser recolhido. A *GIA* deve ser entregue em prazo certo: normalmente antes da data designada para o recolhimento do tributo (cf. Anexo VI, Tabela I, do Dec. Estadual 33.118/91). Tal recolhimento dá-se ao fi-

2. Nesses casos, porém, nunca jamais se sustentou, *v.g.*, que quem paga o imposto sobre a renda da empresa, é o consumidor final de suas mercadorias. Não! O contribuinte, é a própria empresa. O consumidor final é apenas (tanto quanto no caso do *ICMS*), quem suporta a carga econômica do imposto sobre a renda. Não figura, porém (e nem poderia figurar), no polo passivo da obrigação de pagar este imposto.

nal de cada mês, quando o contribuinte (comerciante, industrial ou produtor) apura o imposto, levando em conta o crédito e o débito escriturados em seus livros fiscais. O valor a ser recolhido não é o que foi repassado ao preço final da mercadoria, mas, sim, o apurado, pelo contribuinte, ao final do mês, após as necessárias operações de crédito e débito.

Insistimos que o montante de *ICMS* que integra o preço final da mercadoria, não corresponde ao valor que o contribuinte deverá recolher ao Erário. Este valor terá que ser apurado, descontando-se o que já pagou, quando da entrada da mesma mercadoria em seu estabelecimento. Esta é uma exigência impostergável do *princípio da não-cumulatividade*.[3]

Não queremos, em absoluto, sustentar que o contribuinte do *ICMS* não pode cometer crimes contra a ordem tributária. Sem dúvida que os cometerá, pelo menos em tese, se ocultar da autoridade fiscal, fato relevante para o surgimento da obrigação de pagar tal tributo. Isto ocorrerá quando omitir declaração que tinha o dever legal de fazer à autoridade fiscal (*v.g.*, quando vender mercadoria "a descoberto de nota fiscal"). Também, em princípio, cometerá esta modalidade de delito quando dolosamente deturpar fatos, em prejuízos da Fazenda Pública, isto é, alterar situações que devem ser do conhecimento do Fisco, fornecendo-lhe documentos falsos (*v.g.*, produzindo o derramamento de *notas frias*), adulterando a escrita contábil, constituindo *empresas fantasmas* etc. *Nenhum crime cometerá, porém, quando apenas deixar de recolher o ICMS, após ter feito corretamente todas as anotações de estilo.*

Em suma, falta tipidicidade na conduta do contribuinte que declara e não paga seu débito de *ICMS*.

O montante de *ICMS* a pagar é mero *custo*, que o comerciante calcula previamente e integra ao preço final da mercadoria. Ele não cobra este tributo do consumidor final e nem poderia fazê-lo, já que este não é o sujeito passivo da exação.

3. O *ICMS* deve necessariamente sujeitar-se ao *princípio da não-cumulatividade*, que, tendo sede constitucional, não pode ser anulado por normas infra-constitucionais.

Os lineamentos básicos do princípio da não-cumulatividade vêm apontados no art. 155, § 2º, I e II, da Constituição Federal: "Art. 155 — (*omissis*): § 2º — O imposto previsto no inciso II, atenderá ao seguinte: I — será não cumulativo, compensando-se o que for devido em cada operação relativa à circulação de mercadorias ou prestação de serviço com o montante cobrado nas anteriores pelo mesmo ou por outro Estado ou pelo Distrito Federal".

A dicção constitucional "compensando-se o que for devido em cada operação" exige a adoção de um sistema de abatimentos, ou, se preferirmos, um mecanismo de deduções.

Não estamos, na hipótese, diante de simples recomendação do legislador constituinte, mas de norma cogente que, por isso mesmo, nem o legislador ordinário, nem o administrador, nem, muito menos, o intérprete, pode deconsiderar.

Noutro falar, o método da compensação é diretriz constitucional, pela qual surge um *ICMS* "não-cumulativo".

O *ICMS* "será não-cumulativo" simplesmente porque, em cada operação é assegurada, ao contribuinte, de modo peremptório, pela própria Carta Suprema, uma dedução (abatimento) correspondente aos montantes cobrados nas operações anteriores.

O abatimento, no caso em exame, é, por sem dúvida, categoria jurídica de hierarquia constitucional. Melhor dizendo, é direito constitucional reservado ao contribuinte do *ICMS*, que nenhuma lei, decreto, portaria, interpretação etc., podem amesquinhar.

Sendo assim, o art. 155, § 2º, I, da Constituição Federal, confere ao contribuinte do *ICMS* o direito público subjetivo, oponível ao Estado ou ao Distrito Federal, de fazer o abatimento (quando presentes os requisitos constitucionais).

O Texto Supremo introduziu, nesse passo, uma compensação obrigatória.

A Constituição, ao aludir à *compensação*, consagrou a idéia que a quantia a ser desembolsada pelo contribuinte, a título de *ICMS*, é o *resultado* de uma subtração em que o *minuendo* é o montante de imposto devido e o *subtraendo* é o montante de imposto anteriormente cobrado, conforme ensina Cleber Giardino.

3.4 Observamos, ainda, que, no Brasil, as pessoas jurídicas não respondem criminalmente por seus desmandos. Quem responde por eventuais delitos são seus sócios, diretores, proprietários, representantes etc. Assim, nos chamados crimes contra a ordem tributária, é preciso redobrar as cautelas, para que não se enxovalhe o nome de uma pessoa física, que nem participa da gestão da empresa. Isto, aliás, esvaziaria uma das razões de ser da sociedade comercial, qual seja, a de separar a vida do sócio, da vida da empresa. Nesta linha de raciocínio, não tem o menor sentido, por exemplo, processar, numa sociedade por cotas de responsabilidade limitada, quem, sem praticar atos de gestão, apenas integralizou suas cotas.

4. Ainda a respeito do tema que faz nossos cuidados, convém atentarmos para a circunstância de que a Lei 8.866, de 11 de abril de 1.994, considera *depositário infiel* — sujeitando-o à prisão civil por dívida — quem deixa de recolher ao Tesouro, tributo arrecadado de terceiro.

De fato, estipula o art. 1º, da precitada lei:

"Art. 1º — É depositário da Fazenda Pública, observado o disposto nos artigos 1.282, I e 1.282 do Código Civil, a pessoa que a legislação tributária ou previdenciária imponha a obrigação de reter ou receber de terceiro, e recolher aos cofres públicos, impostos, taxas e contribuições, inclusive à Seguridade Social.

"§ 1º Aperfeiçoa-se o depósito na data da retenção ou recebimento do valor a que esteja obrigada a pessoa física ou jurídica.

"§ 2º É depositário infiel aquele que não entrega à Fazenda Pública o valor referido neste artigo, no termo e forma fixados na legislação tributária ou previdenciária".

E, o art. 4º, II, § 2º, da mesma lei permite que, observados os ritos de seus arts. 3º e 4º, o juiz decrete a prisão do *depositário infiel*, por período não superior a noventa dias ("Não recolhida nem depositada a importância, nos termos deste artigo, o juiz, nos quinze dias seguintes à citação, decretará a prisão do depositário infiel, por período não superior a noventa dias").

Como se tudo não bastasse, o art. 7º e seu parágrafo único, sempre da lei em exame, estendem a possibilidade de prisão civil contra diretores, administradores, gerentes ou empregados que, isolada ou conjuntamente, movimentem recursos financeiros de pessoa jurídica. Tratando-se de empresa estrangeira, tal sanção poderá recair sobre seus representantes, dirigentes e empregados no Brasil. Com efeito, estabelece o artigo em foco:

"Art. 7º — Quando o depositário infiel for pessoa jurídica, a prisão referida no § 2º do artigo 4º será decretada contra seus diretores, administradores, gerentes ou empregados que movimentem recursos financeiros isolada ou conjuntamente.

"Parágrafo único. Tratando-se de empresa estrangeira, a prisão recairá sobre seus representantes, dirigentes e empregados no Brasil que revistam a condição mencionada neste artigo".

Em suma, o contribuinte (em se tratando de pessoa física) ou o representante da empresa (em se tratando de pessoa jurídica, nacional ou estrangeira), que deixa de recolher ao Tesouro, tributo arrecadado de terceiro, é, a teor da Lei 8.866/94, havido por *depositário infiel*, podendo ser condenado à prisão civil, por período não superior a noventa dias. Isto é feito para compeli-lo a recolher o tributo, como depreendemos da só leitura do art. 8º, da mesma lei (*cessará a prisão com o recolhimento do valor exigido*).

Aqui chegados, podemos fazer duas ordens de considerações.

4.1 A primeira: o comerciante que deixe de recolher, nos prazos legais, ao

Tesouro, o *ICMS* (mesmo tendo passado sua carga econômica ao consumidor final), não está praticando a conduta descrita no art. 1º., da Lei 8.866/94 (conforme vimos *supra*).

4.2 A segunda: a Lei 8.866/94, é inconstitucional.

Deveras, estabelece o art. 5º., LXVII, da Constituição Federal:

"Art. 5º. (...) LXVII — não haverá prisão civil por dívida, *salvo* a do responsável pelo inadimplemento voluntário e inescusável de obrigação alimentícia e *a do depositário infiel*" (grifamos).

Logo, *contrario sensu*, haverá prisão civil por dívida de depositário infiel.

Quem é depositário? É a pessoa a quem se confia alguma coisa, em depósito. Esta assume a obrigação de conservar, com cuidado, a coisa, restituindo-a, em perfeito estado, assim que lhe for exigida, pelo depositante.

Quem é depositário infiel? Segundo a unanimidade dos autores, é aquele que não restitui a coisa, quando solicitada legalmente ou aliena o bem que, por determinação judicial ou legal, tinha que conservar consigo, com diligência. O depositário infiel, em síntese, não restitui a coisa que lhe foi entregue em depósito, ao ser reclamada pelo depositante.

Ora, a Lei 8.866, de 11 de abril de 1.994, equiparou ao depositário infiel, justamente quem faz o contrário, ou seja, retém para si, tributo que arrecadou de terceiro e que tinha o dever de entregar ao Tesouro.

Poderia ter feito isso, sem atropelar direitos constitucionais? Entendemos que *não*.

Ninguém desconhece que o Direito cria suas próprias realidades, que, nem sempre coincidem com as realidades do mundo que nos cerca (*v.g.*, o "horário de verão", que, obviamente não interfere no movimento dos astros, mas produz efeitos, no mundo jurídico). Muita vez, só com o emprego de ficções, presunções e equiparações, o Direito consegue disciplinar o comportamento das pessoas, na vida social. Já se disse que as ficções, presunções e equiparações operam no campo do Direito, como as hipóteses, no campo da Matemática.

Há, porém, um limite para isso: a Constituição. Dito de outro modo, o emprego das ficções, presunções e equiparações não pode ser feito sem critério, nem método, de modo a atropelar direitos e garantias constitucionais.

Assim, por exemplo, na medida em que a Constituição declara inviolável a casa (art. 5º., XI), não pode uma lei — sob pena de irremissível inconstitucionalidade — esvaziar este direito constitucional, estabelecendo que não se considera casa, para este fim, o imóvel localizado a até três quilômetros de uma repartição policial. Bem precário seria o direito constitucional à inviolabilidade da casa (agora, mais do que do simples domicílio, como constava da Carta anterior), se fosse possível costeá-lo com tamanha facilidade.

Pois bem, foi o que fez, *mutatis mutandis*, a Lei 8.866/94, quando, para fins de prisão civil por dívidas, equiparou a *depósitário infiel*, quem, nem de longe, reveste esta condição jurídica. No caso, quem deixa de recolher aos cofres públicos, tributos retidos ou recebidos de terceiros. Esta conduta, embora delituosa, não pode se legalmente equiparada à do depositário infiel.

De qualquer modo, o problema não se coloca sequer, porquanto, como procuramos demonstrar, quem deixa de recolher o *ICMS*, mesmo tendo repassado a carga econômica do tributo a terceiro (o consumidor final), é apenas contribuinte inadimplente.

5. Em remate, débito de *ICMS* declarado e não pago é mera inadimplência, não configurando o crime contra a ordem tributária capitulado no art. 2º., II, da Lei 8.137/90.

CADERNOS DE DIREITO TRIBUTÁRIO

FINSOCIAL

Repetição de indébito — Nulidade de atos processuais — Interpretação à luz dos princípios constitucionais e de direito público — Presunção de validade, razoabilidade, moralidade e segurança jurídica

LUÍS ROBERTO BARROSO
Livre-Docente e Professor Adjunto da Faculdade de Direito da Universidade do Estado do Rio de Janeiro. Master of Laws pela Universidade de Yale

Trata-se de consulta formulada pelos ilustres advogados José Carlos Barbuio e Antonio de Almeida Castro, tendo por objeto questão submetida à apreciação judicial perante a Justiça Federal da Seção Judiciária do Distrito Federal, ora em fase de recurso extraordinário. A hipótese é singela quanto a seus aspectos de fato, consoante se constata do relato seguinte.

I — A espécie

Um grupo de empresas que exploram postos revendedores de derivados de petróleo e álcool etílico hidratado ajuizou ação de repetição de indébito contra a União Federal pleiteando a restituição de importâncias pagas a título de Finsocial, que fora instituído pelo Decreto-lei 1.940, de 25.5.82. Fundavam-se em que, havendo sido reconhecida, em sede jurisprudencial, a natureza tributária de tal contribuição, sua cobrança entre junho e dezembro de 1982 — isto é, no mesmo exercício em que instituída — era inconstitucional.

O recolhimento do tributo, por força da Portaria MF 119, I, d, de 22 de junho de 1982, foi feito diretamente pelas distribuidoras, em razão de serem os autores comerciantes varejistas. A comprovação dos valores devidos foi feita mediante documento requisitado, por ofício judicial, Esso Brasileira de Petróleo S/A, sob cuja bandeira operavam os autores.

Na sua parte substantiva, o pedido foi julgado procedente em primeiro grau de jurisdição, havendo sido confirmado pelo Tribunal Regional Federal da 1ª Região, salvo quanto a modificação acessória relativa a honorários advocatícios. A decisão transitou em julgado.

Em fase de execução, a União Federal ofereceu embargos de devedor, subscritos por Procurador da Fazenda Nacional, que alegou, em síntese:

a) que a representação da União no feito se dera pela Procuradoria da República;

b) que tal representação somente foi válida até a promulgação da Constituição Federal de 1988;

c) que, a partir de então, por força do § 5º. do art. 29 do Ato das Disposições Constitucionais Transitórias da nova Carta da República, a representação da União nas causas de natureza fiscal somente poderia ser feita pela Procuradoria da Fazenda Nacional;

d) que, por via de conseqüência, todos os atos processuais praticados a partir da instauração da liquidação de sentença — que já se deu no novo regime constitucional —, inclusive a sentença que homologou os cálculos, são nulos.

Os embargos à execução foram julgados procedentes em primeiro grau de jurisdição. Todavia, o Tribunal Regional Federal, por maioria de votos, reformou a decisão, em acórdão assim ementado:

"É razoável e não acarreta nulidade a atuação da Procuradoria da República em execução de sentença prolatada em feito de natureza fiscal, quando, ainda na vigência da Constituição de 1967, foi responsável por toda a defesa da União na fase de conhecimento, principalmente se não há qualquer prejuízo decorrente desta atuação".

Desta decisão, interpôs a União Federal recurso extraordinário.

II — A consulta

Indagam os ilustres consulentes se, ao ângulo dos princípios e regras constitucionais, procede a tese suscitada pela União Federal de que, por força do art. 29, § 5º. do ADCT, todos os atos praticados no processo a partir de 14.12.90 — aí incluída a sentença que homologou os cálculos de liquidação — devem ser declarados nulos, devendo-se reabrir todos os prazos a partir desta data para a Fazenda Nacional e proceder-se à liquidação por artigos.

O dispositivo constitucional que serve de fundamento à pretensão da União tem a dicção seguinte: "Art. 29 (...) § 5º.. Cabe à atual Procuradoria-Geral da Fazenda Nacional, diretamente ou por delegação, que pode ser ao Ministério Público Estadual, representar judicialmente a União nas causas de natureza fiscal, na área da respectiva competência, até a promulgação das leis complementares previstas neste artigo".

O parecer que se segue divide-se em duas partes distintas: a primeira cuida de analisar a matéria à luz dos princípios de direito público e dos princípios de interpretação constitucional aplicáveis. A segunda percorre, em minúcia, as regras específicas incidentes sobre a matéria.

III — Princípios constitucionais e princípios de interpretação constitucional

Princípios são as normas que sintetizam os valores supremos da ordem jurídica e se irradiam por diferentes regras e segmentos da Constituição. Todo o pocesso de interpretação constitucional se faz a partir dos princípios expressos na Lei básica ou decorrentes do sistema, ainda quando não escritos.[1] A atitude inicial do intérprete, pois, é localizar na ordem jurídica as normas que foram prestigiadas pelo constituinte como bens e valores a serem superiormente considerados, e que deverão servir como vetor inarredável da compreensão e aplicação das normas constitucionais.[2] Em passagem

1. Sobre princípios não-escritos e outros aspectos da matéria, v. Celso Antônio Bandeira de Mello, *Elementos de Direito Administrativo*, 1986, p. 230 e Luís Roberto Barroso, "Princípios Constitucionais Brasileiros", *in RTDP* 1/168, 172.

2. Sobre o tema, v. Jorge Miranda, *Manual de Direito Constitucional*, tomo II, Coimbra, 1983, p. 197; Eros Roberto Grau, *A Ordem Econômica*

que se tornou clássica, escreveu Celso Antônio Bandeira de Mello: "Princípio é, por definição, mandamento nuclear de um sistema, verdadeiro alicerce dele, disposição fundamental que se irradia sobre diferentes normas compondo-lhes o espírito e servindo de critério para sua exata compreensão e inteligência, exatamente por definir a lógica e a racionalidade do sistema normativo, no que lhe confere a tônica e lhe dá sentido harmônico". (...)

"Violar um princípio é muito mais grave do que transgredir uma norma. A desatenção ao princípio implica ofensa não apenas a um específico mandamento obrigatório, mas a todo o sistema de comandos. É a mais grave forma de ilegalidade ou inconstitucionalidade, conforme o escalão do princípio atingido, porque representa insurgência contra todo o sistema, subversão de seus valores fundamentais..."[3]

Em termos práticos, os princípios desempenham o papel de funcionarem como fio condutor dos diferentes segmentos do texto constitucional, dando unidade ao sistema normativo. Um documento marcantemente político como a Constituição, fundado em compromissos entre correntes opostas de opinião, abriga normas à primeira vista contraditórias. Compete aos princípios compatibilizá-las, integrando-as à harmonia do sistema. De parte isto, os princípios dirigem-se ao Executivo, ao Legislativo e ao Judiciário, condicionando a atuação dos poderes públicos e pautando a interpretação e aplicação de todas as normas jurídicas vigentes.

Além dos princípios constitucionais, é preciso ter em conta, igualmente, os princípios de interpretação constitucional. A Constituição é a fundamental do Estado e, como tal, sujeita-se aos métodos clássicos de interpertação de qualquer lei — o gramatical, o lógico, o histórico e o sistemático —, aos quais se ajunta, com especial relevância, o método teleológico, fundado na finalidade da norma. Mas de parte estas regras tradicionais, avultam no processo de interpretação constitucional determinados princípios, próprios às peculiaridades do Direito Constitucional.

Dentre estes, cabe fazer referência especial, pela pertinência com a matéria a ser enfocada, ao princípio da unidade da Constituição, também identificado como princípio da unidade hierárquico-normativa da Constituição. Uma Constituição é um sistema de normas. A idéia de sistema supõe a existência de um conjunto de partes harmonicamente articuladas. De modo que, apesar da diversidade de seu objeto, uma Lei fundamental jamais apresenta elementos estanques. Isto significa que não é possível analisar-se uma disposição constitucional isoladamente, fora do conjunto em que situada. De outra parte, as normas constitucionais não guardam entre si relação de hierarquia. Todas têm a mesma dignidade. Por assim ter, uma norma constitucional deve ser interpretada de forma a evitar conflitos e contradições com outras normas constitucionais.[4]

Exposta a melhor doutrina sobre o tema, confira-se a seguir como surte sua aplicação sobre a hipótese concreta em exame.

na Constituição, 1990, p. 92; Geraldo Ataliba, *República e Constituição*, 1985, p. 5 e ss.; Roque Antonio Carrazza, *Curso de Direito Constitucional Tributário*, 1991, p. 23 e ss.; Souto Maior Borges, "Pro-dogmática: Por uma Hierarquização dos Princípios Constitucionais", *in RTDP* 1/140; e Michel Temer, *Elementos de Direito Constitucional*, 1990, p. 25: "A interpretação de uma norma constitucional levará em conta todo o sistema, tal como positivado, dando-se ênfase, porém, para os princípios que foram valorizados pelo constituinte".

3. Ob. cit., p. 230.

4. V. Konrad Hesse, "La Interpretación Constitucional", in *Escritos de Derecho Constitucional*, Madrid, 1983, p. 48; e J.J. Gomes Canotilho, *Direito Constitucional*, Coimbra, 1986, p. 119.

IV — Aplicação dos princípios de direito público e de interpretação ao caso em exame

1. Princípio da presunção de validade dos atos emanados do poder público

Os atos cuja invalidação foi pleiteada emanaram todos da União Federal, tendo sido praticados pelo órgão que de longa data exercia a representação da entidade em juízo, por intermédio de agentes regularmente investidos em seus cargos. A Constituição, em seu corpo permanente, atribuiu a representação da União, em casos como o aqui tratado, à Advocacia-Geral da União (art. 131, *caput*), órgão à época inexistente, mas cujas atribuições eram exercidas precipuamente pela Procuradoria-Geral da República.

Mais que isto: o *caput* do art. 29 do Ato das Disposições Constitucionais Transitórias (ADCT) determinou que, até a promulgação das leis complementares relativas ao Ministério Público e à Advocacia-Geral da União, o Ministério Público Federal continuaria a exercer suas atividades na área das respectivas atribuições. Dentre estas atribuições, encontrava-se a de "representar a União ou a Fazenda Nacional nas causas cíveis em que figurar como autora, ré, assistente, opoente, ou for por qualquer forma interessada" (Lei Orgânica do Ministério Público — Lei 1.341/51 —, art. 30, inc. II).

Ora bem: havendo a possibilidade de interpretar-se o texto constitucional no sentido de afirmar-se a validade dos atos praticados pelos agentes do poder público, não deve o Judiciário optar por interpretação diversa. No caso em exame, nem o mais exacerbado formalismo poderia conduzir à ilegitimidade da atuação do Ministério Público Federal, composto de agentes públicos concursados e experimentados na advocacia pública.

Para derrubar-se a presunção de validade de um ato emanado do Poder Público, sobretudo quando repercutiu na esfera jurídica de terceiros de boa-fé, é necessário que se esteja diante de hipótese da maior gravidade, em que seja inadmissível reconhecer-se a eficácia dos atos praticados. E, naturalmente, não é possível dizer-se isto de atos praticados pelo órgão que há décadas os praticava.

Confira-se, a propósito, a lição precisa de Linares Quintana: "Los actos públicos se presumen constitucionales en tanto y en cuanto, mediante una interpretación razonable de la Constitución, puedan ser armonizados con ésta. (...)

"Tráta-se de una presunción juris tantum, que únicamente cede ante una prueba clara y precisa de la incompatibilidad entre aquélla y la Constitución. (...) Para que proceda la declaración de inconstitucionalidad debe aparecer claramente una discordancia sustancial con la Constitución; y aun en los casos de duda, entre la validad y la invalidez, ha de estarse siempre en favor de la constitucionalidad. Existirá la duda razonable cuando en la mente de quien juzga exista una situación de ánimo de supensión o indeterminación entre el juicio o decisión de la constitucionalidad o la inconstitucionalidad, y tal estado de hesitación sea arreglado, o ajustado conforme a razón".[5]

2. Princípio da razoabilidade

A hipótese aqui analisada pode ser assim resumida: um órgão da União Federal — a Procuradoria-Geral da Fazenda Nacional — busca invalidar os atos praticados por outro órgão da União Federal — a Procuradoria-Geral da República —, trazendo por conseqüência,

5. *Reglas para la Interpretación Constitucional*, Buenos Aires, 1987, p. 136. V. também, Hely Lopes Meirelles, *Direito Administrativo Brasileiro*, 1983, p. 112.

para os particulares que agiram com lisura processual, enorme prejuízo, quando menos não seja, pela necessidade de percorrer outra vez um longo itinerário processual que já consumira muitos anos.

Há razoabilidade nisto? Pode uma parte invocar a própria torpeza para alcançar tal resultado? Houve algum prejuízo no fato de a representação da União haver sido feita pelo órgão que tradicionalmente a fizera? Que fim público estaria sendo prestigiado se se invalidasse todo o processado?

O princípio da razoabilidade está subjacente a todo e qualquer ordenamento jurídico civilizado, independentemente de constar de algum texto positivado. Celso Antônio Bandeira de Mello o vislumbra abrigado nos princípios da legalidade e da finalidade (arts. 5º, II, 37 e 84).[6] Pela tradicional e vastíssima doutrina e jurisprudência norte-americanas na matéria, o princípio da razoabilidae emana da cláusula do *due process of law*[7] — o devido processo legal —, introduzida formalmente no Direito brasileiro no inciso LIV do art. 5º da Constituição Federal.[8]

O princípio da razoabilidade existe para ensejar o controle de mérito dos atos emanados do Poder Público e avaliar se eles corespondem ao senso comum, ao sentimento médio de justiça. Aferir-se a razoabilidade é verificar a adequação entre o meio empregado e o fim visado. No caso em exame, para resguardar uma competência menor e transitória de um órgão federal se estaria afetando drasticamnte a situação jurídica individual de quem exerceu legitimamente o direito de ação e obteve uma sentença já transitada em julgado. A violação ao princípio da razoabilidade é ostensiva. Note-se que a jurisprudência norte-americana consagrou de longa data, com aceitação universal, o princípio de hermenêutica constitucional pelo qual as disposições referentes à proteção da vida, da liberdade e da propriedade — isto é, dos direitos individuais fundamentais — devem ser interpretados de forma ampla e liberal a favor do cidadão.[9]

Sobre o tema, é precisa a lição do Professor Bidart Campos: "...El control de la constitucionalidad alcanza a la razonabilidad de normas y de actos, o sea a la verificación de la proporción entre el fin querido y la medida adoptada para lograrlo. Lo razonable es lo opuesto a lo arbitrario, y mediante el control de razonabilidad el Poder Judicial penetra necessariamente muchas veces en la ponderación de los criterios y medios de que se valen los órganos del poder al ejercer sus competencias.

"...Cada vez que la Constitución depara una competencia a uno órgano del poder, impone que el ejercidio de la actividad conseguientemente tenga un contenido razonable. El cumplimiento de la actividad emergente de aquella competencia no se satisface ni se compadece con cualqueir contenido, sino únicamente con uno razonable. El Congreso cuando legisla, el Poder Ejecutivo cuando administra, los jueces cuando dictan sentencias, deben hacerlo en forma razonable. *El acto irrazonable o arbitrario es defectuoso y es inconstitucional*" (grifo no original).[10]

3. *Princípio da moralidade, da lealdade e da boa-fé*

A doutrina italiana, com muita propriedade, traça a distinção entre interes-

6. Ob. cit., p. 65.

7. V. por todos, Nowak, Rotunda e Young, *Constitutional Law*, St. Paul, 1986, p. 331 e ss.

8. V. sobre o tema, Carlos Roberto de Siqueira Castro, *O Devido Processo Legal e a Razoabilidade das Leis na Nova Constituição do Brasil*, 1989.

9. Dorman v. Stat of Alabama, 34 Ala 216, 238 (1859).

10. *Manual de Derecho Constitucional Argentino*, p. 68 e 199.

ses públicos ou interesses primários — que são os interesses da coletividade como um todo — e interesses ditos secundários, que o Estado, pelo só fato de ser sujeito de direito, pode ter como qualquer outra pessoa.[11]

Por vezes, este interesse secundário poderia despertar a tentação de o Estado resistir ao pagamento de uma indenização, mesmo que procedente; ou de rejeitar pretensões bem fundadas formuladas pelos administrados ou, ainda, de cobrar tributos ou tarifas por valores exagerados. Nestas hipóteses, estaria o Estado defendendo interesses patrimoniais "seus", enquanto pessoa jurídica, mas estaria faltando ao seu dever de servir à coletividade, de buscar o bem comum e de realizar a justiça. Fugiria, nesse caso, ao atendimento do interesse primário.[12]

Porque assim é, os interesses secundários não são atendíveis senão quando coincidirem com os interesses primários, únicos que podem ser perseguidos por quem "axiomaticamente" os encarna e representa.[13] A Administração Pública não deve atuar por conveniências menores. Deve pautar-se, ao revés, em seu comportamento diante dos administrados, inspira pelo princípio da lealdade e da boa fé, na linha do que bem observou Celso Antônio Bandeira de Mello: "Trata-se, na verdade, de um princípio geral de direito e que tem, no direito administrativo, particular relevância como expressão necessária do princípio da moralidade administrativa. Pretende-se inibir que a Administração se conduza perante o administrado de modo caviloso, com astúcia ou malícia preordenadas a submergir-lhe direitos ou embaraçar-lhes o exercício e, reversamente, impor-lhe um comportamento franco, sincero, leal."[14]

Com a vênia devida, a atuação processual da União ao pedir a anulação de um processo do qual participou, atenta e diligentemente, passo a passo, não resistiria ao crivo do inciso II do art. 14 do Código de Processo Civil. A verdade é que, não sabendo o ente público fazer coincidir os interesses primários e secundários, caberá ao Judiciário fazê-lo.

4. *Princípio da segurança ou certeza jurídica*

A ordem jurídica estatal gravita em torno de dois grandes fins: a justiça e a segurança. Em obra clássica, Marcelo Caetano discorreu sobre a segurança como fim do Estado, onde averbou: "A segurança não é só a organização da força posta ao serviço de interesses vitais: é também, por um lado, a garantia da estabilidade dos bens e, por outro, a da duração das normas e da irrevogabilidade das decisões do Poder que importem justos interesses a respeitar, quer dizer, a certeza".[15]

O particular, ao relacionar-se com o Estado, não pode nem deve agir em atitude de suspeição. Os atos estatais, já averbamos há pouco, têm presunção de legitimidade. É certo que há casos de invalidade. O verbete n. 473 da Súmula do STF patenteia que "a Administração pode anular seus próprios atos, quando eivados de vícios que os tornem ilegais...". Mas a questão precisa ser tratada *cum grano salis*.

Suponha-se, apenas para argumentar — sem conceder — que houvesse fundamento na suspeita de que a atuação da União por intermédio de Procuradores da República fosse discrepante do direi-

11. Renato Alesi, *Sistema Instituzionale del Diritto Amministrativo Italiano*, 1960, p. 197, apud C. A. Bandeira de Mello, ob. cit., p. 24.

12. *Idem*.

13. *Ibidem*.

14. *Direito Administrativo na Constituição de 1988*, 1991, obra coletiva, p. 37.

15. *Direito Constitucional*, vol. I, 1987, p. 182.

to posto. José Sergio Monte Alegre demonstrou, em estudo valioso, que mesmo nesta hipótese pode o ato administrativo subsistir, por força do princípio da certeza e da segurança jurídicas, desde que se reconheça a existência de outro interesse, tão público como o abstratamente considerado (observância à legalidade), capaz de justificar a decisão de manter o ato viciado.[16]

Com grande acuidade, assim se expressou o eminente Professor sergipano: "... Não escaparia à atenção sequer do mais desavisado que de pouca valia seria a ordenação da vida coletiva se ao enlaçamento das condutas humanas não atribuísse o Direito uma feição de marcada estabilidade e certeza, e por tal forma que as relações jurídicas, uma vez constituídas, somente pudessem ser desfeitas em atenção a valores considerados socialmente úteis e dignos de proteção pela ordem que nominalmente lhes corresponde.

"(...) Demais disso, o imperativo assinalado repercute fundamente em teorias e princípios jurídicos de largo prestígio e de tradicional aceitação, tais como a relativa ao funcionário de fato, o da aparência de direito ou de situação jurídica aparente e aquela pertinente à chamada "preclusão" das vias administrativas.

"(...) Ora, a sociedade tem tanto interesse em que a Administração se exercite nos limites da lei quanto o possui em que as relações jurídicas não oscilem ao sabor da instabilidade ou da incerteza na sua validade e na produção dos efeitos a que se preordenaram".[17]

A vista de tais subsídios, tem-se que a invalidação dos atos requerida pela Procuradoria da Fazenda Nacional é inviabilizada por princípios destinados a promover segurança jurídica nas relações sociais: o da preclusão, em processo civil, e o da certeza/estabilidade das relações jurídicas, do direito constitucional e administrativo.

V — Inteligência das normas constitucionais aplicáveis à matéria

1. A representação da União conferida pelo art. 29, § 5º, não tem caráter exclusivo

A Constituição da República, em seu corpo permanente, dedicou um único dispositivo à representação da União pela Procuradoria-Geral da Fazenda Nacional, inscrito no § 3º do art. 131, *in verbis*: "Art. 131. A Advocacia-Geral da União é a instituição que, diretamente ou através de órgão vinculado, representa a União, judicial e extrajudicialmente, cabendo-lhe, nos termos da lei complementar que dispuser sobre sua organização e funcionamento, as atividades de consultoria e assessoramento jurídico do Poder Executivo.

"§ 3º Na execução da dívida ativa de natureza tributária, a representação da União cabe à Procuradoria-Geral da Fazenda Nacional, observado o disposto em lei".

O *caput* do artigo confere a representação da União, genericamente, à sua Advocacia-Geral. A regra geral é excepcionada pelo § 3º, que prevê a representação pela Procuradoria-Geral da Fazenda Nacional em hipótese em que a União figura no pólo ativo, como exeqüente do seu crédito tributário. Tal preceptivo, como se constata singelamente, não guarda qualquer relação com o caso aqui versado, em que a União figurava no pólo passivo de uma ação de restituição de indébito. Pela regra geral, a representação neste caso caberia à Advocacia-Geral da União.

16. "Estabilidade e Certeza das Relações Jurídicas", *in RDP* 53-54/153.

17. *Idem*. pp. 159-160.

O Ato das Disposições Constitucionais Transitórias, por sua vez, previu, no § 5º do art. 29, hipótese eventual e transitória de representação da União, nos termos seguintes: "Art. 29 (...) § 5º Cabe à atual Procuradoria-Geral da Fazenda Nacional, diretamente ou por delegação, que pode ser ao Ministério Público Estadual, representar judicialmente a União nas causas de natureza fiscal, na área da respectiva competência, até a promulgação das leis complementares previstas neste artigo".

Veja-se, então, que a Carta Federal, em seu texto permanente, deu, em caráter genérico, a atribuição de representação da União à Advocacia Geral da União. Em disposição transitória, de vigência temporária e sujeita a condição resolutiva — "até a promulgação das leis complementares..." — deferiu esta atribuição, sem qualquer caráter de exclusividade, à Procuradoria da Fazenda Nacional.

É de se remarcar, de plano, que a norma do § 5º do art. 29 nada tem de principiológica. É regra menor e circunstancial, sem caráter absoluto, e que prevê expressamente a possibilidade de:

a) delegação da atribuição de representação da União a outro órgão que não a Procuradoria da Fazenda Nacional;

b) perda desta atribuição por lei complementar superveniente.

E mais: já no *caput* do próprio art. 29 do ADCT ficou estabelecido que "enquanto não aprovadas as leis complementares relativas ao Ministério e à Advocacia-Geral da União", o Ministério Público Federal continuaria "a exercer suas atividades na área das respectivas atribuições". Dentre estas atribuições estava, classicamente, a representação da União e da Fazenda Nacional, como dispunha a Lei Orgânica do Ministério Público (Lei 1.341/51), em dispositivo já assinalado acima.

Convém remarcar a constatação que advém da linha de raciocínio desenvolvida acima. A representação da União cabe à Advocacia-Geral da União, em qualquer caso, por força de disposição constante do texto permanente da Constituição. Enquanto não instituída a Advocacia-Geral da União, esta atribuição permanecia no âmbito da Procuradoria-Geral da República, por força de regra inserida no ato das disposições transitórias, que também previu a competência da Procuradoria da Fazenda Nacional em certas circunstâncias.

É regra de interpretação constitucional que o contingente deve ser interpretado à luz do permanente. Confira-se, a propósito, a lição de Henry Campbell Black: "Quando a Constituição contém disposições para contingências previstas, ou para necessidades ocasionais ou temporárias, não devem interpretar-se de maneira que choquem com o plano geral, mas, ao revés, devem se sujeitar harmoniosamente ao mesmo, e se seus termos estão em conflito com as cláusulas que integram a estrutura essencial do plano geral, e são de aplicação usual, continuada e necessária, as primeiras devem ceder ante as segundas e adaptar-se a estas".[18]

Conclui-se, então, que a Procuradoria-Geral da República podia atuar como representante da União, por direito próprio — fundada no *caput* do art. 29 do ADCT e no art. 30, II da Lei 1.341/51 —, ao menos nas causas já em curso, como resultava claro da frase "continuarão a exercer suas atividades" constante do citado preceptivo constitucional transitório.

Mesmo que assim não fosse, a admissibilidade da delegação ao Ministério Público estadual — isto é, a órgão de pessoa jurídica diversa — induz à convicção de que tal delegação poderia ser feita a órgão do Ministério Público federal, isto é, da mesma pessoa jurídica.

18. *Handbook of the Construction and Interpretation of the Law*, p. 23.

De sorte que, após a Constituição de 1988, o consentimento em que a Procuradoria da República continuasse a conduzir, sem qualquer oposição da Procuradoria da Fazenda, os processos já em andamento terá tido o sentido de uma delegação.

Anote-se, aqui, outra regra de interpretação constitucional segundo a qual a Constituição deve ser interpretada, na medida do possível, no mesmo sentido em que a lei a concretizou.[19] E a Lei Complementar 73/93, de 11.2.93, que instituiu a Advocacia-Geral da União, é expressa ao estabelecer o caráter não-privativo da representação da União pela Procuradoria da Fazenda Nacional em hipóteses como a aqui versada. Confira-se a dicção de seu art. 12, incisos II e V: "Art. 12. A Procuradoria-Geral da Fazenda Nacional, (...) compete essencialmente:

"(...)

"II. representar *privativamente* a União, na execução de sua dívida ativa;

"(...)

"V. representar a União nas causas de natureza fiscal".

Os argumentos se multiplicam com a intensidade da força da razão. Adite-se ainda um último. A simples admissibilidade da possibilidade de delegação — e veja-se que a Constituição não faz qualquer restrição ou reserva — descaracteriza a idéia de indisponibilidade do interesse em jogo — isto é, da representação da União —, infirmando qualquer alegação de nulidade, vale dizer, de violação tão grave do ordenamento em vigor, que a nulidade é a única sanção possível.

2. *Não se trata de causa de natureza fiscal*

A competência atribuída pelo § 5º do ADCT à Procuradoria-Geral da Fazenda Nacional é para representar a União "nas causas de natureza fiscal". Por mais de uma razão, tal não é a hipótese da causa aqui considerada. Confira-se.

— A —

Causas de natureza fiscal são as que dizem respeito à cobrança de tributo por parte de ente estatal e as que se traduzem na residência ativa ou passiva do contribuinte para pagá-lo. Uma vez pago o tributo cobrado, com ingresso da receita derivada no tesouro nacional, exauriu-se a relação de natureza fiscal que contrapunha o Estado ao contribuinte. A partir daí, eventual direito a restituição, por indevido o pagamento, situa-se na órbita do direito civil, tendo por centro de gravidade a figura do enriquecimento sem causa.

Com efeito, dedica o Código Civil toda uma seção ao pagamento indevido, prevendo no art. 964: "Art. 964. Todo aquele que recebeu o que não lhe era devido fica obrigado a restituir...".

Não invalida este entendimento a circunstância de o pagamento indevido e sua restituição terem assento também no Código Tributário Nacional (art. 165 e ss.). As causas que tenham por objeto a restituição de quantia paga a título de tributo conservam sua natureza civil. Não é difícil ilustrar a tese com um exemplo expressivo. O Código Brasileiro do Ar (Decreto-lei 32/66) disciplina a hipoteca de aeronaves. Discussão judicial que tenha por objeto a validade de tal gravame não será, por evidente, uma causa de direito aeronáutico. Da mesma forma que a ação promovida para aplicação da pena de detenção àquele que omitiu informação ao Fisco na declaração de renda (Lei 8.137/90, art. 2º) terá natureza penal e não fiscal.

Pagamento indevido, ensina Clovis Bevilacqua com a singeleza habitual, "é o que se faz sem uma obrigação que o

19. Konrad Hesse, ob. cit., p. 57.

justifique, ou porque o solvens se ache em erro, supondo estar obrigado, ou porque tenha sido coagido a pagar o que não devia".[20] O fundamento do dever de repetir o pagamento indevido está na doutrina do enriquecimento sem causa, que Pontes de Miranda denomina de enriquecimento injustificado,[21] cujas raízes remontam ao direito romano, integrando-se ao "vasto campo do direito civil", na expressão de Carvalho Santos.[22] Remarcando, igualmente, o caráter civil do princípio — e da ação que o tutela —, averbou o saudoso mestre Orlando Gomes: "Quando, pois, falta a causa, ou é injusta, o enriquecimento é reprovado. A condenação da ordem jurídica se manifesta por uma sanção civil, que consiste na obrigação imposta ao enriquecido de restituir o que recebeu por injusto locupletamento (...) Para lograr esse fim, dispõe da *actio de in rem verso*, chamada de ação de enriquecimento. (...) A ação de enriquecimento cabe toda vez que, havendo direito de pedir a restituição de bem obtido sem causa justificativa da aquisição, o prejudicado não dispõe de outra ação para exercê-lo".[23]

O que se constata, com simplicidade, é que a ação de repetição de indébito, qualquer que seja a prestação cuja restituição se demanda, é uma só e tem a mesma natureza, que é civil. A causa sobre a qual versa o presente parecer tem, pois, natureza civil, e não fiscal. Atente-se, a propósito, que o verbete 546 da Súmula da jurisprudência predominante do STF, que cuida da repetição de indébito tributário, ao identificar a área de direito versada consigna expressamente: "D. Civ.", antes mesmo da referência a D. Trib., como se vê, *in verbis*:

"546 — Cabe a restituição do tributo pago indevidamente, quando reconhecido, por decisão, que o contribuinte de jure não recuperou do contribuinte *de facto o quantum* respectivo. (D.Civ.; D. Trib.)".

— B —

Ademais, mesmo que a discussão quanto a pagamento indevido e enriquecimento sem causa por parte do Estado pudesse ter natureza fiscal, tal discussão encerrou-se com o trânsito em julgado da decisão no processo de conhecimento. A União, já representada pela Procuradoria da Fazenda Nacional, não impugna nenhum ato praticado ao longo do processo de conhecimento — todo ele tramitado antes da nova Carta —, nem questiona a decisão de mérito nele proferida ou sua autoridade de coisa julgada.

Ora bem: iniciado o processo de execução, que já não comporta qualquer discussão sobre ser ou não ser devida a restituição do tributo pago, está-se diante de situação diversa. A ninguém ocorrerá afirmar que o processo de execução tem natureza fiscal. Vale dizer: a causa que se instaurou após o advento da Constituição de 1988 não comporta qualquer discussão de natureza fiscal.

A distinção, claríssima, entre os dois processos é feita com rigor e simplicidade pela pena notável de José Carlos Barbosa Moreira, que assim lavrou: "Enquanto o processo de conhecimento visa à formulação, na sentença definitiva, da regra jurídica concreta que deve disciplinar a situação litigiosa, outra é a finalidade do processo de execução, a saber, atuar praticamente aquela norma jurídica concreta. Bem se compreende que seja diversa a índole da atividade jurisdicional realizada num e noutro processo. No de conhecimento, ela é essencialmente intelectiva, ao passo que no de execução se manifesta, de maneira preponderante, através de atos materiais,

20. "Código Civil dos Estados Unidos do Brasil", 1958, p. 99.

21. *Tratado de Direito Privado*, tomo XXVI, 1959, p. 119.

22. *Código Civil Brasileiro Interpretado*, vol. XII, 1958, p. 377.

23. "Obrigações", 1988, p. 304.

destinados a modificar a realidade sensível, afeiçoando-a, na medida do possível, àquilo que, segundo o direito, ela deve ser''.[24]

Nem se argumente que a União, pela Procuradoria da Fazenda Nacional, pretende anular o processo a partir da liquidação de sentença, e que esta, a rigor técnico, ainda não integraria a execução propriamente dita. É que mesmo que se admitisse esta natureza autônoma à fase de liquidação, de caráter cognitivo, a verdade é que também ela não tem natureza fiscal. Ao contrário, seu objeto, ensina ainda Barbosa Moreira, é ''...limitado à apuração do quantum ou à discriminação da coisa ou fato exigível; nela não se reabre a discussão da lide julgada pela sentença líquida, nem se pode modificar o teor desta, para excluir qualquer das parcelas ali porventura contempladas, ou para incluir parcela nova (art. 610). Trata-se apenas de revelar a expressão pecuniária ou a individualidade concreta do bem devido; por isso se atribui, em geral, natureza meramente *declaratória* à sentença de liquidação''.[25]

Logo, também por este fundamento a causa não é de natureza fiscal, pelo que não incidiria a regra contida no § 5º do art. 29 do ADCT.

3. *Os atos cuja nulidade se pleiteia estão protegidos pela coisa julgada e pela preclusão*

Especificação importante do princípio da segurança jurídica é a proteção à coisa julgada, que a teor do inciso XXXVI do art. 5º da Constituição, não pode ser prejudicada sequer pela lei. A coisa julgada é instituto de finalidade essencialmente prática: destina-se a conferir estabilidade à tutela jurisdicional dispensada.[26] Seu alcance vem revelado no art. 467 do Código de Processo Civil, onde se lê: ''Art. 467. Denomina-se coisa julgada material a eficácia, que torna imutável e indiscutível a sentença, não mais sujeita a recurso ordinário ou extraordinário''.

Com o trânsito em julgado, fica a sentença de mérito revestida da autoridade da coisa julgada em sentido material, cuja eficácia preclusiva atinge as questões de fato e de direito. Na letra expressa do art. 474 do CPC: ''Art. 474. Passada em julgado a sentença de mérito, reputar-se-ão deduzidas e repelidas todas as alegações e defesas, que a parte poderia opor assim ao acolhimento como à rejeição do pedido''.

A pretensão da União Federal não resiste ao contraste com a norma constitucional e os preceitos processuais acima transcritos. É o que se passa a demonstrar.

Fundado nas cópias das peças processuais que me foram entregues pelos consulentes, constato o seguinte:

— o pedido de repetição de indébito foi julgado procedente em 1º grau de jurisdição (fls. 339-342), tendo sido confirmado por acórdão do TRF-1ª Região (fls. 368-377);

— o acórdão transitou em julgado (fls. 378, verso) e procedeu-se à liquidação da sentença por cálculo do contador. Sobre os cálculos manifestaram-se as partes e pronunciou-se o órgão jurisdicional, em decisão irrecorrida, devidamente protegida pela preclusão.

— instaurada a execução, a União ofereceu embargos, com os fundamentos já expostos no item I.

O art. 741 do CPC traz o elenco de alegações aptas a ensejar embargos à

24. ''O Novo Processo Civil'', 1986, p. 259.
25. *Idem*, p. 266.

26. J.C. Barbosa Moreira, ''Coisa Julgada e Declaração'', *in Temas de Direito Processual*, 1977, p. 83.

execução, como se vê abaixo: "Art. 741. Quando a execução se fundar em sentença, os embargos serão recebidos com efeito suspensivo se o devedor alegar:

"I — falta ou nulidade de citação no processo de conhecimento, se a ação lhe correu à revelia; II — inexigibilidade do título; III — ilegitimidade das partes; IV — cumulação indevida de execuções; V — excesso de execução, ou nulidade desta até a penhora; VI — qualquer causa impeditiva, modificativa ou extintiva da obrigação, como pagamento, novação, compensação com execução aparelhada, transação ou prescrição, desde que supervenientes à sentença; VII — incompetência do juízo da execução, bem como suspeição ou impedimento do juiz".

De plano se verifica que os incisos II, III, IV, V, VI e VII não têm remota pertinência à hipótese. O único dispositivo que se poderia cogitar de invocar é o inciso I: "falta ou nulidade de citação no processo de conhecimento, se a ação lhe correu à revelia".

Ora bem: a União não só foi citada no processo de conhecimento como foi defendida — e bem defendida — pelo órgão que, à época, incontestavelmente exercia sua representação. Os embargos oferecidos são manifestamente descabido. O que pretende a União é desconstituir a coisa julgada por via manifestamente imprópria.

Apenas à guisa de arremate, faz-se um último comentário de índole infraconstitucional. Diz respeito à alegação da União, na peça de embargos, de que a liquidação deveria proceder-se por artigos.

O equívoco é patente. A liquidação por artigos só é cabível, na letra expressa do art. 608 do CPC, quando "houver necessidade de alegar fato novo". Tal, manifestamente, não é o caso. A sentença de 1º grau, confirmada pelo Tribunal, reconhece, textualmente, às fls. 340: "A Esso Brasileira de Petróleo informou as importâncias recolhidas ao FINSOCIAL (fls. 322/333)".

Sobre tais importâncias determinou a incidência de "correção monetária na forma da Súmula nº 46 do TFR, dos juros de mora de 12% (doze porcento) ao ano sobre o principal corrigido a partir do trânsito em julgado desta sentença, das custas antecipadas e dos honorários de advogado...".

Tudo que é necessário fazer para determinar o quantum de condenação são operações aritméticas elementares. Não há qualquer prova a ser produzida. Tampouco tem qualquer pertinência a alegação de inexistência de citação para a liquidação, haja vista que na liquidação por cálculo do contador — mera operação de acertamento da sentença de conhecimento — não há nova citação, consoante pacífica e torrencial jurisprudência.

VII — Conclusões

Compendiando, em proposições objetivas, as conclusões colhidas na fundamentação precedente, é possível assentar que:

a) A representação da União pela Procuradoria-Geral da República — e não pela Procuradoria-Geral da Fazenda Nacional — , foi legítima e compatível com as regras pertinentes da Constituição da República;

b) A invalidação dos atos praticados no exercício de tal representação importaria em afronta aos princípios mais elevados do direito público, como os (a) da presunção de validade dos atos emanados do poder público, (b) da razoabilidade, (c) da moralidade, lealdade e boa-fé e (d) da segurança ou certeza jurídica;

c) Tais princípios, mesmo os que não são escritos, estão subjacentes à ordem jurídica constitucional e devem condicionar toda a atividade de interpretação e aplicação do direito;

d) A representação da União conferida à Procuradoria-Geral da Fazenda Nacional pelo art. 29, § 5º do ADCT não teve caráter exclusivo. A Procuradoria-Geral da República poderia igualmente exercê-la, fundada no caput do art. 29 do ADCT, no art. 30, II da Lei 1.341/51, bem como no próprio art. 29, § 5º, que previa a delegabilidade de tal atribuição;

e) Ação de repetição de indébito não tem o caráter de causa de natureza fiscal, referida no art. 29, § 5º. Sua natureza é civil, decorrendo a obrigação de restituir o pagamento indevido da doutrina que veda o enriquecimento sem causa. Ademais, volta-se a União contra atos praticados após o processo de conhecimento, já no processo de execução. E este jamais terá o caráter de causa de natureza fiscal, por consistir apenas na prática de atos materiais;

f) A pretensão da União Federal volta-se contra atos protegidos pela eficácia preclusiva da coisa julgada, nos termos do art. 5º, XXXVI da Constituição da República, e dos arts. 467 e 474 do Código de Processo Civil. A via excepcional para remoção da coisa julgada é a ação rescisória, e não os embargos do devedor. Os embargos oferecidos, aliás, não encontram amparo em nenhum dos fundamentos do art. 741 do Código de Processo Civil.

Este o parecer.

Rio de Janeiro, 1º de junho de 1993

CADERNOS DE DIREITO TRIBUTÁRIO

COMPENSAÇÃO TRIBUTÁRIA E MANDADO DE SEGURANÇA

HUGO DE BRITO MACHADO
Juiz do Tribunal Federal da 5ª Região
Professor de Direito Tributário da Universidade Federal do Ceará

1. Introdução — 2. O direito à compensação — 3. Compensação e lançamento — 4. Compensação e medida liminar em mandado de segurança: 4.1 O cabimento do mandado de segurança; 4.2 Os pressupostos para o deferimento da liminar; 4.3 A formulação do pedido — 5. Compensação e ação ordinária.

1. Introdução

A compensação de crédito tributário, nos termos do art. 170 do Código Tributário Nacional não vinha sendo ordinariamente praticada em face de lei ordinária que a regule e por absoluto desinteresse da Administração. Com o advento da Lei 8.383/91, que em seu art. 66 cuidou da compensação de tributos pagos indevidamente, o tema passou a despertar grande interesse para os contribuintes.

Não tardaram, porém, as restrições estabelecidas em ato normativo infralegal pelas autoridades da Administração Tributária, e o contribuinte, diante de tais restrições, tem procurado o Judiciário para ter garantido o seu direito à compensação dos valores pagos indevidamente a título de tributo.

Talvez por confundirem a compensação a que se reporta o Código Tributário Nacional, com aquela autorizada pelo art. 66, da Lei 8.383/91, e por desatenção à figura do lançamento tributário, muitos juízes deixam de assegurar o direito à compensação de tributos pagos indevidamente, ao argumento de que a mesma pressupõe a liquidez e certeza dos créditos a serem compensados, sendo impossível ao Judiciário conceder liminar para que o contribuinte realize a compensação de forma unilateral.[1] Mas a culpa pela inadequada solução da questão cabe especialmente aos advogados, que não a têm colocado em seus devidos termos.

Realmente, em vários casos dos quais temos conhecimento, o contribuinte impetra mandado de segurança, ou promove ação ordinária, sem demonstrar com clareza o objeto da lide. Ou, o que

1. TRF da 3ª R.-2ª Seção, unânime, Ag. Reg. em Mandado de Segurança, 13.893-SP, Rel. Juiz Roberto Haddad, Boletim n. 11/93, p. 59.

é pior, formulando a pretensão de modo inteiramente inadequado.

2. *O direito à compensação*

Segundo o Código Tributário Nacional "a lei pode, nas condições e sob as garantias que estipular, ou cuja estipulação em cada caso atribuir à autoridade administrativa, autorizar a compensação de créditos tributários com créditos líquidos e certos, vencidos ou vincendos, do sujeito passivo contra a Fazenda Pública" (art. 170). Não decorre, portanto, do Código, um direito à compensação.

Por outro lado, cuida o Código de compensação de créditos tributários, com créditos de qualquer natureza, desde que líquidos e certos, vencidos ou vincendos, do sujeito passivo com a Fazenda Pública. Objetos da compensação, neste caso, são, de um lado, um crédito tributário, que é por natureza líquido e certo, posto que constituído pelo regular procedimento administrativo de lançamento; e do outro, um crédito que o sujeito passivo daquela relação tributária tem junto a um devedor qualquer, que pode ser a própria Fazenda ou terceiro. Por isto mesmo o titular desse crédito está, em princípio, obrigado a comprovar sua titularidade, assim como a liquidez do crédito.

Na Lei 8.383/91, a compensação autorizada é apenas de créditos do contribuinte, ou responsável tributário, contra a Fazenda Pública, decorrentes de pagamento indevido de tributos ou contribuições federais, com tributo da mesma espécie, relativo a períodos subseqüentes. Objetos da compensação, neste caso, são, de um lado, um futuro crédito tributário, e não um crédito tributário já constituído, posto que relativo a período futuro; e do outro, um crédito que o sujeito passivo da relação tributária tem perante a Fazenda Pública, em decorrência de pagamento indevido de tributo. Não exige a lei que se trate de crédito líquido e certo, posto que, limitando o direito à compensação aos valores concernentes a tributo pago indevidamente, tem como suficiente o reconhecimento de que realmente era indevidamente o tributo.

A compensação a que alude o art. 170, do Código Tributário Nacional, pressupõe a existência de crédito tributário. Pressupõe, em outras palavras, lançamento já consumado. Já a compensação a que alude o art. 66, da Lei 8.383/91, diversamente, pressupõe tributo futuro, cujo lançamento ainda não foi feito, e cujo fato gerador pode até nem ter ainda ocorrido. Para a compreensão da diferença entre uma situação e a outra é de grande importância o lançamento tributário.

3. *Compensação e lançamento*

Como é sabido, existem três modalidades de lançamento tributário, a saber: por declaração, por homologação e de ofício. Em qualquer de suas modalidades, o lançamento é, nos termos do art. 142 do CTN, um procedimento privativo da autoridade administrativa.

No lançamento por declaração, o contribuinte oferece à autoridade informações quanto ao fato gerador do tributo e aguarda a notificação para fazer o respectivo pagamento. No lançamento por homologação, o contribuinte também oferece à autoridade as informações quanto ao fato gerador do tributo, mas apura o valor respectivo e efetua desde logo o pagamento, completando-se o lançamento com a homologação feita pela autoridade administrativa. No lançamento de ofício, a apuração do valor do tributo é feita pela autoridade administrativa, por sua iniciativa, e notifica o contribuinte para o respectivo pagamento.

Embora o lançamento seja sempre uma atividade administrativa, no lançamento por homologação ao contribuinte cabe a prática de todos os atos materiais de determinação do valor do tributo, praticando a autoridade administrativa apenas a homologação dessa atividade, sendo certo que tal homologação, na prática, ocorre sempre de forma tácita, como admitida pelo § 4º, do art. 150, do CTN. De fato, o lançamento por homologação é feito pelo contribuinte. Seu ingresso no mundo jurídico, porém, depende da homologação. Em outras palavras, os atos praticados pelo contribuinte, para determinar o valor do tributo, ganham a siginificação jurídica de lançamento com a homologação, expressa ou tácita.

Conclui-se, portanto, que a compensação autorizada pelo art. 66, da Lei 8.383/91, diz respeito especialmente aos casos de lançamento por homologação, visto como aquele dispositivo diz que "o contribuinte poderá efetuar a compensação", deixando claro que a compensação deve ser praticada pelo contribuinte, porque é atribuição deste e não da autoridade administrativa.

4. *Compensação e mandado de segurança*

4.1 *O cabimento do mandado de segurança*

Como a lei atribui ao contribuinte o direito de fazer a compensação, pode esta dar-se independentemente de qualquer procedimento judicial. Ocorre que em atos normativos infralegais foram colocadas pela Administração algumas restrições tanto ao próprio direito à compensação, como ao modo de exercitá-lo. Assim, se o contribuinte está diante de uma situação em que incidem tais restrições, terá justo receio de vir a ter não homologado o lançamento que venha a fazer, efetuando a questionada compensação. Além disto, em certos casos a Administração questiona o entendimento do contribuinte sobre o haver sido indevido o pagamento do tributo que este pretende compensar.

Por tais razões, é justo o receio do contribuinte de vir a ser contra ele intentada ação fiscal, e em certos casos até ação penal por apropriação indébita.[2] Constatado o não recolhimento do tributo, decorrente da compensação feita pelo contribuinte, a autoridade administrativa passa a considerá-lo em débito, recusando o fornecimento da certidão negativa, promove ação fiscal contra ele e, em certos casos, remete peças do procedimento administrativo ao Ministério Público, para a propositura de ação penal contra dirigentes e administradores da pessoa jurídica, quando é o caso de IPI, ou de contribuições de seguridade social.

Em tais situações geralmente não se estabelece qualquer controvérsia quanto aos fatos. Pretende a autoridade administrativa, simplesmente, fazer valer as restrições constantes de atos normativos inferiores. E o contribuinte sustenta serem ilegais tais restrições.

Cabível, pois, o mandado de segurança, posto que as questões em disputa, nesses casos, são exclusivamente *de direito*. Não se questiona a expressão quantitativa do tributo. As quantias, em moeda, não ensejam controvérsia alguma. Gira esta em torno, exclusivamente, de saber, por exemplo, se pode o contribuinte fazer a compensação independentemente de autorização prévia da Administração, ou se determinado tributo pago indevidamente pode ser compensado com determinado outro tributo, por

2. Manifestamos, já, o entendimento de que a capitulação da conduta de deixar de recolher tributo, inclusive contribuições dos empregados à Previdência Social, como apropriação indébita, é inconstitucional, porque viola a norma que proíbe a prisão por dívida ("Apropriação Indébita e Dívida de Tributo", em *Repertório Iob de Jurisprudência*, n. 12/94, texto n. 3/9764).

serem de espécies diversas. Enfim, as controvérsias não envolvem fatos.

4.2 A medida liminar

Como é sabido, para o deferimento de medida liminar devem estar presentes o perigo da demora, e a aparência do bom direito.

Embora persistam algumas vozes discordantes, predomina nos tribunais o entendimento segundo o qual a possibilidade de exigência de tributo indevido, com os constrangimentos daí decorrentes, configura o perigo da demora. Além disto, a possibilidade de instauração de ação penal contra o contribuinte, ou em se tratando de pessoa jurídica contra os dirigentes desta, configura, sem sombra de dúvida, constrangimento capaz de justificar, sobradamente, o deferimento de medida liminar.

Quanto a aparência do bom direito, tem-se de examinar se é fundada a alegação do impetrante no sentido de ter sido indevido o pagamento do tributo cujo valor pretende compensar. Se existem precedentes, especialmente se já há manifestação do Supremo Tribunal Federal a favor do contribuinte, quanto a essa questão, como acontece no caso do Finsocial, ao da contribuição sobre a remuneração de autônomos e dirigentes de empresas, por exemplo, estará presente também este requisito para o deferimento da liminar. De todo modo, tais precedentes não são indispensáveis, podendo ocorrer a aparência do bom direito mesmo que se trate de caso ainda não submetido ao Judicário.

Há quem entenda indevido o deferimento de medida liminar para autorizar a compensação, porque esta seria plenamente satisfativa. Sendo a compensação uma forma de extinção do crédito tributário, uma vez efetuada estaria extinto o crédito tributário, e criada uma situação irreversível. O argumento, porém, é de validade apenas aparente, a compensação autorizada pelo art. 66, da Lei 8.383/91, não extingue o crédito tributário, ou o extingue sob condição resolutória de ulterior homologação. E ainda porque a extinção definitiva, se ocorresse, não criaria situação irreversível.

Realmente, a compensação autorizada pelo art. 66, da Lei 8.383/91, não é suficiente para extinguir o crédito tributário porque se faz em momento anterior à sua constituição. É ato do contribuinte, encartado no procedimento de lançamento, que somente se completa com a homologação, que é ato da autoridade administrativa. Essa compensação, feita pelo contribuinte, tem a mesma natureza do pagamento antecipado, que, segundo expressa disposição do Código Tributário Nacional, extingue o crédito sob condição resolutória da ulterior homologação do lançamento (CTN, art. 150, § 1º). "Negada essa homologação, anula-se a extinção e abre-se oportunidade a lançamento de ofício."[3] Aliás, extinção do crédito, a rigor, somente acontece com a homologação do lançamento, porque não se pode extinguir o que ainda não existe, e o crédito é constituído pelo lançamento, e este só ganha existência jurídica com a homologação.

A compensação que, nos termos do art. 156, inciso II, do Código Tributário Nacional, extingue o crédito, é aquela prevista no art. 170 do mesmo Código, coisa diversa, como já demonstrado, que pressupõe a existência de crédito tributário.

Por outro lado, ainda que a compensação extinguisse em definitivo o crédito tributário, não se poderia considerar plenamente satisfativa a medida liminar que a autorizasse. Aliás, satisfativos são, em princípio, todos os provimentos judiciais, pois atendem pedidos de uma, ou de outra parte. A liminar que não

3. Aliomar Baleeiro, *Direito Tributário Brasileiro*, 10ª edição, Forense, Rio de Janeiro, 1993, p. 521.

deve ser concedida é aquela que cria situação irreversível, e como tal não se pode considerar a mera extinção de uma relação jurídica.

As situações irreversíveis são aquelas constituídas por fatos consumados. O que torna a situação irreversível é o ingrediente fático, não o ingrediente jurídico normativo, porque o fato é que em certos casos não pode ser desfeito. Não se pode considerar irreversível a situação na qual o elemento constitutivo essencial é meramente normativo. A extinção do crédito tributário, como a extinção de uma relação jurídica qualquer, não tem, em princípio, conteúdo factual nenhum. É puro efeito jurídico, cujo desfazimento depende exclusivamente de outro provimento judicial. No próprio mandado de segurança em que foi concedida a medida liminar, se a final o Juiz restar convencido de que inexistia o direito à compensação, e por isto denegar a segurança, poderá ser, com a sentença denegatória, restabelecido o crédito tributário correspondente.

Quando o Juiz concede medida liminar, em mandado de segurança em que o contribuinte pretende, por exemplo, ter assegurado o seu direito à compensação do que indevidamente pagou a título de Finsocial, com o que deve pagar a título de Cofins, está dizendo apenas que a Fazenda Nacional não poderá molestar aquele contribuinte na tentativa de fazer prevalecerem as restrições que estabeleceu em normas infralegais, até que, na sentença definitiva, fique decidido se tais restrições são, ou não, juridicamente válidas.

4.3 A formulação do pedido

A formulação inadequada dos pedidos de mandado de segurança responde, em grande parte, pelo tratamento incorreto que a questão tem recebido do Poder Judiciário.

O impetrante deve pedir o mandado de segurança, não para autorizar a compensação, que esta é ato do contribuinte, já de forma inequívoca autorizado pelo art. 66 da Lei n. 8.383/91. Deve pedir mandado de segurança para impedir a exigência do tributo que, em face da compensação, deixou ou vai deixar de pagar. Deve esclarecer que se trata de tributo cujo lançamento se faz por homologação, e que tem justo receio de que a autoridade impetrada tentará impor as restrições constantes de normas infralegais, desprovidas de validade jurídica, resultando daí o cabimento da impetração.

O fundamento do pedido de mandado de segurança deve ser a existência do direito à compensação, o qual resulta: a) da norma albergada pelo art. 66, da Lei 8.383/91; e b) de haver sido indevido o pagamento de um tributo, cujo valor se pretende compensar. Se no caso a citada norma é aplicável, e se ocorreu realmente pagamento indevido, o direito à compensação é induvidoso.

O deferimento da segurança impetrada nestes termos será, certamente, o reconhecimento judicial da existência do direito à compensação. Como de resto, em qualquer caso, o deferimento de qualquer mandado de segurança tem como fundamento a declaração de um direito.

Ao formular o pedido de medida liminar, deve o impetrante indicar os fatos e circunstâncias dos quais decorre o perigo da demora, e explicar porque tem como presente, também, a aparência do bom direito. Especialmente no que concerne ao primeiro desses dois requisitos, cada caso pode ter peculiaridades que devem ser ressaltadas. Uma empresa que necessita freqüentemente de certidões negativas, por exemplo, pode alegar que a recusa no fornecimento de tais certidões produz prejuízos irreparáveis, que configuram de forma inequívoca o perigo da demora.

5. *Compensação e ação ordinária*

Há quem sustente que o direito à compensação deve ser pleiteado em ação ordinária. O contribuinte teria de produzir a prova, mediante perícia contábil, de todos os fatos que compõem o procedimento de determinação do crédito tributário.

Poderia, querendo, pedir medida cautelar, na qual produziria tal prova. O perito faria o levantamento de todos os fatos, elaboraria o seu laudo, e uma vez concedida a cautelar estaria o contribuinte autorizado a fazer a compensação. Com a sentença definitiva na ação principal correspondente, dando pela procedência do pedido, estaria extinto o crédito tributário.

Tal procedimento coloca o Juiz como autoridade lançadora, o que não é compatível com o Código Tributário Nacional, que afirma ser o lançamento privativo da autoridade administrativa (CTN., art. 142). O Juiz estaria se valendo do perito para fazer um verdadeiro acertamento tributário.

Mesmo que se admita a validade jurídica do citado procedimento, não se pode deixar de qualificá-lo como *a arte de complicar as coisas simples*. Não havendo controvérsia quanto aos fatos, evidentemente não há razão para a produção de prova pericial.

Nas pendências entre o fisco e o contribuinte, em torno do direito à compensação de que trata o art. 66, da Lei 8.383/91, em princípio não são colocadas questões de fato. Em nenhuma das inúmeras ações que temos apreciado foi colocada uma única questão de fato. As questões colocadas a julgamento são, todas elas, exclusivamente *de direito*, e muitas não passam de questiúnculas processuais, apoiadas em formalismo arcaico, a esconder o propósito de injustificável resistência à pretensão da parte contrária.

Se a Fazenda Pública constatar, nos dados que lhe forneceu o contribuinte que praticou a compensação, algum fato cuja existência, ou cuja dimensão econômica, possa ensejar controvérsia, adotará o procedimento cabível, vale dizer, lavrara o auto de infração, que poderá ser impugnado na via administrativa, ou atacado desde logo mediante ação anulatória.

Ao lavrar o auto de infração a Fazenda Pública define a controvérsia. Deve este descrever objetivamente a infração constatada e, assim, terá o contribuinte autuado a oportunidade de saber se está diante de uma questão de fato, ou simplesmente de direito. Se do auto de infração constar apenas que o contribuinte fez a compensação sem a autorização prévia da autoridade administrativa, ou que compensou valores pagos a título de Finsocial, com contribuições devidas a título de Cofins, desobedecendo a Instrução Normativa 67/92, colocadas estarão apenas questões de direito. Se, todavia, do auto de infração constar que o contribuinte compensou valores recolhidos a título de Finsocial mas não ofereceu comprovação do recolhimento correspondente, aí então estará colocada uma questão de fato.

O auto de infração onde é colocada apenas questão de fato, pode ser atacado pela via do mandado de segurança. Já o auto de infração que coloca questão de fato, certamente só pela via ordinária pode ser atacado.

Setembro, 1994

CADERNOS DE DIREITO TRIBUTÁRIO

ICMS — INCENTIVOS — CONFLITOS ENTRE ESTADOS — INTERPRETAÇÃO

PAULO DE BARROS CARVALHO
Professor Titular de Direito Tributário da Universidade Católica de S. Paulo

I — Da Consulta

O Estado de São Paulo, pelo Excelentíssimo Senhor Secretário da Justiça — Dr. Antônio Correia Meyer — solicita-me a elaboração de parecer sobre tema jurídico que envolve elevados interesses dos Estados de São Paulo e do Espírito Santo, oferecendo farto material de esclarecimento e formulando perguntas para as quais pede resposta objetiva.

A questão é antiga e remonta à implantação do sistema Fundap (Fundo para o Desenvolvimento das Atividades Portuárias), autorizada pela Lei 2.508, de 2.6.70, do Estado do Espírito Santo. Em face dos benefícios atribuídos por tal sistema aos importadores ou exportadores que operem pelo porto de Vitória (ES), em negócios sujeitos a incidência do antigo ICM e atual ICMS, surgiu forte resistência por parte do Estado de São Paulo, ao entender que o esquema de funcionamento do plano estabelecido pelo governo capixaba provocava sensível desvio de operações de importação do Estado paulista para o do Espírito Santo, com significativa evasão de impostos. Sobremais, reforçando a política de incentivo àqueles contribuintes, o governo estadual insiste em dilargar o prazo para recolhimento do imposto, circunstância que provoca novo e sensível desequilíbrio no inter-relacionamento dessas unidades federadas.

O governo paulista, por seu turno, editou portarias que pudessem evitar a apropriação de créditos do imposto, por entendê-los incabíveis diante da sistemática constitucional vigente.

Estabelecida a divergência entre as duas entidades política e encontrando-se o assunto no Supremo Tribunal Federal, em ação de mandado de segurança impretrado pelo Estado do Espírito Santo, a Secretaria de Justiça de São Paulo, ao submeter-nos a matéria discutida, preparou os seguintes quesitos:

1. Queira V. Exa. esclarecer em que consiste o sistema Fundap, criado pelo Estado do Espírito Santo e quais os benefícios fiscais a que faz jus importador que realize importações por aquele Estado da Federação. Tais benefícios aplicam-se, também, a importações realizadas pelo Porto de Santos, desde que sejam destinadas simbolicamente a um estabelecimento no Estado do Espírito Santo, mas que na realidade, vão diretamente para um estabelecimento de empresa em São Paulo?

2. Os benefícios fiscais decorrentes do Fundap, especialmente a ampliação do prazo de pagamento em até sessenta dias após o mês em que tenha sido realizada a importação, e que tenha saído, real ou simbolicamente, de um estabelecimento no Estado do Espírito Santo, estão previstos na Lei Complementar 24/75 como sendo aqueles que dependam, para sua criação, da anuência dos demais Estados, pela via do Convênio?

3. Em caso positivo, V. Exa. poderia esclarecer se a fonte normativa de criação dos referidos benefícios e, especialmente da ampliação do prazo para pagamento do ICMS para as importações realizadas no sistema Fundap, é compatível com a via eleita pela citada lei complementar?

3.1 As condições de financiamento pelo sistema Fundap, concedido às empresas contribuintes do ICMS, pelas suas peculiaridades (juros reduzidos, ausência de correção monetária, prazo de pagamento dilatado) consistem em verdadeira devolução total ou parcial, direta ou indireta, condicionada ou não, do Tributo ao contribuinte, adequando-se à hipótese do art. 1º., parágrafo único, II, da Lei Complementar 24/75?

3.2 O financiamento concedido pelo sistema Fundap, no que toca ao pagamento do ICMS, pode ser considerado também um incentivo ou favor financeiro-fiscal, do qual resulta redução ou eliminação, direta ou indireta, do respectivo ônus, incidindo na hipótese do art. 1º., parágrafo único, IV, da Lei Complementar 24/75?

4. A Lei Complementar 24/75 foi recepcionada pelo art. 155, inciso XII, alínea *g*, da Constituição Federal de 1988? Qual é o objetivo da norma constitucional, ao cometer à lei complementar a função de regular a forma pela qual os Estados e Distrito Federal, mediante deliberação, concederão e revogarão incentivos e benefícios fiscais?

5. Na hipótese de ter sido a Lei Complementar 24/75 recepcionada pela CF/88 e atendendo ela função outorgada pela Constituição de 1988, poderia V.Exa. esclarecer se a mesma é auto-aplicável, podendo, independentemente de qualquer norma jurídica inferior, regular as relações jurídico-tributárias decorrentes do comércio de mercadorias entre estabelecimentos sediados nos diversos Estados da Federação?

6. No comércio interestadual, o Estado que for prejudicado pelo descumprimento das regras estabelecidas na Lei Complementar 24/75, pode dar aplicação, dentro de seu território, às sanções nela previstas?

Estará ele, assim agindo, cometendo alguma violência contra o pacto federativo?

II — Do parecer

1. O Direito como objeto de conhecimento — A "interpretação"

Na teoria dos objetos, de E. Husserl, o Direito está na região ôntica dos entes culturais, como algo produzido pelo homem que, ao modificar a natureza circunstante, visa à realização de um fim (estético, utilitário, de segurança etc.). Caracteriza-se, portanto, como todo objeto cultural, por submeter-se à experiência, estando no tempo e no espaço, e por ser sempre valioso, positiva ou negativamente. Ali onde houver objeto cultural haverá valores, que o homem implanta para concretizá-lo. Por isso o ato gnosiológico que lhe é próprio, diferentemente dos objetos naturais (explicação) e ideais (demonstração), é a *compreensão*, que pressupõe a análise experimental de fenômenos reais e o *plus* axiológico, razão pela qual o método que lhe convém seja o empírico-dialético, que implica o confronto inevitável do resultado da experiência com os valores do sujeito do conhecimento. Nessas idas e *venidas*, o ser cognoscente vai *compreendendo* o objeto que pretende conhecer.

Mas, dentre os muitos traços que lhe são peculiares, o Direito oferece ainda o dado da linguagem como seu integrante constitutivo. A linguagem não só fala do objeto (Ciência do Direito), como participa de sua constituição (Direito Positivo). Se é verdade que não há fenômeno jurídico onde não encontramos normas, escritas ou não escritas, também é certo que não podemos cogitar de normas sem uma linguagem, idiomática ou não, que lhes sirva de veículo de expressão. E esse elemento entitativo vem trazer nova sorte de problemas à compreensão do Direito, pois enquanto nos fenômenos naturais a linguagem comparece para simplesmente descrever o objeto do conhecimento, neutro em termos axiológicos, aqui, diante do fenômeno jurídico, temos a linguagem em dois níveis: integrando o Direito posto, como instrumento da comunicação normativa, e descrevendo, crítico-explicativamente, as regras positivas válidas em certas condições de espaço e em determinado intervalo de tempo. É a linguagem descritiva da Ciência falando da linguagem prescritiva do Direito em vigor: sobrelinguagem, a primeira; linguagem-objeto, a segunda. Ora, a linguagem, como conjunto de signos utilizados para a comunicação entre os homens, é também um objeto cultural, entrando na composição ontológica daquele outro objeto cultural que é o Direito. Dessa confluência de aspectos deriva a complexidade na compreensão do jurídico, que a despeito de movimentar valores, se apresenta também como fenômeno de linguagem, reivindicando uma específica forma de aproximação.

São grandes as vicissitudes de quem se propõe a aventura do conhecimento na área do social (objetos culturais). Se acrescentarmos a elas toda sorte de dificuldades que acompanham o emprego da linguagem, poderemos antever o enorme desafio que representa a interpretação do Direito, se empreendida, naturalmente, com assomos de seriedade científica.

De fato, esse produto objetivo da cultura, plasmado num sistema de linguagem, envolve a dualidade fundamental irredutível: ato e significação; processos reais e conteúdos ideais. É que as unidades normativas selecionam fatos e regulam condutas intersubjetivas, fatos e condutas colhidas no campo do social. Ora, o fato social, como processo de relação, é um fenômeno com sentido e, sem ele, sentido, que imprime direção aos fatos sociais, não há como compreendê-los. Lembremo-nos de que os fatos jurídicos, quer os previstos nos antecedentes das normas, quer os prescritos na fórmula relacional dos conseqüentes, apresentam-se como fenômenos físicos (relação de causa e efeito) mais o sentido, isto é, o fim jurídico que os permeia. Sem a significação que presidiu a escolha do evento e inspirou a regulação da conduta, não há falar-se em fatos jurídicos e relações jurídicas. Entretanto, essa porção do mundo empírico requer tratamento especial, que a considere no quadro de suas ações e reações, no esquema de causa e efeito, mas que também leve em conta aquilo que ela tem de significação, de sentido.

Quem se dispuser a conhecer o Direito Positivo não pode aproximar-se dele na condição de sujeito puro, despojado de atitudes axiológicas, como se estivesse perante um objeto da natureza. A neutralidade ideológica impediria, desde o início, a compreensão do sentido das normas, tolhendo a investigação. Magistral, a propósito, a lição de Lourival Vilanova: "o homem é demasiado humano para contemplar as realidades humanas, sem tomar posição, sem decidir-se positiva ou negativamente, num estado de adiáfora purificação e neutralidade ante o dever ser de um dado ser que é inseparável do homem".

Desta maneira, o procedimento de quem se põe diante do Direito com pretensões cognoscitivas há de ser orientado pela compreensão e, numa atividade dialética, deve perceber a compostura material do fato, recoberta com os conteúdos de significação dos textos normativos, tudo inspirado pelos valores que o legislador depositou em sua linguagem prescritiva.

Se retivermos a observação de que o Direito, como objeto cultural que é, carrega sempre valores, e se pensarmos que todo nosso empenho se dirige para extrair as significações contidas num estrato de linguagem, não será difícil verificar a gama imensa de obstáculos que se levantam no percurso da interpretação. De um lado, os valores, cambiantes em função da ideologia de quem interpreta; de outro os ingentes problemas que cercam a metalinguagem, invariavelmente penetrada por dúvidas sintáticas e por questões semânticas e pragmáticas.

Conhecer o Direito é, em última análise, compreendê-lo, interpretá-lo, extraindo o contéudo, sentido e alcance da mensagem legislada. Tal empresa, contudo, nada tem de singela. Requer o envolvimento do exegeta com as proporções inteiras de todo sistemático, incursionando pelos escalões mais altos e de lá regressando com os vetores axiológicos ditados por certas normas que chamamos de "princípios".

Os estudos convencionais de Teoria Geral do Direito nos apontam técnicas específicas de exegese, como objeto material de uma ciência denominada "Hermenêutica". São os conhecidos caminhos para atingirmos a plenitude significativa da prescrição jurídica. Temos para nós, porém, que as conquistas filosóficas que os estudos de Lingüística proporcionaram à moderna Ciência do Direito superam aquelas orientações tradicionalistas, aparecendo hoje a Semiótica como instrumento indispensável ao conhecimento da linguagem do Direito Positivo. Cremos que "interpretar o Direito", nos dias atuais, significa analisar a linguagem normativa, percorrendo os três planos semióticos: o sintático, o semântico e o pragmático. Recordemo-nos de que a linguagem normativa é composta pelos *signos jurídicos* e que no plano sintático indagamos das relações dos signos com os signos; no plano semântico, dos signos com as entidades que eles significam; e no plano pragmático, examinamos as relações dos signos com seus usuários. A análise exaustiva de uma linguagem qualquer reclama a preocupação com os três níveis semióticos já mencionados.

Interessa aduzir que todas as técnicas preconizadas pela doutrina exegética tradicional, vale dizer, a interpretação literal, a histórica ou histórico-evolutiva, a lógica, a teleológica e a sistemática encontram-se abrangidas pelas três dimensões semióticas.

2. O imposto sobre operações relativas à circulação de mercadorias e sobre prestações de serviços de transporte interestadual e intermunicipal e de comunicação — competência para sua instituição

Tributo não vinculado à atuação do poder público, o ICMS foi adjudicado pelo constituinte de 1988 à competência dos Estados e do Distrito Federal, sendo hoje o principal instrumento da autonomia financeira das unidades federadas. Quando se diz tratar-se de um imposto novo, a proposição é de cunho histórico, porquanto, juridicamente, todas as figuras impositivas do sistema brasileiro datam do mesmo instante, qual seja a fundação da ordem normativa vigente: 5 de outubro de 1988. E, ao empregarmos o termo "competência" convém advertir que é signo específico do vocabulário técnico-jurídico, ao menos com as acepções que encontramos no Direito

Positivo (incluindo-se aqui a jurisprudência) e na doutrina. Na dicção da Lei Suprema, é utilizado para credenciar as pessoas políticas de direito constitucional interno a legislar sobre, por exemplo, matéria tributária. Falamos, então, em competência tributária, o que nos sugere, desde logo, a faculdade (Fp), vale dizer, a permissão de cumprir a ação (Pp) e de omiti-la (P-p). A ação mencionada é o legislar, que em outras palavras significa produzir normas jurídicas gerais e abstratas, inovando o ordenamento positivo. Isso se faz mediante a observância de uma série de atos, cujo conjunto caracteriza o chamado "procedimento legislativo".

Por força do princípio da legalidade (CF, art. 5º, II), a ponência de normas jurídicas inaugurais no sistema há de ser feita, exclusivamente, por intermédio de lei, compreendida a palavra no sentido lato. A esse vetor axiológico que se esparrama por todas as porções do direito posto, o constituinte fez corresponder outro valor, particular ao campo das exações tributárias, e que se encontra contido no art. 150, I, da CF. Desse modo, o legislador infra-constitucional, investido de sua competência ou do plexo de faculdades legislativas que lhe permitem editar regras jurídicas, pode perfeitamente operar no segmento das atividades tributárias do Estado, elaborando as normas que contemplem o próprio fenômeno da incidência e também aquelas que dispõem a propósito de uma ampla série de providências, circundando o núcleo da regra-matriz, e que tornam possível a realização concreta dos direitos subjetivos de que é titular o sujeito ativo, bem como dos deveres cometidos ao sujeito passivo.

A competência tributária, em síntese, é uma das parcelas entre as pregorrativas legiferantes de que são portadoras as pessoas políticas, consubstanciada na faculdade de legislar para a produção de normas jurídicas sobre tributos.

Como tributo que é, a legislação sobre o ICMS está premida pela observância dos grandes princípios constitucionais, tanto os gerais (igualdade, legalidade, universalidade da jurisdição, irretroatividade etc.), quanto os específicos (legalidade tributária, igualdade tributária, irretroatividade tributária, não-cumulatividade, seletividade, anterioridade etc.), diretrizes expressas na Lei Fundamental. Para mais, a esquematização jurídica deste imposto deverá atender aos chamados "princípios implícitos", com a mesma força dos explícitos, obtidos, todavia, pela análise sistemática do conjunto de normas postas (isonomia das pessoas políticas de direito constitucional interno, supremacia do interesse público ao do particular, princípio da tipologia tributária, da indisponibilidade dos interesses públicos, da indelegabilidade das competências tributárias etc.).

Em termos de Direito Positivo, princípios são normas jurídicas portadoras de intensa carga axiológica, de tal forma que a compreensão de outras unidades do sistema fica na dependência da boa aplicação daqueles indicadores. Acatando-se o enunciado, preserva-se a uniformidade do objeto, permanecendo o Direito posto como um conjunto de regras jurídicas: todas com a mesma estrutura sintática (homogeneidade sintática), porém diversas semanticamente (heterogeneidade semântica). E, assim como existe hierarquia sintática, podemos falar numa distribuição hierárquica dos valores jurídicos, dispostos também de maneira escalonada. Os princípios estariam ocupando posições privilegiadas nos patamares do ordenamento e, ainda que haja, em muitas circunstâncias, coincidência entre supremacia sintática e superioridade axiológica, a relação de correspondência não é necessária.

Não é preciso assinalar que ao submeter-se a tais primados, gerais e especiais, explícitos ou implícitos, estarão as entidades competentes operando para realizar os "sobreprincípios" da segurança jurídica, da certeza do direito e da Justiça, valores supremos que a ordem jurídica persegue para ver implantados com a regulação das condutas intersubjetivas.

Muito bem. Entre os princípios implícitos que falam mais de perto ao ICMS importa salientar o da "tipologia tributária" e o do "caráter nacional do imposto".

De fato, no Direito brasileiro o tipo tributário é definido pela integração lógica de dois fatores: hipótese de incidência e base de cálculo. Ao binômio, o legislador constitucional atribuiu a propriedade de diferençar as espécies de tributos entre si, sendo também operativo dentro das próprias subespécies. Uma vez isolados esses dois fatores, estaremos credenciados a dizer, sem hesitações, se um tributo é imposto, taxa ou contribuição de melhoria, bem como anunciar que tipo de imposto ou que modalidade de taxa.

O vulto constitucional do princípio advém da linguagem empregada no art. 154, I, figurando, desse modo, entre os inexpressos. Tudo por entendermos que a disjunção "ou" há de ser substituída pelo conjuntor "e", como imperativo da estrutura sistemática.

Insinua desmentir a procedência dessa assertiva o teor do art. 4º, do Código Tributário Nacional, ao firmar que a natureza jurídica específica do tributo é determinada pelo fato gerador da respectiva obrigação, fazendo crer que a singularidade de um único elemento (a hipótese de incidência) teria o condão de decidir sobre o tipo do gravame fiscal. A contrariedade, porém, é facilmente contornável, bastando atinar à distribuição hierárquica das normas nos escalões do sistema e à inconteste superioridade do critério constitucional com relação a qualquer outro veiculado por proposições normativas subalternas, como é o caso da regra posta pelo citado art. 4º, da Lei 5.172/66.

Não é suficiente a descrição hipotética do fato jurídico tributário para que conheçamos a planta fundamental do tributo. Torna-se preciso examinar, antes de mais nada por imposição hierárquica, a base de cálculo, a fim de que a natureza particular da exação se apresente na complexidade de seu esquematismo formal. É o que preceitua o constituinte brasileiro no art. 145, § 2º: "As taxas não poderão ter base de cálculo própria de impostos".

A despeito da sua implicitude, a mensagem constitucional é clara: faz-se mister analisarmos a hipótese de incidência e a base de cálculo, conjuntamente, para que possamos ingressar na intimidade estrutural da figura tributária. Não fora assim, e não encontraríamos critério para diferenciar impostos de impostos e desses as taxas, entregando-nos, imbeles, os desacertos assíduos do político. A experiência brasileira é rica de tributos cujos nomes sugerem realidades bem distintas, mas que o legislador usou para burlar a rígida discriminação de competências impositivas. Estão aí para comprová-lo a taxa de melhoramento dos portos, o salário-educação, os depósitos, os empréstimos compulsórios e uma grande messe de outras denominações seguidamente empregadas para introduzir espécies de impostos em nosso ordenamento jurídico, sem a devida autorização constitucional.

E foi para esse fim, qual seja a imediata verificação da entidade, enquanto tributo, que o constituinte fez inserir a base de cálculo na compostura do tipo tributário. O cotejo entre as duas realidades denunciará, logo no primeiro instante, a existência de um imposto, de uma taxa ou de uma contribuição de melhoria, aplicando-se, subseqüentemente, às várias espécies de cada qual.

Dois argumentos muito fortes recomendam a adoção desse critério: *a*) trata-se de diretriz constitucional, firmada num momento em que o legislador realizava o delicado trabalho de esboçar as linhas da rígida discriminação de competências tributárias, preocupadíssimo em preservar o princípio maior da Federação, mantendo incólume a autonomia municipal; e *b*) para além disso, é algo simples e operativo, que permite o reconhecimento da índole tributária, sem a necessidade de considerações retóricas e até alheias ao assunto.

Finalizemos para dizer que, no Direito brasileiro, o tipo tributário se acha integrado pela associação lógica e harmônica da hipótese de incidência e da base de cálculo. O binômio, adequadamente identificado, com revelar a natureza própria do tributo que investigamos, tem a excelsa virtude de nos proteger da linguagem imprecisa do legislador.

Ora, como são múltiplas as dificuldades que ocorrem na compreensão da hipótese de incidência do ICMS, no exato momento em que com ele confrontarmos a base de cálculo, enquanto grandeza apta para dimensionar o critério material do suposto normativo, estaremos circunscrevendo a análise da autêntica natureza da exação, surpreendida no eixo daquele binômio. Daí entendermos imprescindível a consideração desse princípio implícito para a boa exegese da figura tributária.

3. ICMS — Princípio da solidariedade nacional, da equiponderância ou homogeneidade de sua incidência

O caráter nacional do ICMS é outra máxima que sobressai do sistema com grande vigor de juridicidade. Não se aloja na formulação expressa de qualquer dos dispositivos constitucionais tributários, mas está presente nas dobras de inúmeros preceitos, irradiando sua força por toda a extensão da geografia normativa desse imposto. Sua importância é tal que, sem atinarmos a ele, fica praticamente impossível a compreensão da regra-matriz do ICMS em sua plenitude sintática e em sua projeção semântica. Os conceitos de operação interna, interestadual e de exportação; de consumidor final, de contribuinte, de responsável e de substituição tributária; de compensação do imposto, de base de cálculo e de alíquota, bem como o de isenção, estão diretamente relacionados com diplomas normativos de âmbito nacional, válidos para todo o território brasileiro. Lembremo-nos de que nosso Direito Positivo abrange quatro distintos plexos normativos: a ordem total, a das regras federais, a das regras estaduais e o feixe dos preceitos jurídicos dos Municípios. Sim, porque os Municípios são também pessoas políticas de direito constitucional interno. Não integram a Federação, mas desfrutam de autonomia política, extraindo o fundamento de validade de suas normas diretamente no Texto Supremo, o que lhes confere o mesmo *status* jurídico que a União, os Estados e o Distrito Federal.

É verdade que não é isso o que diz o art. 1º da Constituição brasileira. Entretanto, se analisarmos o sistema na sua inteireza, veremos que os Municípios não integram o Senado da República, onde as unidades federadas estão paritariamente representadas, nem elegem representantes para a Câmara Federal, o que significa reconhecer que não participam da vontade nacional.

Em suma, os Municípios são pessoas dotadas de personalidade política; receberam competências constitucionais; mantêm relações de isonomia com a União, Estados e Distrito Federal, porém não integram o pacto federativo.

Retornando aos quatro conjuntos integrados de normas que formam a complexidade do sistema jurídico nacional, ponderemos que as três primeiras são próprias do esquema federativo, ao passo que a última revela peculiaridade do regime constitucional brasileiro. Tudo, aliás, pode ser resumido na coalescência de quatro sistemas: *a*) o sistema nacional; *b*) o sistema federal; *c*) os sistemas estaduais; e *d*) os sistemas municipais. Se as diferenças entre a ordem federal, a estadual e a municipal são claramente perceptíveis, fato idêntico não sucede entre a organização jurídica do Estado Federal (sistema nacional) e a da União (sistema federal). Para tanto, em trabalho inexcedível, Oswaldo Aranha Bandeira de Mello (*Natureza Jurídica do Estado Federal*, EGRT, 1937, pp. 40-51) apresenta os sinais correspondentes aos dois arranjos, de forma precisa e juridicamente escorreita, dizendo que são ordens jurídicas especiais, posto que as respectivas competências se circunscrevem aos campos materiais que lhes são indicados pela ordem jurídica total. Esta, a ordem jurídica total, está na Constituição do Estado Federal e sua complementação no contexto da legislação nacional. "A chamada Constituição Federal pode ser desdobrada em duas Cartas distintas: a Constituição total e a Constituição da União."

Pois bem. Há um significativo número de preceitos normativos sobre o ICMS que pertencem ao "sistema nacional", já que valem, indistintamente, em todo o território brasileiro. Agora, como esse subconjunto dispõe a respeito de pontos da intimidade estrutural do gravame, claro está que o conhecimento apurado da regra-matriz do imposto depende da consideração daquelas normas nacionais.

Acrescentemos também que a preservação da rigorosa discriminação de competências impositivas se dá pela ação das "normas gerais de Direito Tributário", seja regulando as limitações constitucionais ao poder de tributar, seja dispondo sobre conflitos de competência entre as entidades tributantes, modo pelo qual o constituinte amarrou os domínios da possibilidade legiferante de cada um, num dispositivo apto para ser acionado, tão logo apareçam sinais de violação do sistema.

A trama normativa das regras de caráter nacional sobre impostos federais, estaduais e municipais é hoje, verdadeiramente, densa e numerosa. Alcança todos os impostos, além das taxas e das contribuições, mas com relação ao ICMS excede os limites da tradição legislativa brasileira. Não há setor do quadro positivo desse tributo que não experimente forte e decidida influência de preceitos do sistema nacional. Sua própria instituição não é faculdade dos Estados e do Distrito Federal: é procedimento regulado com o modal "O" (obrigatório), ao contrário do que sucede com as demais figuras de tributos. O imposto sobre grandes fortunas, previsto no inciso VII, do art. 153, da Constituição Federal, por exemplo, até agora simplesmente não foi instituído, ainda que a União possa fazê-lo a qualquer instante. São muitos os Municípios que não criaram o ISS, a despeito de terem competência para tanto. Se isso mostra, por um lado, que as competências se exprimem como faculdade (F) outorgadas às pessoas políticas, por outro fica evidente a posição do ICMS, em que o titular da competência impositiva não pode deixar de legislar, ficando tolhido a disciplinar o imposto consoante os traços que o constituinte esboçou. Nesse sentido, o comando da uniformização vem de cima para baixo, de tal sorte que as regras matrizes de incidência, expedidas pelos Estados e pelo Distrito Federal, terão que manter praticamente os mesmos conteúdos semânticos. Não há como admitir legislações discrepantes, no que concerne ao núcleo da incidência, de modo que ao lado da homogeneidade sintática, qualidade de todas as normas jurídicas do sistema, constituídas da mesma forma lógica (juízo condicional), encontraremos uma pronunciada coincidência de significações, que não atinge padrões absolutos, mas que não pode deixar de ser registrada pelo descritor do Direito posto. Falando pela via ordinária, os titulares da competência para instituir o ICMS não podem deixar de fazê-lo e, além disso, terão que seguir os termos estritos que as leis complementares e as resoluções do Senado prescrevem, por virtude de mandamentos constitucionais. Está aí, bem nítido, pintado com tintas fortes, em regime de severa gravidade, o caráter nacional de que falamos, surpreendido no plano da linguagem-objeto, que é a linguagem do Direito Positivo. São normas jurídicas válidas no sistema vigente que, entrelaçadas organicamente, apontam para a existência desse valor, exibindo-o de modo inequívoco. Sua verificação salta aos olhos do menos impertinente dos pesquisadores, pelo vigor e pela freqüência com que se manifesta.

Acontece que esse tributo, recolhido historicamente em países de estrutura unitária, onde gravam, de forma não-cumulativa, operações sobre mercadorias e serviços, foi transportado pura e simplesmente para a realidade brasileira e entregue às ordens normativas estaduais. Tratou-se, então, de preservar a uniformidade indispensável para o bom funcionamento de um imposto que se pretendia sobre o valor acrescentado, técnica difícil de ser implantada fora das peculiares condições de um país de administração centralizada. Sucederam-se medidas generalizadoras, numa tentativa de padronizar o fenômeno da incidência e evitar que a autonomia das pessoas competentes pusesse em risco a sistemática impositiva. Isso explica a expressiva participação da União no processo de elaboração normativa do ICMS, mediante regras de legislação complementar, ao lado de preceitos emanados do Senado da República, igualmente órgão legislativo daquela pessoa política. Como se vê, tudo foi produto de um ingente esforço de adaptação, para atender às exigências de nossa particularíssima organização jurídico-constitucional. E o custo dessa movimentação veio em detrimento do poder jurídico das entidades federadas que, ao menos nesse setor, ficaram sensivelmente diminuídas. Sacha Calmon Navarro Coelho chega até a falar em "massacre da competência estadual, já que o imposto teve que submeter-se a um regramento unitário pela União através de leis complementares e resoluções do Senado" (*Comentários à Constituição de 1988 — Sistema Tributário*, Forense, pp. 221-222). Os traços, porém, estão assinalados como marcas indeléveis, incisões profundas, que dão uma fisionomia singular a esse tributo, seja em confronto com os demais impostos no Brasil, seja em padrões de Direito comparado. É assim que os autores proclamam o princípio da uniformidade, da solidariedade nacional, da eqüiponderância ou da harmonia global da incidência, para indicar a propriedade que o imposto tem de manter-se o mesmo, com idênticas proporções semânticas, com uma e somente uma projeção significante para todo o território brasileiro. Firmado o modelo comum, não se concebe que nenhuma das entidades políticas venha a dele discrepar, intrometendo modificações de qualquer ordem. Por tratar-se de requisito indispensável em termos de concepção econômica, pois as várias operações de circulação hão de integrar-se em bloco para que o gravame atinja, verdadeiramente, o valor acrescido, o esquema de uma regra-matriz fixa, imutável, requer-se observado pela comunidade dos Estados e do Distrito Federal. E não é por outra razão que no antigo ICM se proibia, terminantemente, a concessão de isenções que não fossem plurilaterais, mercê de convênios celebrados e ratificados pelos Estados, na forma da Lei Complementar (art. 23, § 6º, da CF/67), ou concedidas pela União, também por meio de Lei Complementar e atendendo a relevante interesse social ou econômico nacional — isenções heterônomas —

(art. 19, § 2º, da CF/67). Nos dias de hoje, desapareceram aquelas últimas; entretanto, é à lei complementar que cabe "regular a forma como, mediante deliberação dos Estados e do Distrito Federal, isenções, incentivos e benefícios fiscais serão concedidos e revogados" (art. 155, § 2º, inciso XII, *g*, da CF/88).

Essa Lei Complementar tão solicitada, tão requerida pelo constituinte de 1967 e, com maior empenho ainda, pelo de 1988, é a Lei Complementar 24/75, anterior à ordem vigente, mas por ela *recepcionada* para reger a temática das isenções e de quaisquer outros incentivos ou benefícios, totais ou parciais, concedidos com base no imposto sobre operações relativas à circulação de mercadorias e de serviços, dos quais resulte redução ou eliminação, direta ou indireta do respectivo ônus.

Não parece ser este o momento mais adequado para dizer do absurdo que a prática dos convênios vem suscitando, amparado por um entendimento estreito das palavras que o legislador complementar utilizou no art. 1º da mencionada Lei. Obviamente, num país onde exista o princípio da legalidade, irradiado com tanta força e insistência, a locução *celebrados e ratificados pelos Estados e pelo Distrito Federal* não poderia jamais significar *celebrados pelos Secretários de Fazenda e ratificados pelos Governadores dos Estados e do Distrito Federal*. Só o despropósito de uma interpretação meramente literal, repudiada hoje, quase que à unanimidade, pelos estudiosos de Teoria Geral do Direito, haveria de ter o condão de suportar esse entendimento. A atinência ao valor da legalidade impõe exegese diferente, com a submissão dos atos de convênio às respectivas Assembléias Legislativas, procedimento, aliás, a que se subordina o Presidente da República, quando celebra tratados ou convenções internacionais.

Sobre o assunto, que transpõe os limites deste trabalho, nutro a esperança de que o meio jurídico brasileiro venha a despertar, refletindo um pouco, para depois reconsiderar a posição atual, inconsistente e abusiva.

Retornemos, contudo, ao tema que faz aqui os nossos cuidados, para focalizar a proposição afirmativa segundo a qual a Lei Complementar 24/75, ao disciplinar a matéria das isenções e outros quaisquer incentivos ou benefícios, tomados com base no ICMS, consubstancia uma decorrência pronta e imediata do princípio da solidariedade nacional, da uniformidade, da eqüiponderância ou da harmonia que esse tributo deve manter em toda a extensão do território brasileiro. Corolário daquele princípio, o modo como a indigitada Lei regula o assunto permite ver que a implantação do imposto segue uma linha diretiva constante e determinada, assecuratória do modelo econômico proposto e obediente aos comandos normativos que lhe dão fundamento de validade. Como imaginar a organização de um tributo plurifásico, não incidente na forma de cascata, que se projetasse apenas sobre o valor aumentado (conceitos muito valiosos para a Economia), sem uma forma jurídica que garantisse tais mecanismos? O processo hermenêutico que nos conduz ao sentido e alcance do conteúdo da Lei Complementar 24/75 está atrelado a toda essa gama de considerações, levando o estudioso a percorrer os quadrantes do sistema positivo, sopesando valores, promovendo associações e tentando compor o arranjo normativo na estrita conformidade dos vetores axiológicos que logrou extrair.

Quanto se expôs, até aqui, já é suficiente para assegurar que a interpretação do art. 155, § 2º, XII, *g*, da CF, como um comando que visa à harmonização política entre os Estados-membros, para evitar a "guerra tributária", se afigura extremamente redutora. Por sem dúvida que também desempenha esse mister, sendo esse um dos efeitos para os quais foi concebido. Outro, que me parece o principal, é establecer um ICMS uniforme e homogêneo em todo o território nacional.

Com efeito, no *caput* do art. 1º o legislador se refere a isenções, mas no parágrafo único arrola outras cinco situações em que os Estados e o Distrito Federal deverão firmar convênios: redução da base de cálculo (I); devolução total ou parcial, direta ou indireta, condicionada ou não, do tributo, ao contribuinte, a responsável ou a terceiros (II); concessão de créditos presumidos (III); quaisquer outros incentivos ou favores fiscais ou financeiros-fiscais, concedidos com base no ICMS, dos quais resulte redução ou eliminação, direta ou indireta, do respectivo ônus (IV); e prorrogações e extensões das isenções vigentes na data da Lei (V).

É bem de ver que o referido Diploma dá um passo importante no sentido de promover a implantação jurídica do imposto, acentuando, marcando, assinalando, com muita determinação, sua índole nacional. Os acontecimentos factuais relacionados se agrupam numa única direção, representada pela comunhão de interesses das entidades políticas que participam do acordo multilateral de vontades, enquanto o legislador mostra, à evidência, que não quis deixar escapar qualquer possibilidade infringente da diretriz fundamental, procurando fechar todas as brechas que anteviram perigosas. Sua disposição está fixada, claramente, na linguagem do art. 1º e seu parágrafo único, reiterando o objetivo ao exigir unanimidade para a concessão de benefícios (art. 2º, § 2º da mesma Lei).

De evidência que a mensagem prescritiva não é perfeita, deixando lacunas que vão sendo descobertas numa análise mais atenta do observador interessado e paciente. Sabemos, ainda mais, dos percalços que acompanham a atividade legislativa, tendo em vista a necessária heterogeneidade cultural, social, econômica, religiosa, moral etc. dos parlamentos que se queiram representativos. Impõe-se esclarecer, entretanto, que o produto legislado não opera com exceções a uma regra geral, de tal arte que sua interpretação devesse ser restritiva. Trabalhou o legislador complementar com uma classe infinita de eventos, entre os quais salientou os que lhe acudiram à mente. Mas a providência que estipula há de aplicar-se a todas as ocorrências contidas no conjunto, instalando-se, assim, decididamente, o timbre jurídico da *solidariedade nacional*, sem o que a percussão do gravame não se daria consoante o modelo concebido. De nada valem, portanto, as construções de ilustres juristas que, num esforço retórico, procuram demonstrar o esboço de favores que não se qualificam como fiscais ou incentivos que não têm o sainete próprio dos financeiros-fiscais. Não é esse o problema. A comunicação normativa se estabelece para dizer, peremptoriamente, que tudo quanto possa interferir no *quantum* devido a título de ICMS, a configuração que tiver, se apresentar efeitos redutores, ficará sujeito à dinâmica dos convênios. Sucede que o político que legisla, criando normas gerais e abstratas, lida com palavras e todas elas são vagas, além de potencialmente ambígüas, o que impede uma manifestação abrangente, completa, livre daquelas manobras persuasivas que o advogado tão bem domina. A linguagem do legislador jamais será um discurso unívoco, com símbolos que tenham uma e somente uma significação. Isso é apanágio das linguagens formalizadas e a do Direito Positivo dista de apresentar-se como tal. Resta a compreensão, ato gnosiológico inerente ao conhecimento dos objetos culturais, de que faz parte o fenômeno jurídico. Daí termos insistido tanto com as noções que introduziram estes pensamentos, não simplesmente com base teórica para o desenvolvimento do estudo, porém na condição de processo inafastável de obter-se proximidade com o objeto. Sobre o assunto, nunca é demais recordar a posição de Pontes de Miranda: "Não há diferença entre teoria e prática. Aquilo que existe é o conhecimento do objeto: ou se conhece o objeto ou não se conhece o objeto". Ou a lição magistral de Lourival Vilanova: "o jurista é o ponto de intersecção entre a teoria e a prática; entre a Ciência e a experiência".

4. Respostas aos quesitos formulados

Para facilitar a compreensão das respostas aos vários quesitos, permito-me repetir cada um, antes das elucidações correspondentes.

1. Queira V. Exa. esclarecer em que consiste o sistema Fundap, criado pelo Estado do Espírito Santo e quais os benefícios fiscais a que faz jus importador que realize importações realizadas pelo Porto de Santos, desde que sejam destinadas simbolicamente a um estabelecimento no Estado do Espírito Santo, mas que, na realidade, vão diretamente para um estabelecimento de empresa em São Paulo?

Resposta: O Fundo para o Desenvolvimento das Atividades Portuárias (Fundap), criado pela Lei estadual (ES) 2.508/70, tem seus recursos destinados a promover o incremento das importações e das exportações por intermédio do Porto de Vitória (ES). Como fundo de financiamento, sua gestão financeira foi atribuída ao Banco de Desenvolvimento do Estado do Espírito Santo (Bandes), conforme disposição do art. 3º daquele Estatuto, credenciado para financiar programas e projetos dirigidos à promoção do aumento do nível quantitativo e qualitativo das atividades desenvolvidas no âmbito do Estado. O sistema financia valores que poderão ir a até 10% da parcela do custo da operação de importação ou de exportação pelo Porto de Vitória, com prazo máximo de amortização previsto para 20 anos, sendo 5 o período de carência. Nesse intervalo, os juros serão de 3% ao ano e, no tempo da amortização, de 6%, sem correção monetária. Do montante financiado, metade há de destinar-se ao financiamento de projetos industriais, de pesca, turismo ou agropecuários, dentro dos limites geográficos do Estado.

A sistemática instituída para a atuação do Fundap verte-se para o apoio e estímulo da iniciativa privada, tomando o Porto de Vitória como índice de referência. As peculiaridades da natureza jurídica dos fundos estruturam-nos como dinamismos aptos para esse fim, onde se procura implantar valores de política econômica regional. Ao mesmo tempo, outorgando ao Bandes a gestão financeira do Fundo, o Estado do Espírito Santo deu forma e conteúdo operacional ao sistem, enquanto organização jurídica e econômico-financeira apta para a realização dos fins propostos.

Seguindo as linhas diretoras com que foi planejado, o Fundap vem cumprindo sua trajetória, levando estímulo ao setor privado, com os favores, incentivos e benefícios que seu estatuto jurídico prevê. E convém assinalar que as condições de financiamento com que opera permitem situações altamente favoráveis aos contribuintes do ICMS, porquanto o prazo de amortização é longo e, antes dele, há prazo de carência. De outra parte, os juros são baixíssimos e os valores não são corrigidos monetariamente. Ora, num país que sofre há longos anos o processo corrosivo de uma inflação elevada e persistente, tais concessões tornam qualquer negócio lucrativo, representando uma ajuda considerável e expressiva por parte do Poder Público.

Visto com olhos mais atentos, o Fundo foi instituído e se mantém voltado para operações sujeitas ao ICMS (ICM, até a Constituição de 1988), o que há de ter o seu significado. Por que as operações do Fundap não alcançam qualquer importação ou exportação que se dê pelo Porto de Vitória, mas tão-somente aquelas realizadas por contribuintes do ICMS? As normas jurídicas que compuseram o Fundo assim prescreveram e a quem pretender interpretá-lo juridicamente cabe analisar essa escolha, buscando saber a razão pela qual, do universo de possíveis destinatários, foi escolhida a subclasse desses sujeitos passivos de obrigações tributárias.

Creio que apenas uma explicação satisfaz: o Estado do Espírito Santo deliberou incentivar os contribuintes do seu ICMS, ao menos no que tange às operações de importação e de exportação, outorgando-lhes tratamento privilegiado.

Não discuto as boas intenções das autoridades daquele Estado, reconhecendo que, em princípio, toda ajuda a porções sadias da economia regional deve ser aplaudida. Vejo, tão-somente, que o campo material eleito para a realização desse fim tem especificidades jurídicas que tornam problemática sua escolha. O plexo normativo do ICMS não é imutável, sendo passível de alterações em múltiplos sentidos. Contudo, aquilo que se pretende asseverar é o feitio delicado que o tributo ostenta, enquanto organização jurídica, tornando difíceis modificações sumárias, transformações apressadas, variações irrefletidas que, em atropelo, descumpram os paradigmas constitucionais.

A legislação aprovada pelo Estado do Espírito Santo, ao circunscrever o domínio dos seus destinatários aos contribuintes do ICMS, timbrou os incentivos e favores com o qualificativo de "fiscais". São prerrogativas exclusivas de quem pratique operações sujeitas àquele imposto. Ninguém mais poderá reivindicá-las.

Sobre a segunda parte da pergunta, cumpre dizer que, na evolução normativa do sistema Fundap, tornaram-se possíveis operações de importação realizadas pelo Porto de Santos, desde que as mercadorias importadas fossem destinadas, simbolicamente, a um estabelecimento no Espírito Santo, a despeito de terem como destinação real empresa situada no Estado de São Paulo. Obviamente, é uma aberração que o entrelaçamento das regras do sistema foi gradativamente propiciando. Abre espaço a enorme evasão de tributos para o Estado de São Paulo, uma vez que os benefícios são da empresa capixaba, cabendo ao estabelecimento paulista o "direito" de desfrutar o prazo dilargado.

2. Os benefícios fiscais decorrentes do Fundap, especialmente a ampliação do prazo de pagamento em até sessenta dias após o mês em que tenha sido realizada a importação, e que tenha saído, real ou simbolicamente, de um estabelecimento no Estado do Espírito Santo, estão previstos na Lei Complementar 24/75 como sendo aqueles que dependam, para sua criação, da anuência dos demais Estados, pela via do Convênio?

Resposta: Os benefícios decorrentes do sistema Fundap interferem, concretamente, no conteúdo patrimonial da obrigação tributária do ICMS. Com um financiamento tão longo, juros insignificantes e sem correção monetária, a parcela do imposto tomada como referência fica literalmente pulverizada. Impõe-se que tais medidas sejam aprovadas por convênio, na forma da Lei Complementar que rege o assunto. Acontece que o quadro se agravou, quando o governo capixaba ampliou o prazo de recolhimento do ICMS, nas operações de importação, fixando-o em 60 (sessenta) dias fora o mês em que ocorreu o fato jurídico tributário representado pela saída, real ou simbólica, de um estabelecimento situado no Estado do Espírito Santo.

Se em algum instante houve dúvida a respeito do procedimento político daquele Estado, com relação ao sistema Fundap, tudo agora fica mais claro. Sem discutir as boas intenções da pessoa política e a sadia determinação de proteger as forças vivas de sua economia, fomentando o desenvolvimento e o progresso nos limites de seu território, aquilo que convoca a nossa atenção é o modo abrupto, a forma sumária e processo radical com que preceitos constitucionais da mais elevada relevância são singelamente ignorados ou, em atropelo, transgredidos pela dinâmica normativa do aludido sistema.

Até o presente momento, o Estado vizinho foi expedindo regras jurídicas, assim pelo Legislativo que pelo Executivo, voltado unicamente aos interesses que lhe são próprios, como se um punhado de valores sequer existissem no Texto Supremo. Nesse processo de positivação de normas não se vê qualquer reverência às diretrizes básicas relativas ao ICMS, como não se encontra, também, o cuidado que há de estar presente quando se trata do princípio federativo e, por corolário, dos delicados contornos da autonomia dos Estados e do Distrito Federal. Se meditarmos um pouco a respeito do procedimento adotado por aquele Estado podemos notar que, desde a criação do Fundap, estabeleceu-se um regime diferenciado para alguns contribuintes do ICMS, tudo em detrimento do paradigma vigente. E a alteração do prazo para pagamento do tributo é mais um passo que confirma essa tendência.

Tenho para mim que o deslocamento do termo final para a extinção da dívida tributária, pelo pagamento, oferece a possibilidade de dois argumentos importantes: *a*) antes de mais nada confirma o caráter fiscal dos incentivos da Lei estadual 2.508/70; e, além disso, *b*) viola o prescrito no inciso IV, do parágrafo único, do art. 1º, da Lei Complementar 24/75, que é um desdobramento do princípio do caráter nacional que o ICMS deve ter (e manter!).

Expliquemos, rapidamente, o conteúdo dessas duas conclusões.

Quanto à primeira (*a*), vínhamos sustentando que a circunscrição da área de incidência das operações contempladas com os benefícios do sistema Fundap, apenas àquelas submetidas ao ICMS, só por si já imprimia natureza jurídico-fiscal aos incentivos e favores instituídos. Pois bem, com o expediente de ampliar o período de pagamento do imposto, as autoridades governamentais mexeram diretamente no ônus do gravame incidente naquela classe de operações. Até então o caminho das manipulações normativas era indireto, mediato, concedendo-se financiamentos com juros muito baixos, sem correção monetária e a prazo longo. Aqui, já se toca na própria obrigação tributária e, aumentando o intervalo para a prestação do dever, se reduz drasticamente o *quantum debeatur*. Atente-se que os dois campos de manobra estão canalizados, exclusivamente, para um conjunto de operações caracterizadas por estarem sujeitas à incidência do ICMS. Isto me parece o bastante para cunhar os benefícios com o qualificativo de "fiscais".

Quanto à segunda (*b*), a simples leitura do inciso IV, do parágrafo único, do art. 1º da Lei 24/75, denuncia a flagrante transgressão. Senão, vejamos:

"Art. 1º. As isenções do imposto sobre operações relativas à circulação de mercadorias serão concedidas ou revogadas nos termos de convênios celebrados e ratificados pelos Estados e pelo Distrito Federal, segundo esta Lei.

"Parágrafo único. O disposto neste artigo também se aplica:

(...)

"IV — A quaisquer outros incentivos ou favores fiscais ou financeiros-fiscais, concedidos com base no imposto de circulação de mercadorias, dos quais resulte redução ou eliminação, direta ou indireta, do respectivo ônus".

O instituto da isenção é por demais conhecido. A doutrina jurídica demorou para compreender-lhe o perfil, mas hoje em dia os ânimos estão quase pacificados. Não se postula mais a condição de dispensa do pagamento devido, enquanto a corrente contrária que reivindicava tratar-se de hipótese de não incidência legalmente qualificada, percebendo que incorrera no mesmo engano que a primeira, foi também esmorecendo. E, de fato, ambas tropeçam no mesmo obstáculo: não há velocidade no campo das incidências, de modo que nem a regra de tributação chega primeiro (posição tradicional), nem a de isenção se antecipa para proteger o fato contra percussão ulterior (a norma de isenção incide para que a de tributação não possa incidir).

Advogamos a tese segundo a qual o acontecimento das isenções é fenômeno que se processa no plano exclusivamente normativo. Guardando a sua autonomia, a regra de isenção investe contra um ou mais dos critérios da norma padrão de incidência, mutilando-os parcialmente. O que o preceito de isenção faz é subtrair parcela do campo de abrangência do critério do antecedente ou do conseqüente, impedindo, com isso, a propagação dos efeitos da norma de tributação. Vejamos um modelo: estão isentos do imposto sobre a renda e proventos de qualquer natureza os rendimentos do trabalho assalariado dos servidores diplomáticos de governos estrangeiros. É fácil notar que a norma jurídica de isenção do IR (pessoa física) vai de encontro à regra-matriz de incidência daquele imposto, alcançando-lhe o critério pessoal do conseqüente, no ponto exato do sujeito passivo. Mas não o exclui totalmente, subtraindo apenas, no domínio dos possíveis sujeitos passivos, o subdomínio dos servidores diplomáticos de governos estrangeiros, e mesmo assim quanto aos rendimentos do trabalho assalariado. Houve uma diminuição do universo dos sujeitos passivos, que ficou desfalcado de uma pequena subclasse.

Consoante entendimento que adotamos, a regra de isenção pode inibir a funcionalidade da regra-matriz tributária, comprometendo-a para certos casos, de oito maneiras distintas: quatro pela hipótese e quatro pelo conseqüente.

Dentro daquilo que muitos chamam de quadro genérico das exonerações tributárias, porém, há outras figuras, todas provocando o mesmo resultado econômico: redução dos valores devidos a título de tributo.

Com efeito, a formulação prescritiva do art. 1º da Lei Complementar 24/75, ao lado das isenções, refere-se também a incentivos ou favores fiscais ou financeiros-fiscais, subordinando-os igualmente à força vinculante do convênio.

De outra parte, é um dado da realidade social brasileira que a inflação existe entre certos patamares, assumindo proporções preocupantes. Essa afirmação, que até o presente não experimentou contestações, não pertence apenas ao discurso do economista, do sociólogo ou do cientista político. É também uma situação juridicizada pelo Direito, na medida em que muitas e muitas regras jurídicas a contemplam, quer no antecedente, como no conseqüente, tomando-a entre os fatores que interferem na disciplina das condutas intersubjetivas. Desse modo, a inflação é um estado-de-fato amplamente tipificado pelo Direito Positivo brasileiro, que se dá o mister até de mensurá-lo, dia-a-dia, mês a mês, ano a ano, para avaliar os casos concretos, aplicando seus índices. A própria instituição da correção monetária, como entidade jurídica, tem como pressuposto um processo iterativo de corrosão da moeda, a que chamamos de inflação. E no campo da atividade de gestão tributária não há exemplo de gravame que não seja cobrado com observância estrita dos padrões que corrigem o valor da prestação pecuniária, objeto da obrigação.

Ora, se assim é, o mais leve deslocamento do átimo previsto para vencimento da dívida representa alteração do *quantum* devido. Se o prazo for reduzido, aumenta-se o débito; na hipótese de ser ampliado, diminui-se o valor da quantia devida. Não há por onde escapar.

É da tradição do nosso Direito que alterações na regra-matriz de incidência subordinem-se ao princípio da estrita legalidade, pois tocam no próprio fenômeno da percussão tributária. Por esse modo, não faria senso admitir que manipulação tão incisiva e com efeitos tão drásticos sobre o valor da dívida estivesse à margem desse controle de natureza jurídico-constitucional, verdadeira garantia conquistada pelos povos civilizados. Todavia, em se tratando de modificações na regra-matriz de incidência do ICMS, entram em jogo outras medidas que a ordem vigente exige sejam observadas e, entre elas, para o fim de examinarmos, está a providência da celebração de convênios entre as pessoas tributantes.

3. Em caso positivo, V. Exa. poderia esclarecer se a fonte normativa de criação dos referidos benefícios e, especialmente da ampliação do prazo para pagamento do ICMS para as importações realizadas no sistema Fundap, é compatível com a via eleita pela citada lei complementar?

Resposta: Como tive a oportunidade de salientar, a fonte dos benefícios já mencionados, bem como o aumento do prazo de pagamento do imposto, hão de ser matérias de convênio. Não tem sido esse o procedimento do Estado do Espírito Santo, o que evidencia frontal desrespeito ao princípio da uniformidade nacional do ICMS, por violação de dispositivos expressos da Lei Complementar 24/75, que indica caminhos bem diferentes.

Além do mais, infringe o disposto no art. 152 da Constituição Federal, porquanto não há negar que assumindo essa postura a pessoa política de que falamos incorre no estabelecimento de diferença tributária entre bens e serviços, de qualquer natureza, em razão de sua procedência ou destino. A diferença se consubstancia no favorecimento de uns, em detrimento de outros.

3.1 As condições de financiamento pelo sistema Fundap, concedido às empresas contribuintes do ICMS, pelas suas peculiaridades (juros reduzidos, ausência de correção monetária, prazo de pagamento dilatado) consistem em verdadeira devolução total ou parcial, direta ou indireta, condicionada ou não, do tributo ao contribuinte, adequando-se à hipótese do art. 1º, parágrafo único, II, da Lei Complementar 24/75?

Resposta: Penso que sim. Reflitamos: que significa, hoje, um empréstimo com tempo de amortização previsto para 20 (vinte) anos, mais 5 (cinco) de carência, juros insignificantes e sem correção monetária? Em termos reais, uma devolução. Se o ponto de referência é, entre outros, o de ser contribuinte do ICMS do Espírito Santo, então estaremos diante de devolução parcial desse tributo.

Quem se detiver para analisar a mensagem legislada, sem outros interesses que não seja extrair o conteúdo, sentido e alcance do comando normativo, certamente passará à margem daqueles argumentos segundo os quais está caracterizado um contrato de financiamento, em que o ônus é pequeno, mas existe, o prazo de pagamento é amplo, mas igualmente compõe as condições da avença, tudo para concluir que não se caracterizaria a singela devolução. A boa exegese do texto, porém, nos leva para outra direção; seus vetores indicam outra sorte de efeitos; sua teleologia aponta para algo bem diverso: são expedientes que se armam para possibilitar uma *devolução de fato*, revestida de discreta roupagem jurídica. Não é preciso muita boa vontade para perceber que o objetivo do inciso IV, parágrafo único, do art. 1º da indigitada Lei Complementar, foi o de fechar todas as portas, no que concerne a concessões dessa natureza, único meio de preservar o decantado princípio da solidariedade nacional que identifica juridicamente o imposto.

3.2 O financiamento concedido pelo sistema Fundap, no que toca ao pagamento do ICMS, pode ser considerado também um incentivo ou favor financeiro-fiscal, do qual resulta redução ou eliminação, direta ou indireta, do respectivo ônus, incidindo na hipótese do art. 1º, parágrafo único, IV, da Lei Complementar 24/75?

Resposta: Perfeitamente. Da forma como foi instituído, o financiamento assume as dimensões jurídicas de um incentivo ou favor financeiro-fiscal. Alías, quanto a qualificá-lo como incentivo ou favor financeiro, seus próprios defensores o admitem, mesmo porque o sistema foi criado exatamente para estimular, favorecer, incentivar. Rejeitam, contudo, classificá-lo como fiscal, sabedores das graves implicações que o adjetivo acarretaria.

Seja como for, está configurada a natureza fiscal desse financiamento pela circunstância de que seus únicos e exclusivos destinatários foram recolhidos no universo de contribuintes do ICMS. A razão é suficiente para que lhe outorguemos o atributo.

***4.** A Lei Complementar 24/75 foi recepcionada pelo art. 155, inciso XII, alínea "g", da Constituição Federal de 1988? Qual é o objetivo da norma constitucional, ao cometer à lei complementar a função de regular a forma pela qual os Estados e Distrito Federal, mediante deliberação, concederão e revogarão incentivos e benefícios fiscais?*

Resposta: O advento de nova ordem jurídica suscita sempre considerações em torno do chamado "princípio da recepção", decorrência da racionalidade ínsita a todo o sistema de linguagem normativa. Instaurada a novel organização, seria absurdo reescrever o direito pretérito que com ela não fosse incompatível. Daí a absorção de todos os preceitos da ordenação anterior que possam encaixar-se no conjunto atual. Nem sempre é fácil, porém, demonstrar que determinada regra do Direito revogado pode ser acolhida pela orientação do novo sistema. É quando se multiplicam os recursos retóricos, no empenho de que se dê o convencimento desejado.

Com a Lei Complementar 24/75, entretanto, isso não ocorre. Em manifestação explícita, o constituinte de 1988 a ela se referiu, prescrevendo-a como fundamento de validade para as legislações dos Estados e do Distrito Federal, no campo próprio de seu conteúdo material. Eis a fórmula prescritiva do § 8º, do art. 34, do Ato das Disposições Transitórias:

"Se, no prazo de sessenta dias contados da promulgação da Constituição, não for editada a lei complementar necessária à instituição do imposto de que trata o art. 155, I, *b*, os Estados e o Distrito Federal, mediante convênio celebrado nos termos da Lei Complementar 24, de 7 de janeiro de 1975, fixarão normas para regular provisoriamente a matéria."

A alusão exprime inequívoca conciliabilidade.

Quanto à outra questão que a pergunta encerra, já tive o ensejo de consignar, linhas acima, que o objetivo da norma constitucional é assegurar o caráter uniforme do ICMS, em todo o território brasileiro. Esse perfil de homogeneidade, de eqüiponderância, de solidariedade nacional, traço peculiar da exação, certamente não seria obtido, caso as unidades federadas e o Distrito Federal pudessem dispor livremente sobre hipóteses de isenção, incentivos, benefícios ou outras exonerações. O constituinte de 1988 amarrou de tal modo a regra-matriz de incidência desse tributo, que não pode ser mexida unilateralmente pelos titulares de sua competência, os quais haverão de curvar-se aos termos estritos da legislação complementar.

5. Na hipótese de ter sido a Lei Complementar 24/75 recepcionada pela CF/88 e atendendo ela função outorgada pela Constituição de 1988, poderia V. Exa. esclarecer se a mesma é auto-aplicável, podendo, independentemente de qualquer norma jurídica inferior, regular as relações jurídico-tributárias decorrentes do comércio de mercadorias entre estabelecimentos sediados nos diversos Estados da Federação?

Resposta: A Lei Complementar de que tratamos, não só é auto-aplicável, na condição de diploma recepcionado pela ordem jurídica em vigor, como sempre o foi, desde seu advento, sob o pálio da Constituição de 1967. Ser auto-aplicável quer significar ser bastante-em-si para irradiar os efeitos que lhe são imanentes, isto é, acontecidos os pressupostos de fato previstos nos antecedentes normativos, as conseqüências jurídicas se propagarão, automática e infalivelmente (Becker), entre dois ou mais sujeitos de direito.

A temática da auto-aplicabilidade merece algumas reflexões, uma vez que aquele "bastante-em-si" não quer expressar que a norma geral e abstrata auto-aplicável prescinda de outras regras inferiores para chegar ao campo material da conduta. Aliás, não há norma geral e abstrata que toque diretamente o campo dos comportamentos interpessoais, requerendo sempre a intermediação de norma individual e concreta. Tão-somente estas últimas, na condição de preceitos terminais de cadeias normativas, projetam-se sobre a conduta mesma, regulando-a efetivamente e sem a necessidade de qualquer outra. Quando se emprega a locução "auto-aplicável" pretende-se exprimir a circunstância de uma norma que pode atingir suas finalidades disciplinadoras, sem que qualquer outra se faça necessárias para tal objetivo. As normas que adjudicam competência, por exemplo, realizam-se simplesmente com o "atribuir competência", ao passo que a outorga pressupõe a expedição de outras regras jurídicas. Dizemos, por isso, que aquelas primeiras são auto-aplicáveis, na medida em que, para o fim de conferir competência, não precisam da concorrência de qualquer outro preceito.

Sobre a Lei Complementar 24/75, veiculando normas gerais e abstratas, não necessita da expedição de outras regras de lei complementar ou de qualquer outro estatuto normativo para que alcance suas finalidades. A mencionada Lei visa a instrumentalizar os Estados e o Distrito Federal, no sentido de dar-lhes competência para, mediante normas gerais e abstratas ou individuais e concretas, realizarem as matérias sobre que dispõe. Sendo assim é auto-aplicável.

6. No comércio interestadual, o Estado que for prejudicado pelo descumprimento das regras estabelecidas na Lei Complementar 24/75, pode dar aplicação, dentro de seu território, às sanções nela previstas? Estará ele, assim agindo, cometendo alguma violência contra o pacto federativo?

Resposta: Compete aos Estados e ao Distrito Federal, nos limites da autorização constitucional, produzir as normas do ICMS, criando a regra-padrão de incidência e todas as demais que a implantação do gravame requisitar. A instituição do imposto, como plexo de unidades normativas (Nomoestática), porém, não é suficiente para realizar os desígnios da entidade que tributa. Sabemos que o imposto cumpre finalidades sócio-econômicas, devendo ser administrado. Desencadeia-se agora novo processo de positivação de normas, em que os sujeitos ativos da pretensão fiscal tratam de zelar pelos seus interesses, de controlar as situações tributadas, vigiando a conduta dos sujeitos passivos, tudo com vistas à arrecadação de seus créditos. Esse trabalho se implementa por via de atos administrativos, às vezes veiculadores de normas gerais e abstratas, mas, predominantemente, por intermédio de normas individuais e concretas. É o que se chama "administrar o tributo" (Nomodinâmica).

Reiteramos aqui a necessidade premente de que todas as pessoas políticas, titulares de competência com relação ao ICMS, mobilizem seus órgãos para tornar efetiva a planta fundamental desse imposto. Não se trata de mera autorização; não se cogita de singela faculdade, em que se permite a ação e a omissão: os Estados e o Distrito Federal estão compelidos a legislar, e do mesmo modo, no mesmo diapasão. Somente assim a tributação será uniforme em todo o território nacional. Mas essa proposição afirmativa é tão forte que se pode dizer, com a mesma naturalidade, que os destinatários desse poder legiferante não só estão obrigados a criar o imposto, quanto a produzir, incessantemente, as normas gerais e abstratas e individuais e concretas imprescindíveis à sua realização operacional. Daí a expressão "dever-poder", tão em voga entre os autores.

Sobre a locução, ainda que suscite a coima de pleonástica, porquanto a noção de "dever" supõe necessariamente a de "poder" (em linguagem formalizada: Op -> Pp), creio que semanticamente se justifica para ressaltar, de modo bem enfático, que a Administração não dispõe apenas do "poder" de fiscalizar, mas que, antes dele, tem o "dever" de promovê-lo.

E nessa linha de pensamento respondo, peremptoriamente, que o Estado, sentindo-se ou não prejudicado, no comércio interestadual, deve seguir produzindo as normas que entender cabíveis à boa administração do tributo. Quando perceber que as regras superiores estão sendo transgredidas ou simplesmente ameaçadas, cabe-lhe aplicar a legislação pertinente, preservando a ordem que ele mesmo instituiu, debaixo de valores constitucionais. Ora, as sanções do art. 8º., da Lei Complementar 24/75, lá estão para serem aplicadas. Entendeu o legislador complementar que tais cominações seriam adequadas para manter a integridade de seus desígnios, motivo pelo qual os entes tributantes devem fazê-las incidir, toda vez que se verificarem infrações. Esses argumentos me autorizam a concluir que não somente podem ser aplicados pelos Estados, como estes deverão realizá-los, com o intento de preservar a organização uniforme desse tributo. Tenho para mim que o procedimento omissivo, estando bem caracterizada a transgressão, implicaria até ofensa ao princípio da indisponibilidade do interesse público, provocando sérias lesões ao erário.

E na mesma direção o asserto: violência contra o pacto federativo seria cometida se o Estado, sentindo-se prejudicado no comércio interestadual e tendo à sua disposição aqueles preceitos sancionatórios, deles não se servisse, mantendo-se inerte. Comportamento dessa natureza provocaria um desequilíbrio na relação entre as unidades federadas, com sérios detrimentos para o pacto federativo. Sobremais, não fora aos Estados e ao Distrito Federal, a quem seria cometido o poder jurídico de fazer incidir as normas secundárias estabelecidas naquela Lei Complementar? Excluímos, desde logo, os Municípios; a União tem poderes apenas para legislar sobre a matéria, não dispondo de competência administrativa. Remanescem os Estados e o Distrito Federal, nos limites em que as respectivas legislações têm eficácia.

É o meu parecer.

São Paulo, 11 de abril de 1994

ISS: SERVIÇOS DE DESPACHOS ADUANEIROS — MOMENTO DE OCORRÊNCIA DO FATO IMPONÍVEL — LOCAL DA PRESTAÇÃO — BASE DE CÁLCULO — ARBITRAMENTO

AIRES BARRETO

I — Premissas necessárias. 1. Conceito de serviço. 2. Serviço tributável pelo Município. 3. Atividades-meio. 4. Hipótese de incidência do ISS. 4.1. Aspecto material. 4.2. Aspecto pessoal. 4.3. Aspecto temporal. 4.4. Aspecto espacial. 5. Fato imponível: correspondência com a hipótese de incidência (h.i.) 6. Serviços de despachos aduaneiros. *II — O caso concreto*. 1. Momento da prestação. 2. Local da prestação. 3. Estabelecimento prestador é o de Santos. *III — Arbitramento. IV — Respostas aos quesitos.*

Consulta

A consulta — formulada pelo Doutor Alexandre Shammass Neto — no interesse de empresa sua cliente, versa tema pertinente ao Imposto sobre Serviços de qualquer natureza — ISS, a seguir sumariado.

A consulente — pessoa jurídica com estabelecimento na cidade de Santos, com filiais em outras localidades, inclusive no Município de São Paulo — dedica-se à prestação de serviços de despachos aduaneiros.

Em março de 1988, o principal estabelecimento da consulente, localizado na cidade de Santos, foi visitado por Inspetor Fiscal do Município de São Paulo, que, posteriormente, contra ela veio a lavrar diversos Autos de Infração, sob a alegação de que:

"Grande parte da receita de serviços atribuída à matriz é constituída de pedidos tomados de usuários estabelecidos neste Município (de São Paulo), de serviços que, são iniciados e/ou terminados aqui, sendo tais receitas apropriadas, para todos os efeitos, inclusive fiscais como rendas daquele estabelecimento."

Para embasar a autuação, na Ficha de Ocorrência Fiscal 10.385.754, de 25 de março de 1988, o agente fiscal alega, ainda, que:

"Os valores correspondentes à situação como acima, eqüivalem a 80% das receitas de serviços do estabelecimento de Santos, como reconhecido por seus responsáveis e confirmado por pequena amostragem por mim efetuada. Daí se originam os valores de ISS a recolher indicados nos campos 8 e 11 desta FOF."

Os serviços a que se refere o Inspetor Fiscal são os de desembaraço aduaneiro de mercadorias *junto ao porto de Santos*, Município ao qual foi recolhido o respectivo ISS.

Com base nesses fatos, solicita a consulente o nosso parecer e resposta aos seguintes quesitos:

1. Sabendo-se que a consulente possui, entre outros, um estabelecimento no Município de Santos e outro no Município de São Paulo, *qual deles é competente* para tributar os serviços de despachos aduaneiros executados na cidade de Santos, considerando que, em alguns casos, os clientes que contratam tais serviços estão estabelecidos na cidade de São Paulo?

2. No caso em tela, em que *momento* se reputa ocorrido o fato gerador do ISS?

3. O preço do serviço, *base de cálculo* do imposto, pressupõe a inclusão de pagamentos efetuados por conta do cliente a serem por ele ressarcidos ou somente a *comissão ou honorários* recebidos em razão do exercício da atividade profissional de despachante aduaneiro?

4. É lícito ao agente fiscal *arbitrar* preço dos serviços — considerando um percentual da receita proveniente da prestação de serviços havida no Município de Santos para considerá-la tributável pelo Município de São Paulo — se este (preço dos serviços) é extraível, com exatidão, dos registros nos *livros fiscais* que foram postos à sua disposição?

Sobre essas questões é o seguinte

Parecer

I — Premissas necessárias

1. Conceito de serviço

Serviço é o desempenho de qualquer esforço humano, objetivando proporcionar a outrem, sob regime de direito privado, um proveito, utilidade ou comodidade, ou a satisfação de necessidade. É, pois, a produção de uma utilidade (material ou imaterial, não importa) para terceiro, mediante contrato de direito privado.

Tal é o amplo conceito geral de serviço. Assim se deve entender suposto pelo legislador constituinte. Não se pode olvidar, todavia, que o conceito de serviço tributável constitucionalmente pressuposto está balizado não só pelos princípios do sistema, como pelos demais conceitos denotadores dos campos de competências tributárias lindeiros.

Dos princípios do sistema constitucional, que norteiam o legislador, o da igualdade é o mais importante. A lei deve ser uma afirmação da isonomia e esta, em matéria tributária, traduz-se na capacidade contributiva. Os impostos são iguais, se informados pelo princípio da capacidade contributiva. Logo, suas exigências devem ser atendidas pela própria definição do imposto. Isto é exigido clara e peremptoriamente pela Constituição de 1988 e é realizado, no plano normativo, pelo Código Tributário Nacional e pela legislação ordinária federal, estadual ou municipal. Nos raros casos em que a lei não satisfaz esse postulado, o Judiciário, principalmente o STF, fulmina-a de inconstitucionalidade.

Daí a redução da amplitude da definição geral, quando traduzida em termos constitucionais: é que esta deve ser conformada às exigências da isonomia (art. 5º, *caput* e I), traduzida em capacidade contributiva (art. 145, § 1º e 150, II). Daí que o conceito de *serviço tributável*, constitucionalmente posto, seja menos amplo que o conceito comum de serviço.

A observância do princípio da capacidade contributiva impõe, desde logo, a presença de conteúdo econômico, para que se cogite de prestação de serviço; isto é, esta há de ser passível de mensuração ou medição. Há de ter uma significação quantitativa, apreciável, mensurável (Amílcar Falcão, Aliomar Baleeiro).

Há de visar, ainda, a uma contrapartida, compensação ou remuneração. As prestações graciosas, altruísticas ou caritativas, escapam do conceito, exatamente pela ausência de conteúdo econômico, ou de sua apreensibilidade.

Essa é sua conotação. Quanto à sua denotação, o legislador municipal a deduz, por exclusão dos demais campos de competência tributária constitucionalmente fixados (arts. 153, 155 e 156).

É serviço, assim, o desempenho desse esforço humano, sempre que não configure operação mercantil, industrialização, operação financeira ou outras atividades qualificadas constitucionalmente como demarcadoras do campo material de competência da União ou dos Estados (arts. 153 e 155).

2. *Serviço tributável pelo Município*

À vista do Texto Constitucional, pode-se definir serviço tributável como "o desempenho de atividade economicamente apreciável, produtiva de utilidade para outrem, porém sem subordinação, sob regime de direito privado, com fito de remuneração, não compreendido na competência de outra esfera de governo".

a) Desempenho de atividade — Trata-se de um comportamento humano; do desenvolvimento de um esforço pessoal num ato ou conjunto de atos. Sem atividade humana, não se pode cogitar de serviço.

b) Economicamente apreciável — De alguma forma, a atividade configuradora do serviço tributável há de ser apreciável economicamente. Deve ter um conteúdo ou significação econômica. Se se tratar de uma atividade sem valor, sem nenhum conteúdo econômico, sem nenhuma expressão mensurável, embora corresponda ao conceito de serviço, não será serviço tributável.

c) Produtiva de utilidade — O resultado ou objeto da atividade é útil e, por isso, desejável, querido pelo destinatário. O comportamento do prestador tende a suprir ou preencher uma carência, deficiência, lacuna ou falta, sentida pelo destinatário. O comportamento vem produzir a utilidade carente. Tal utilidade pode ser material ou não. A circunstância do resultado do comportamento ser material ou imaterial é irrelevante. O que importa é ter sido obtido como fruto do esforço humano de alguém.

d) Para outrem — O tomador do serviço é sujeito essencial à figura da prestação de serviços. Não se pode cogitar de prestação de serviços, onde não haja destinatário. Sempre que haja "prestação", alguém "prestará" a, outro. Um sujeito será prestador e outro será tomador ou destinatário. Para que se cogite de prestação de serviço, forçoso é que alguém seja o produtor e outrem o consumidor. Em suma: ninguém presta serviço "a si próprio".

e) Sem subordinação — Quando haja subordinação do prestador ao tomador do serviço, configura-se relação de emprego, contrato de trabalho (ou relação institucional de serviço público). Essa situação está excluída do conceito de serviço tributável, embora se integre no conceito amplo e genérico de serviço. A prestação do serviço tributável é só aquela objeto de contrato não trabalhista ou estatutário. Só quando o desempenho do prestador se faz em caráter autônomo, há prestação de serviço tributável.

f) Sob regime de direito privado — É evidente que se a prestação de um serviço se der sob regime de direito público, o próprio serviço passa a qualificarse como público, incidindo, pois, sob o regime da imunidade a impostos (art. 150, VI). Há de prevalecer o princípio da autonomia de vontade, com a conseqüente autonomia contratual: isto exclui da definição toda prestação de serviço público.

Deveras, o serviço há de ser objeto de um contrato a que livremente adiram prestador e tomador. A isonomia entre ambos, na relação contratual, é essencial à denotação do serviço tributável. Tenha-se presente, no entanto, que o ISS não incide sobre contratos, mas sobre fatos.

Cléber Giardino, com a argúcia que caracterizava suas elaborações doutrinárias, já assentara:

"Daí não ser possível incidência do tributo se, a despeito de formalizado 'contrato de serviços", não se produzem os correspondentes atos materiais expressivos da efetiva realização das prestações implicadas. Por isso, a par as notas substanciais do conceito de 'serviços' — v.g. atividade em regime privado, *in commercium*, com propósitos interessados e lucrativos, significativa de 'fazer' produtivo de utilidade material ou imaterial em benefício de terceiros (como excelentemente expostas por Geraldo Ataliba e Aires F. Barreto, "*Suplemento Tributário, LTR*, 19/81) segue-se ainda o *dado formal indispensável* consistente na concretização desses elementos abstratos num fato ou evento reconhecível como *o material e efetivo desenvolvimento do 'fazer' contratualmente ajustado*. Só assim ocorrerá fato imponível (ou fato gerador) do imposto sobre serviços" (Cleber Giardino, *ISS — Competência Municipal e o artigo 12 do Decreto-Lei n. 406*, Ed. Resenha Tributária, n. 32, 4º trim., SP, 1984, p. 726).

Em outras palavras, se há contrato, mas não há *efetiva prestação* de serviços, nenhum ISS é devido; não ocorreu o fato imponível consistente no "fazer" previsto na avença.

g) Com fito de remuneração — O serviço tributável é prestado com fito de obtenção de contrapartida equilibrada ou vantajosa, direta ou indireta. Seja atual ou futura, a remuneração é o móvel do prestador. É à sua vista que o prestador se dispõe à atividade em que o serviço se consubstancia.

Tal remuneração — que pode ser direta ou não — é o correspectivo do cunho econômico do próprio serviço prestado.

h) Não compreendido na competência de outra esfera de governo — O campo de incidência do ISS está balizado pela outorga, aos Estados, de competência para tributar certos serviços (os de transporte interestadual e intermunicipal e os de comunicação, previstos no art. 150, II, da Constituição de 1988, redação da EC 3/93).

3. *Atividades-meio*

Alvo de tributação é o esforço humano prestado a terceiros como *fim* ou *objeto*. Não as suas etapas, passos ou tarefas intermediárias, necessárias à obtenção do fim. Não a ação desenvolvida como requisito ou condição do *facere* (fato jurídico posto no núcleo da hipótese de incidência do tributo). As etapas, passos, processos, tarefas, obras, são feitas, promovidas, realizadas "para" o próprio prestador e não "para terceiros", ainda que estes indiretamente os aproveitem (já que, aproveitando-se do resultado final, beneficiam-se das condições que o tornaram possível).

Também não se pode tomar as partes pelo todo. Tanto mais tratando-se de serviços tributados pelo ISS, cuja hipótese de incidência refere, expressamente, gêneros de atividades econômicas constitutivas de serviços, perfeitamente discriminados em diferentes itens normativamente desdobrados. Deveras, as leis municipais, ao descreverem os serviços tributados pelo imposto, discriminam-nos, perfeitamente, em itens específicos. Desse modo, coíbem a indiferenciação; obrigam os órgãos fiscais a perquirirem a efetiva natureza do serviço prestado; impedem que atividades-meio sejam tomadas em conta, em lugar do serviço integralmente considerado.

Em conclusão: somente podem ser tomadas, para compreensão do ISS, as atividades entendidas como *fim*, correspondentes à prestação de um serviço integralmente considerado em cada item. Não se pode decompor um serviço — porque previsto, *em sua integridade*, no respectivo *item específico* da lista da lei municipal — nas várias ações-meio que o integram, para pretender tributá-las separadamente, isoladamente, como se cada uma delas correspondesse a um serviço autônomo, independente. Isso seria uma aberração jurídica, além de construir-se em desconsideração à hipótese de incidência da ISS.

4. *Hipótese de incidência do ISS*

A hipótese de incidência do ISS (art. 156, III) é a prestação de qualquer serviço — excluído o compreendido na competência tributária dos Estados (art. 155, II) — com conteúdo econômico, sob regime de direito privado.

4.1 Aspecto material

O núcleo da materialidade da hipótese de incidência do ISS expressa-se por um comportamento humano, sintetizado no binômio: verbo e respectivo complemento, no dizer de Paulo de Barros Carvalho (*Curso de Direito Tributário* , Saraiva, 2ª ed., 1986, pp. 142 e 143; também em "Natureza Jurídica do ISS", *RDT* 23, p. 151). A essência da hipótese de incidência do ISS não exaure sua compreensão no termo "serviço" isoladamente considerado, mas na atividade humana que dele decorre, vale dizer na "prestação de serviço".

Prestar serviço, por sua vez, indica, na técnica jurídica, *atividade em proveito alheio*. É que a prestação de atividade em benefício próprio não exterioriza riqueza, nem capacidade contributiva. E, como visto, a Constituição só arrolou arquétipos evidenciadores de riqueza. É incompatível com a estrutura sistêmica constitucional a tributação dessas categorias de eventos. Juridicamente, não há prestação de serviço em proveito próprio. Só é reconhecida como tal a prestação que tenha conteúdo econômico mensurável, o que só se pode dar quando o esforço seja produzido para outrem. Não há serviço para si mesmo: isto seria inaceitável *contradictio in terminis*. Ninguém se relaciona consigo mesmo.

É, na verdade, impossível pretender atribuir significação econômica a um trabalho para si mesmo. Daí o impor-se discernir "trabalho" de "serviços", para reconhecer que este é espécie daquele; que só este está compreendido na dicção constitucional demarcadora do campo material do ISS dentro do qual irá operar o legislador ordinário (art. 156, III).

As atividades caracterizadoras de serviço, juridicamente relevantes, comportam uma grande divisão entre prestação de serviço público e a prestação de serviço sob regime de direito privado.

O Texto Constitucional afasta do campo suscetível de criação de hipótese de incidência a prestação de serviço público (art. 150, VI). Daí o dizer-se, sinteticamente, ser a consistência do ISS a prestação de serviço, sob regime de direito privado.

Em resumo, sob a perspectiva jurídica — que é o que aqui importa — o aspecto material da hipótese de incidência do ISS é o comportamento humano (prestação de serviço) consistente em desenvolver um esforço visando a adimplir uma obrigação de fazer (= produzir o resultado contratado).

4.2 Aspecto pessoal

Salvo as exceções referidas no art. 147 da Constituição Federal, o ISS é tributo de competência exclusiva dos Municípios. Salvo lei municipal instituindo parafiscalidade, sujeito ativo é o Município.

Sujeitos passivos são os prestadores de serviço. É que só a prestação de serviço é tributável e não o seu consumo, a sua fruição, a sua utilização. Isto porque é essencial à hipótese o aspecto pessoal, no seu lado passivo. Toda vez que o legislador constituinte faz referência a um fato — ao distribuir competências tributárias — está fazendo referência à *pessoa* produtora do fato, ou de alguma maneira a ele ligada, por um tipo de conexão constitucionalmente qualificada para produzir não só o efeito de fazer nascer a obrigação tributária, como ainda o especial efeito de fazê-la nascer, tendo por sujeito passivo uma determinada categoria de pessoas (o destinatário constitucional tributário, a que se refere Cleber Giardino, aplicando magnífica e fecunda lição de Hector Villegas. Veja-se *RDT* 23, p. 136; também *RDT* 34, pp. 216-217).

A dicção constitucional considerada (art. 156, III,) não só requer o fato serviço como necessário, mas, igualmente — embora implicitamente — seu produtor: não supõe o fato com abstração de quem lhe dá origem. Pelo contrário, visa a indicar, claramente, ao legislador ordinário o *sujeito* passivo do tributo (que só pode ser *quem* produz o serviço, *quem* desempenha o esforço em que ele consiste).

Evidentemente, a prestação do serviço só é tributável porque o conteúdo econômico indica o prestador como o verdadeiro beneficiário da retribuição que, de alguma maneira, é o modo objetivo de mensuração desse mesmo conteúdo econômico.

4.3 Aspecto temporal

A lei tributária traz a indicação, explícita ou implícita, das circunstâncias de tempo, importantes para a configuração dos fatos imponíveis. No caso do ISS o fato tributário considera-se ocorrido no momento em que se perfaz a prestação do serviço.

Marçal Justen Filho lembra que a definição do aspecto temporal está umbilicalmente ligada à consistência do aspecto material: "Em essência, se o aspecto material é a prestação de serviço, o aspecto temporal só pode ser um único: o momento em que há prestação de serviço. Se é eleito, como critério temporal, um momento temporal diverso, o único resultado seria o de que a tributação não mais teria por hipótese, no aspecto material, a prestação de serviço, mas aquela situação que se verifica no momento localizado a partir do critério temporal" (Marçal Justen Filho, *O Imposto Sobre Serviços na Constituição*, Ed. RT, São Paulo, 1985, p. 138).

A precisa determinação do momento de ocorrência do fato imponível exige se observe se o serviço é de prestação fracionável ou não. No primeiro caso, o fato ocorrerá tão logo esteja completada uma das frações em que a prestação se dividir; no segundo caso só se poderá falar em ocorrência da prestação do serviço ao tempo de sua conclusão. Nunca antes.

4.4 Aspecto espacial

É sumamente importante a definição legal das circunstâncias de lugar, reputadas juridicamente relevantes, para efeitos de regular o surgimento das obrigações tributárias (v. Geraldo Ataliba, *Hipótese de Incidência Tributária*, 5ª ed., Malheiros Editores, 1994, pp. 93 e 94).

O aspecto espacial comporta duas vertentes. Uma, genérica, que se confunde com o próprio âmbito de validade da lei, que não pode ser ampliado por iniciativa do legislador municipal (embora possa ser reduzido). A segunda, específica, diz respeito ao compromisso que a lei estabelece entre o fato imponível e uma determinada circunstância de lugar.

No pertinente ao ISS vários problemas se colocam relativamente ao aspecto espacial. Os conflitos materiais, em geral, se dão com o Estado ou com a União.

Freqüentes são, todavia, os conflitos de lei no espaço, com outros Municípios. Nestes casos, despontam aqueles cuja solução está na própria repartição de competências tributárias constitucionalmente estabelecida.

Com amparo no art. 146 da Constituição, a legislação de natureza complementar (Decreto-lei 406/68) contém norma (art. 12), definindo o local em que deve ser considerado prestado o serviço. A regra do art. 12, do Decreto-lei 406/68, entende devido o ISS — exceto nos serviços de construção civil — no local do "estabelecimento prestador". A despeito do simplismo deformante do preceito, impõe-se dele extrair a possível eficácia, diante da Constituição.

4.4.1 Estabelecimento

Cumpre buscar o reconhecimento de "estabelecimento", para então discernir "estabelecimento prestador" dentre os inúmeros do gênero.

É cediço e incontroverso que estabelecimento é unidade econômica. Enquanto a empresa é a atividade organizadora, produtora de bens ou da prestação de serviços, o estabelecimento é o promotor das ações ou movimentos da empresa. "Estabelecimento" não é a empresa: é seu órgão. É um *locus* onde ela baseia sua ação.

Estabelecimento é o complexo de meios idôneos, materiais ou imateriais, pelos quais o prestador do serviço explora determinada atividade ou, na lição de Carvalho de Mendonça, "o organismo econômico aparelhado para o exercício desta" (*Tratado de Direito Comercial*, Rio, 1919, vol. V, p. 15).

4.4.2 Estabelecimento prestador

Estabelecimento *prestador*, por sua vez, é qualquer local em que, concretamente, se exercitem as funções de prestar serviços. O porte do estabelecimento, a dimensão dos poderes administrativos, a existência de subordinação, sendo elementos irrelevantes para a caracterização de estabelecimento, também o são para a tipificação de estabelecimento prestador.

Por isso, Pierre Broallier (*Les Succursales des Establissements Industriels et Commerciaux*, Lion, 1926, Imprimerie Express, pp. 11 e 15) ressalta que não deixam de ser estabelecimentos quaisquer unidades econômicas, sejam sucursais ou agências, pelo fato de ser *maior* ou *menor* a extensão dos poderes do diretor ou do administrador, sejam supridos ou autorizados pela sucursal, no caso de agência, ou da matriz, no caso de sucursais. A diferença — diz — é sutil. Estabelece-se quanto ao grau e não quanto à natureza.

Gaetano Scarpello (*Nuovo digesto Italiano*, Turim, 1940, vol. XII, parte primeira, p. 1.188) distingue o estabelecimento principal (sede ou matriz) dos demais (filiais, sucursais, agências), em razão de uma *única nota* distintiva inconfundível: a de operarem estes, em relação ao principal, sempre subordinadamente "recebendo ordens e diretrizes".

A representação, com poderes gerais, amplos, só existe nas matrizes ou sedes. Exatamente o traço tipificador das filiais, agências, sucursais, é terem poderes *parciais* de representação. Basta o tenham. O grau, a intensidade são irrelevantes.

Estabelecimento prestador é, pois, o local em que o serviço é prestado, independentemente do seu porte, grau de autonomia, ou qualificação específica.

4.4.3 Lugar do contrato: irrelevância

Não se confunda, porém, local da prestação com aquele em que são celebrados os contratos. O imposto é devido no local (Município) em que se dá a *prestação*; se ali há estabelecimento, mais fácil e visível fica a caracterização desse local como o de incidência. Em outras palavras, se o serviço é prestado no Município "A" e o prestador só tem estabelecimento no Município "B", o menos avisado poderia ter dúvidas quanto ao Município competente, diante da infeliz regra do art. 12, *a*, do Decreto-lei 406/68. Na hipótese, porém, em que o serviço é prestado no Município "A", e a prestação se dá mediante estabelecimento situado nesse mesmo Município "A", fica fortemente remarcado o local de incidência (Município "A").

Essa conclusão coincide com a exegese dos nossos Tribunais: O ISS, disse reiteradamente o Primeiro Tribunal de Alçada de São Paulo, "é sempre devido ao Município do local de sua prestação, *desde que* realizado por *estabeleciemento aí mantido*" (cf. Apelações cíveis 230.895, 231.935, 245.477 e 273.166, todas do Primeiro Tribunal de Alçada Civil de São Paulo).

5. Subsunção

Não cabe ISS pela simples celebração de avença, prevendo futura e eventual prestação de serviços. Nesse caso, não há subsunção. A obtenção da base calculada fica inibida, enquanto não se der a concreta realização do fato tido legalmente como critério material da hipótese de incidência tributária: "prestar serviço".

Essa impossibilidade de incidir o imposto, à míngua de subsunção, já foi objeto de julgado da Terceira Câmara do Primeiro Tribunal de Alçada Civil de São Paulo, que, à unanimidade, decidiu: "O imposto municipal sobre serviços de qualquer natureza somente incide quando da efetiva prestação das atividades constantes da lista anexa ao Decreto-lei Federal 406/68, com a redação do Decreto-lei 934/69, aludida no art. 8º Isto significa que, ao ser cumprida a obrigação de fazer consistente no serviço tributável, ocorre a imponibilidade. Nos assim denominados contratos de manutenção que a apelada celebra com sua clientela, tem-se ali alojada, em realidade, singular promessa de obrigação de fazer, condicionado o implemento desse "facere" a evento futuro e incerto, que até mesmo pode inocorrer. Em conseqüência, a simples assinatura da avença que põe na disponibilidade do contratante aderente o futuro e potencial atendimento (apenas na hipótese de quebra de eletrodoméstico), não se confunde com a efetiva prestação do serviço respectivo. Até aí não houve qualquer fruição de utilidade pelo referido contratante" (AC 380.230, 1º TAC-SP, 3ª Câm., Rel. Juiz Ricardo Credie, j. 9.11.87, Apte.: Prefeitura do Município de São Paulo; Apda.: Susa S/A, *JTACSP* 111/96).

Nesse caso, embora a descrição normativa seja integral, completa, sem lacunas, há falta de identidade, dada a insuficiência do fato observado, que se apresenta sem o revestimento integral dos critérios previstos em lei.

O nascimento de tributo condiciona-se à plena e cabal identificação do fato concretamente ocorrido ao conceito da norma. Se o fato não exibe os aspectos contemplados pela norma, ou se a norma tem aspectos que não compõem o fato, não se dá o fenômeno da subsunção. É dizer, não há "identidade" ente fato e norma. É como se confrontássemos um pentágono com um hexágono. Pouco importa se a descrição abstrata é de polígono de 5 lados e o fato comparado é de polígono de 6 lados, ou, inversamente, se foi descrito um polígono de 6 lados e a figura factual objeto do confronto é um polígono de 5 lados: nas duas situações não se pode exigir tributo, por faltar a plena e rigorosa identidade entre o fato e a descrição da lei.

A propósito dessa tema, já foi dito: "Não há fato imponível se e enquanto não se realizam completamente os quatro aspectos da hipótese de incidência (pessoal, material, espacial e temporal)" (Geraldo Ataliba, "IPI — Hipótese de Incidência", *Estudos e Pareceres de Direito Tributário*, vol. 1, Ed. RT, p. 6).

Não se configura nenhum fato imponível do ISS com a mera contratação; a celebração de contrato, por si só, não materializa o aspecto material "prestar serviços". Mera potencialidade de vir a ocorrer prestação de serviços não realiza o aspecto material "prestar serviços".

Se o local da contratação determinasse a competência do Município, o fisco deveria fazer, em cada caso, prova cabal de que as partes (prestador e tomador do serviço) estavam fisicamente no *local*, no momento do ato. Mas, certamente seriam intributáveis os contratos celebrados fora do território nacional (onde não há nenhum Município brasileiro), embora produzissem efeitos no território de algum Município.

O simples contrato não implica o fato *prestar serviço*. É mera previsão que pode ou não concretizar-se. Não é juridicamente possível tributar a contratação. Esta é potencialidade, não atualidade factual (para usar o vocabulário do notável Lourival Vilanova).

Advertência sobre essa impossibilidade já fora formulada por Souto Maior Borges: "...a *potencialidade* da prestação de serviços não é a rigor expressão passível de incluir-se no âmbito material da cláusula constitucional: "serviços de qualquer natureza" (*RDT* 38, p. 169).

E prossegue, ressaltando a contradição nos termos: "tanto a expressão "serviços potencialmente prestados", quanto a locução "prestação potencial de serviços" e outras que tais encobrem e ocultam, na sua dimensão semântica, a verdadeira face do fenômeno: nesses casos *não existe ainda nenhuma prestação de serviços*" (*RDT* 38, p. 169).

É dizer, celebração de contrato não envolve sequer início da prestação de serviços. Daí a sua irrelevância para definir o Município competente para exigir ISS.

6. *Base de cálculo do ISS*

A base de cálculo do ISS é o preço do serviço. Preço do serviço, a seu turno, é a receita bruta a ele correspondente.

A perspectiva dimensível do aspecto material da hipótese de incidência (base de cálculo) do ISS, não é o volume de recursos financeiros que ingressa no caixa das empresas, mas, apenas e tão-só, aquela espécie de ingressos que pode ser classificada como *receita* do prestador, proveniente da prestação dos serviços.

É comum que leigos confundam o conceito de *ingresso* (ou entradas) com o conceito de *receita*. *Impõe-se* distingui-los.

6.1 Ingressos e receitas

Nem todos os valores que entram nos cofres das empresas são receitas. Os valores que transitam pelo caixa das empresas (ou pelos cofres públicos) podem ser de duas espécies: os que configuram *receitas* e os que se caracterizam como meros *ingressos* (que, na Ciência das Finanças, recebem a designação de movimentos de fundo ou de caixa). *Receitas* são entradas que modificam o patrimônio da empresa, incrementando-o. *Ingressos* envolvem tanto as receitas como as somas pertencentes a terceiros (valores que integram o patrimônio de outrem). São aqueles valores que não importam modificação no patrimônio de quem os recebe, para posterior entrega a quem pertencem. Apenas os aportes que incrementam o patrimônio, como elemento novo e positivo, são receitas (confiram-se as excelentes lições de Aliomar Baleeiro, *Uma Introdução à Ciência das Finanças*, 11ª ed., Forense, Rio, 1976, pp. 130-5) Estas, e só estas, são tributáveis pelo ISS. Os meros ingressos não configuram receitas — e só estas integram a base de cálculo do ISS porque delas se pode dizer que remuneram a atividade econômica desenvolvida. Só elas representam o preço dessa atividade. Só elas podem consubstanciar pagamento da prestação contratual correspondente.

6.2 Despesas e valores de terceiros

a) Colocação teórica

Despesas são inconfundíveis com valores pertencentes a terceiros. Despesas são gastos do prestador do serviço, a serem subtraídos da sua respectiva receita, para efeito de apuração do resultado — e, nesse caso, sim, o seu reembolso configurará, também, receita, afetando o resultado econômico de atividade, vale dizer, afetando, positivamente, o patrimônio da empresa.

Essa a lição ministrada pelo insuperável Pontes de Miranda: "As despesas são diminuições do patrimônio que a pessoa se impõe de vontade própria, ou por dever, ou a favor de terceiro, ou de quem seja dono, ou tenha direito real sobre bem ou bens ou patrimônio. Se quem fez as despesas tem direito a reembolso é porque as despesas não lhe aproveitam, ou entram no cômputo de indenização a ser-lhe paga, ou foram feitas em virtude de negócio jurídico bilateral, ou de gestão de negócios alheios. As despesas ou são necessárias, ou úteis, ou voluptuárias. Se aplicadas a coisas, dizem-se benfeitorias" (Pontes de Miranda, *Comentários ao Código de Processo Civil*, vol. XII, Forense, Rio, 1977, p. 130)

A contraposição é entre *despesas* e *receitas* e não *despesas* com *ingressos financeiros*. Despesas são só as realizadas em favor de quem as faz. São gastos com a própria atividade, realizados para que esta possa desenvolver-se a propiciar os proveitos (receitas) à vista dos quais se a explora. Estas, e só estas, as verdadeiras despesas, reembolsáveis ou não. E estas, obviamente, não podem ser deduzidas, sob pena de o preço do serviço deixar de ser a *receita bruta a ele correspondente*. Jamais poderão ser consideradas como despesas reembolsáveis os valores recebidos de outrem para adimplir obrigações (não do prestador!) de terceiro, cujo(s) negócio(s) é (são) por aquele administrado(s).

b) O caso da consulta

No caso concreto, a consulente é provida de recursos financeiros pelas empresas suas clientes, para o fim de, à sua conta e ordem, entregá-los a terceiros: União, Estados, Codesp, etc. (a título de impostos, taxas, contribuições, emolumentos, armazenagem). Tais valores, mesmo quando na posse da consulente, são sempre valores de terceiros, que não se integram no seu patrimônio, e não configuram, em nenhuma hipótese, despesa sua (da consulente) mas, sim, despesas dos seus clientes.

Não se perca de vista que, nas atividades de administração de bens, negócios, ou interesses, assim como nas atividades comissionadas (como é o caso de despachantes aduaneiros), o recebimento de valores (a título de alugueres, venda de mercadorias etc.) e os pagamentos de despesas (a título de impostos, compras e outras obrigações) constituem atos materiais cuja prática é ínsita à própria razão de ser da atividade. Com efeito, no mais das vezes, a outorga, a alguém, de poderes de administração de bens, negócios ou interesses é feita, precisamente, com vistas à prática de tais atos pelo administrador. Daí o dever de prestar contas desse dinheiro alheio, nota típica de qualquer gestão de negócios.

c) Desdobramento

Precisamente por isso, jamais se pretendeu considerar receita das administradoras de imóveis o valor dos aluguéis que, recebendo dos locatários, à conta e ordem dos locadores, devem a estes entregar (pagar). Pelas mesmas razões, jamais se cogitou — tal o absurdo de tal suposição — de considerar receitas ou "despesas reembolsáveis" os valores que consorciados — tirante a taxa de administração — entregam às administradoras de consórcios para a aquisição de veículos, porque tais valores não lhes pertencem; são, apenas e tão-só, por eles geridos.

É imanente às atividades de administração — seja de imóveis, de consórcios, de bens outros ou de negócios — e às desenvolvidas por despachantes, o recebimento de quantias (não configuradoras de receitas) a serem entregues a terceiros, acompanhadas da discriminação de contas respectiva.

Enfim, receber e fazer pagamentos ou fazer pagamentos e, ao depois, ressarcir-se — à conta e à ordem do titular das mercadorias, ou bens a serem desembaraçados — constituem os atos mais peculiares e corriqueiros de uma série de atividades, inclusive a de despachos aduaneiros. É típico dessa atividade o recebimento (ou o adiantamento) de valores destinados ao pagamento de impostos, taxas, emolumentos, tarifas, preços públicos etc. Esses valores monetários ora são previamente despendidos pelo comissário de despachos e depois recuperados; ora são adiantados pelo cliente para pagamento das despesas há pouco referidas. As quantias recebidas por despachantes, como a consulente, e que se destinam ao pagamento de despesas do seu cliente com terceiros, não configuram receitas, seja quando resultam de restituição de valores que adiantaram ao cliente, seja quando por este adiantadas.

6.3 Lei paulistana e preço

Isto é reconhecido pela própria lei do Município de São Paulo, que não impõe — até porque não poderia fazê-lo — sejam alcançadas meras entradas. Pelo contrário, quando a lei municipal diz que preço do serviço é a *receita bruta* a ele correspondente, tem-se que o adjetivo "*bruta*" vincula-se, umbilicalmente, ao substantivo "receita". É dele indissociável, formando um conceito próprio, *ao qual deve ater-se o fisco*. A cláusula "a ele correspondente" restringe ainda mais o conceito. Base de cálculo não é qualquer receita bruta, mas apenas aquela proveniente da prestação de serviços.

6.4 A receita é o valor das comissões

Por conseguinte, a receita bruta da consulente é apenas o valor global da comissão (às vezes chamada de honorários) contratualmente cobrada, sem qualquer dedução. Sendo a comissão sua única remuneração, não se lhe pode exigir ISS por valores outros (que não configuram receita), que ingressam em seu caixa. Esses valores são meras entradas, nítidas contraprestações devidas a terceiros pelas empresas suas clientes.

O que a doutrina resolveu designar por "reembolso de despesas" não configura, diante da nossa ordem jurídica, "prestação de serviços"; por isso não se subsume no conceito de serviço tributável por via do ISS.

As normas do direito que disciplinam a compostura e a natureza jurídica do ISS impedem conclusão no sentido de que o reembolso de despesas integre a categoria da "prestação de serviço".

Atento a essas normas, a 2ª Câmara do Primeiro Tribunal de Alçada Civil do Estado de São Paulo, já decidiu pela não incidência do ISS sobre tais despesas. Esses ingressos, por não resultarem do exercício da atividade explorada pela empresa, não fazem parte do preço dos serviços (cf. AC 450.833/2 — *Repertório de Jurisprudência IOB* 20/91, 1/4.547, pp. 355-356).

Em conclusão: não podem os Municípios tributar simples reembolsos de despesas. Despesas reembolsáveis — meras recuperações de valores despendidos com terceiros — não configuram nenhuma prestação de serviços. Não caracterizam nenhum fazer subsumível ao conceito de serviço tributável.

Nada autoriza o fisco a entender diversamente. Todavia, se assim o fizer — vindo a incluir, na base de cálculo, quantias a serem entregues a terceiros (e que são receitas destes, como é o caso de impostos, taxas, emolumentos, despesas de armazenagem etc.) — estará ou (*a*) elegendo base de cálculo incompatível com o critério material da hipótese de incidência (que, na espécie, é "prestar serviços de despachos aduaneiros"), assim incorrendo em inconstitucionalidade ou (*b*) terá integrado, no ato de lançamento (base calculada), valores que não refletem a base de cálculo, praticando, nessa hipótese, nítida ilegalidade, desnaturadora do tributo.

6.5 Majoração do tributo, sem lei

Se, por hipótese, o fisco considerar os meros movimentos de caixa (entradas ou ingressos financeiros) como receitas — ao invés de ater-se ao montante da comissão — terá majorado, sem lei, o tributo, por desnaturação da base de cálculo. E se — como é cediço para a melhor doutrina (Alfredo A. Becker, Paulo de Barros Carvalho, Roque Carrazza) — é pela base de cálculo que se determina não só a natureza jurídica de um tributo, como o seu tipo, nesse caso, estar-se-á exigindo tributo outro que não o ISS, por que a base imponível deixará de ser o valor da prestação do serviço, para ser o montante do numerário que transita pelo caixa da consulente. Em outras palavras, a dimensão financeira do critério material da hipótese de incidência passará a ser o total dos valores em dinheiro, próprios e de terceiros ou, ainda, o total dos recebimentos havidos, inclusive os que não pertencem à consulente.

Parece claro que considerar na base calculada valores que não correspondem à remuneração do serviço (prestado pela consulente) implica tributar não o serviço, mas outra coisa, maior, mais ampla e mais abrangente, *sem consentimento constitucional* (art. 156).

Impõe-se reconhecer que o preço dos serviços de despachantes em geral e de despachantes aduaneiros em particular é o montante total da comissão (honorários).

Convém repisar que a atividade da consulente não difere, para esse efeito, da desempenhada pelas administradoras de imóveis. Estas também agem e atuam em nome e à conta dos seus clientes, praticando os mais variados atos de administração, notadamente os consubstanciados no recebimento dos valores dos alugueres e no pagamento de despesas com os imóveis, tudo sempre em nome e à conta de terceiros. Também nesse caso, o fisco jamais poderá considerar na base de cálculo do ISS — como, aliás, não considera — além do valor da comissão, a soma dos aluguéis recebidos pela administradora, por conta e ordem dos proprietários dos imóveis e/ou dos valores que estes lhe adiantam ou reembolsam, para pagamento das despesas incorridas com os imóveis.

Se o fizesse, a base imponível deixaria de ser o *preço do serviço* para ser o *movimento financeiro* do caixa da consulente; deixaria de ser a receita bruta para ser o volume dos ingressos. O imposto incidiria sobre (*a*) a receita da consulente *e* mais (*b*) sobre a receita de terceiros.

Mais não é preciso para evidenciar o despautério decorrente de pretensão da espécie.

6.6 Efeito de confisco

Ademais disso, considerar receita o que é apenas ingresso, importaria efeito de confisco tributário, com afronta à Constituição. Deveras, se a comissão for de, por exemplo, R$ 10.000,00/mês e se, num dado mês, os impostos, taxas, emolumentos, multas, preços públicos a serem pagos para desembaraçar as mercadorias forem da ordem de R$ 990.000,00, o imposto exigido (considerada a alíquota de 5%) *será de R$ 50.000,00; ou seja, 5 (cinco) vezes o valor das receitas percebidas pela consulente*. Chegar-se-ia ao seguinte absurdo: o fisco não só confiscaria toda a receita da consulente — o montante global da comissão — como ainda considerá-la-ia devedora de R$ 40.000,00; além disso, a consulente teria seu patrimônio desfalcado em mais R$ 40.000,00, para cobrir aquele montante dos pagamentos que lhe cumpre efetuar. Enfim, a cada receita de R$ 10.000,00, a consulente — no exemplo figurado — seria devedora de R$ 50.000,00, de ISS.

Ter-se-ia, sob tal critério, ilegal e absurdo, tributo confiscatório e inteiramente obstativo do exercício dessa atividade econômica, ferindo, duplamente, a Constituição (cf. art. 150, IV e 170 e seu parágrafo único).

II — O caso concreto

1. Momento da prestação

Para bem equacionar o momento de ocorrência do fato imponível, no caso de serviços de despachos aduaneiros, a que se dedica a consulente, é de mister considerar que os serviços se dividem em dois grupos: os serviços fracionáveis e os não fracionáveis. Os primeiros comportam subcategorias: serviços que se decompõem (*a*) em *etapas* (medição) ou comensuram-se (*b*) pelo *tempo* (mês, dia, hora, minuto) (conforme preconizamos, para fins didáticos).

Deveras, escrevemos: "É inafastável a distinção entre serviços cuja prestação é fracionável e serviços em que a cindibilidade não se faz possível, porque, quando os serviços não forem cindíveis, o fato tributário só poderá ser tido por ocorrido ao término da prestação. Diversamente, diante de serviços cindíveis, o fato pode ser tido como verificado na conclusão de cada etapa, ou em cada fração de tempo em que seja divisível a prestação".

"Em suma, quando os serviços não forem fracionáveis, só poderá reputar-se ocorrido o fato com a conclusão dos serviços; quando forem fracionáveis, o fato poderá ser segmentado, ou em função do tempo, ou em razão de fases ou etapas e devido o imposto, a cada fração de tempo ou a cada etapa" (Aires F. Barreto, "ISS — Momento de Ocorrência do Fato Tributário", *Repert. IOB de Jurisprudência* — 2ª quinz. de fev. de 1995, n. 4/95, pp. 74-75).

O serviço de despacho aduaneiro é exemplo marcante de serviço não fracionável: ou há atuação eficaz de que resulta o desembaraço de mercadoria ou o desembaraço não ocorre e, neste caso, não se pode cogitar da prestação de serviços respectiva. Só no momento em que se conclui, que se ultima o desembaraço, há prestação de serviços.

2. Local da prestação do serviço

Temos sustentado, ao longo do tempo, que o ISS é sempre devido no lugar (Município) em que os serviços forem prestados. Essa inteligência implica não reconhecer validade ao art. 12, *a*, do Decreto-lei 406/68, salvo nos casos em que coincidem o local em que é prestado o serviço e o do estabelecimento prestador. Digamos que, nesta última hipótese, o preceito é inócuo ou, no mínimo, redundante. Nos demais casos, é dizer, diante de serviço prestado no Município "A" e estabelecimento prestador localizado no Município "B", não pode prevalecer a regra do art. 12, *a*, em detrimento do Município em que o serviço foi prestado, senão com afronta à Constituição.

a) Doutrina

Doutrinadores de escol têm perfilhado essa exegese. Cléber Giardino, preocupado apenas em fazer ciência, analisou com profundidade esse preceito do decreto-lei 406/68, e deixou evidente o descompasso dessa norma com a Constituição. São suas as seguintes lições: "... vinculam-se à competência de cada, Município os fatos específicos em que se traduz a materialidade do imposto sobre serviços (a dizer, o desempenho concreto de atos materiais definíveis como de execução de contratos de serviço) ocorridos em seu respectivo território; logo, local da prestação é aquele onde materialmente executado o serviço: o Município competente para tributar essa prestação será sempre e exclusivamente, aquele, em cujo território forem os serviços executados".

E prosseguiu, na demonstração desse descompasso: "... o artigo 12 do Decreto-lei n. 406, de 1968 — embora possa ser tido como da natureza das leis complementares dispositivas acerca de conflitos de competência — é inaplicável no que veicula fórmula legislativa incompatível com os princípios assim claramente postos pelo Texto Constitucional (por exemplo, sua letra *a*, quando diversos os locais *da prestação* e do *estabelecimento ou domicílio do prestador*". (Cléber Giardino, "*ISS — Competência Municipal — O artigo 12 do Decreto-lei 406*", *Resenha Tributária*, ed. n. 32, 4º trim., SP, 1984, p. 734).

Idêntica é a inteligência que faz do aspecto espacial da hipótese de incidência do ISS o vigoroso professor da Universidade Federal do Paraná Marçal Justen Filho. Muitas são as passagens em que afirma e reafirma a convicção de que o ISS só pode ser exigido no Município no qual os serviços são prestados:

"Localizados os critérios material e temporal da hipótese de incidência do ISS, estamos aptos a reconhecer seu critério espacial

"Esse critério só pode ser um único. O fato imponível do ISS ocorre no *local* onde a *execução da obrigação* de fazer se dá.

"Ou seja, onde o esforço humano, consistente em prestação de serviços, ingressa no mundo do Direito, produzindo seus efeitos jurídicos como execução de obrigação de fazer.

"Assim como o simples esforço físico e intelectual não materializa fato imponível do tributo enfocado, mas se faz necessário configurar-se a execução da obrigação de fazer, há de reputar-se o fato imponível ocorrido no território do Município onde se configuram realizados os aspectos material e temporal da hipótese de incidência.

"*Antes de tudo, há de sublinhar-se a irrelevância do local onde o contrato se aperfeiçoa. O fundamental é o espaço geográfico onde há execução do contrato. Como é logicamente inferível, ambos os locais não coincidem necessariamente*" (Marçal Justen Filho, *O Imposto sobre Serviços na Constituição*, Ed. RT, SP, 1985, p. 139).

"Só é possível uma única solução. Competente será o Município em cujo território o *fato imponível realizou-se*. E não há como opor a isso o raciocínio de existirem situações onde há dificuldade de apuração do local em que o fato imponível ocorreu. Essa dificuldade só pode ser do intérprete desavisado ou desaparelhado.

"Como visto, o fato imponível do ISS ocorre no *local onde há a execução* de prestação de serviço, qualificável como adimplemento a uma obrigação de fazer" (Marçal Justen Filho, *O Imposto Sobre Serviços na Constituição*, Ed. RT, SP, 1985, p. 147).

"2.5.4 Invalidade da Lei complementar:

"O art. 12 do Dec.-lei 406 entendeu de firmar competente para o ISS o Município do local da prestação do serviço. Se até aí a disposição era inócua, o lastimável foi a determinação de local da prestação do serviço ser o do estabelecimento do prestador ou, na ausência de estabelecimento, o do domicílio do prestador (excetuando o caso de serviço de construção civil).

"Antes de tudo, local da prestação do serviço é aquele onde ocorre o fato imponível — ou seja, onde a situação que corresponde objetivamente à materialidade da hipótese de incidência se dá. O fato imponível pode, ou não, ocorrer no Município onde se sedia o estabelecimento prestador ou em que o prestador tem domicílio" (Marçal Justen Filho, ob. cit., p. 147).

"Mas, juridicamente, a afirmativa é impertinente. E o é porque a questão do domicílio ou da sede do *estabelecimento* do prestador *é irrelevante* para a determinação do *local em que o fato imponível ocorre*. A Constituição, ao adotar a materialidade da hipótese de incidência do ISS, impôs a escolha de um critério espacial que em nada se relaciona com o tema do domicílio ou da sede do estabelecimento do prestador do serviço.

"O critério espacial do ISS está vinculado não ao critério pessoal, mas ao critério material da hipótese de incidência do mesmo tributo. O local da prestação não é aquele em que tem domicílio o prestador do serviço, eis que inexiste qualquer vinculo entre o local da prestação e o domicílio do prestador. Pelo menos, nenhum vínculo jurídico. A vinculação dá-se entre o local e a prestação (ou seja, *é o local da prestação*)" (Marçal Justen Filho, *O Imposto Sobre Serviços na Constituição*, Ed. RT, SP, 1985, p. 148).

"... repugna à estrutura do ordenamento jurídico que se reconheça competência para a tributação de prestação de serviços a um *Município onde essa prestação não se dá.*

"Primeiramente, porque conduziria a uma ampliação, em última análise, do aspecto material do tributo, desnaturando-se irremediavelmente. *Estar-se-ia a tributar não mais a prestação do serviço, mas o fato de se deter domicílio em um Município*. A prestação do serviço deixaria de ser o núcleo da hipótese de incidência, para tornar-se o fundamental a existência de domicílio em um certo e determinado Município.

"Com isso, estaria violada a discriminação constitucional de competências, eis que, se fosse imaginável um imposto com essa materialidade, a competência tributária para sua imposição não haveria de ser municipal, mas da União — nos termos em que prevê o art. 21, § 1º.

"Tudo seria diverso, se a Constituição não dispusesse que a materialidade da hipótese de incidência do tributo haverá de contemplar a prestação de serviço — o que envolve consideração a uma específica e objetiva situação. Se a materialidade do tributo pudesse ser diversa, atinente a uma situação subjetiva, como o domicílio, outro seria o tributo, admitindo, talvez, a determinação da competência tributária através da questão do domicílio do sujeito passivo" (p. 148).

"Tendo a Constituição Federal atribuído aos Municípios (a cada Município) competência para tributar prestações de serviço, só pode interpretar-se que cada uma daquelas pessoas políticas poderá fazer incidir suas normas tributárias sobre os eventos que se verificarem no respectivo território. Vale dizer, as situações fáticas que correspondam à materialidade da hipótese de incidência do ISS sujeitam-se à tributação do Município onde tenham sido verificadas.

"Considerar que o fato imponível não ocorreu onde real e juridicamente verificou-se é, nesse passo, inviável, eis que *significaria retirar da competência de um Município a tributação e atribuí-la a outro*. O Município constitucionalmente competente teria impedido o exercício de sua competência, subtraída em prol de outro Município — que não é o constitucionalmente competente" (Marçal Justen Filho, *O Imposto Sobre Serviços na Constituição*, Ed. RT, SP, 1985, pp. 149-50).

Roque Carrazza defende ponto de vista similar. Ao depois de lembrar que o preceito do art. 12 é válido, nos casos em que o serviço é prestado no mesmo Município em que está o estabelecimento prestador, critica a "solução" dada pela norma infraconstitucional. De fato, esse respeitado professor, depois de fazer retórica indagação (*Seria inconstitucional o art. 12, do Decreto-lei 406/68?*), restringe a sua resposta negativa:

"Não, quando o serviço é prestado efetivamente no Município onde estiver sediado o estabelecimento prestador.

"Apenas nos casos em que não houver este ajustamento é que, em prestígio à Constituição —cúspide da pirâmide jurídica — o art. 12, do Decreto-lei 406/68 deve ter sua aplicação negada.

"Encampando tais ponderações, força é convir que um dos casos em que o art. 12, do Decreto-lei 406/68 não merece guarida é aquele (muito reiterado) em que serviços de qualquer natureza são prestados num Município, estando a sede do estabelecimento prestador noutro Município. Melhor escandindo a idéia, para aplainar, de lés-a-lés, possíveis dúvidas, se serviços de limpeza em geral (apenas para exemplificar) são prestados num determinado Município, é lá que, por reclamos constitucionais, o tributo em questão pode ser exigido. Nenhuma lei complementar (ou ato normativo com força de lei complementar) pode retirar deste Município, o que a Constituição incondicionalmente lhe deu" (Roque Antônio Carrazza, "Breves Considerações sobre o Art. 12 do Decreto-lei 406/68", *Revista de Direito Tributário*, Ed. RT, out./dez. 1978, n. 6, p. 156).

E, acresce, reforçando sua convicção: "... podemos afirmar, com convicção, que, a despeito do comando inserto no art. 12, do Decreto-lei 406/68, o imposto sobre serviços de qualquer natureza *(ISS) é sempre devido (e não só no caso de construção civil) no Município onde o serviço é positivamente prestado*" (ob. cit., p. 158).

Em suma, os postulados constitucionais conduzem a uma única conclusão: *o imposto sobre serviços só é devido ao Município no qual os serviços são prestados*.

Por conseguinte, não podem os fiscos de outros Municípios exigir ISS pelos serviços que a consulente presta em Santos, por estabelecimento nessa cidade localizado.

Entender diversamente autorizaria a cobrança desse imposto por todos os Municípios em que estão estabelecidos ou domiciliados os encomendantes (contratantes) dos serviços de despacho aduaneiro, sob o argumento, equivocado embora, de que executam parte do serviço no seu território.

Vamos, todavia, *ad argumentandum*, deixar de parte a nossa inteligência de que a regra do art. 12, do decreto-lei 406/68 — quando não coincide o lugar da prestação com o do estabelecimento prestador — é desconforme com a Constituição.

b) Jurisprudência

Mesmo admitindo a validade dessa norma em face da Constituição, o ISS seria devido em Santos porque o estabelecimento prestador dos serviços de despachos aduaneiros é nele situado. De fato, recolhendo em Santos o ISS, incidente sobre os serviços de despacho aduaneiro, integralmente considerados, estaria (como está) amparado por esse dispositivo da legislação de natureza complementar que determina que o *imposto é devido no local do estabelecimento prestador* (art. 12, *a*, do 406/68). E — convém enfatizar — como tem decidido, em jurisprudência mansa e pacífica, os nossos Tribunais, o ISS: "é sempre devido ao Município do local de sua prestação, *desde que* realizado por *estabelecímento aí mantido*" (cf. Apelações cíveis 230.895, 231.935, 245.477 e 273.166).

Portanto, mesmo abstraindo da nossa posição doutrinária a propósito dessa regra (art. 12, *a* do Decreto-lei 406/68), o certo é que não se pode impor gravames ou penas a quem atua de acordo com a lei e em consonância com a interpretação judicial preponderante, como se vê:

I

"ISS — Empresa com diversos estabelecimentos — Incidência do tributo no local do estabelecimento prestador de serviços — Exclusão dos demais lugares onde se realizam os atos iniciais, preparatórios, convergentes para a consumação do negócio — Inteligência do art. 12, *a*, do Dec.-lei 406/68 — Declaração do voto.

"Tratando-se de empresas com vários estabelecimentos, para os efeitos da incidência de ISS considera-se o local da prestação do serviço, *ficando excluídos os demais locais onde se realizam os atos iniciais*, preparatórios, convergentes para a consumação do negócio" (Ap. 423.553-2, 4ª C., j. 7.8.90, rel. Juiz Octaviano Santos Lobo, 1º TACivSP, p. 107).

"Dispõe o art. 12 do Dec.-lei 406/68 que se considera local da prestação do serviço "o do estabelecimento prestador" ou, na falta de estabelecimento, 'o domicílio do prestador'.

"No caso, *sub examine*, o estabelecimento prestador situa-se em Lins, onde está a matriz e se realizam os principais 'atos de administração', ou seja, os de coordenação, supervisão e controle.

"Não tem o relevo, pretendido pela ré apelante, a circunstância de na filial (Campinas) se proceder à coleta de propostas de inscrição e termos de adesão.

"É visível que sendo a documentação, captada pela filial, enviada à matriz (Lins), para conferência, cadastramento dos grupos e contas disponíveis etc., ali (Lins) está a atividade prevalente administrativa, núcleo do "serviço", fato gerador do tributo, em debate. Em Lins se praticam os atos típicos administrativos (vários departamentos do grupo: de vendas, de sistemas e informações, financeiro), explicitados em comando e superintendência.

"A filial aguarda atos de decisão, de comando, de gerência, enfim, de administração, da matriz.

"Logo, a *a filial somente pratica atividade-meio*

"Local do estabelecimento prestador" e local da prestação do serviço (administração de consórcio) somente podem estar na matriz (Lins).

"É a exegese do ordenamento contido nas normas tributárias incidentes.

Declara o art. 10 do Dec.-lei 406/68: 'Contribuinte é o prestador do serviço'.

"E o art. 12 dispõe: 'Considera-se local da prestação do serviço: a) o do estabelecimento prestador, ou, na falta do estabelecimento, o do domicílio do prestador'.

"Dotado o estabelecimento da autora de estrutura complexa, com sofisticado sistema de computação, organização hierarquizada de seções e departamentos, com centralização em Lins, impõe-se concluir que o local do estabelecimento prestador é o da sede e não o da filial.

"Considerando o legislador o local da prestação do serviço como o local do estabelecimento prestador, para os efeitos da incidência tributária, ficam excluídos os demais locais (os das filiais), onde se realizam os atos iniciais, preparatórios, convergentes para a consumação do consórcio, subordinados à atividade gerente do estabelecimento prestador" (*RT* 663, jan./91 p. 108).

II

"No julgamento da Ap. Civ. 326.056, a E. 3ª Câmara deste Tribunal, j. 29.6.84, v. u., relator Sousa Lima (*JTACivSP-RT*, 88/190), ficou expresso o entendimento de que *a empresa pode ter vários estabelecimentos* (sede, filiais, sucursais). O que releva para a incidência tributária é a verificação do *estabelecimento prestador*. No caso, ali examinado, a autora possuía filial em Bauru, onde somente procedia à captação dos pedidos, levando-se o material para revelação e foto acabamento para Marília. Entendeu a Câmara que "como estes serviços são feitos no estabelecimento localizado no Município de Marília, não resta dúvida de que aí deve ser recolhido o tributo" (1º TACivSP, p. 109).

III

'ISS — FATO GERADOR — LOCAL DA PRESTAÇÃO DOS SERVIÇOS.

"O ISSQN é tributo de competência dos Municípios. Ademais, o fato imponível deve ocorrer nos limites geográficos dessa pessoa jurídica de Direito Público Interno. Decorre, inclusive, de princípio de harmonia das normas Constitucionais. A conclusão não se altera ainda que o Município impute omissão ao contribuinte. Se o fato gerador acontece em outro local, evidente a invasão de competência" (Recurso Especial 38 — SP - 89.0008173-0), *Repertório IOB de Jurisprudência*, 1ª quinz. out./89, n. 19/89, p. 310-1/2.554).

IV

"Imposto sobre serviços. Não pode ser exigido com base no valor de transações efetuadas fora do Município. Recurso conhecido e provido, em parte", (RE 71.307/PE-*RTJ* 61/455) (*Repertório IOB de Jurisprudência*, 1ª quinz. out./89, n. 19/89, p. 309).

c) Desdobramento

Se, como visto, os serviços de que cuida a consulta são os de despachos aduaneiros e estes não comportam fracionamento, o ISS só pode ser devido no lugar (Município) em que a atividade (*facere*) é exercida. E essa *consumação* dos serviços verifica-se no Município de Santos.

Deveras, no caso da consulente, os serviços só podem ser consumados (prestados) em Santos, pela simples razão de que esse tipo de despachos são realizáveis apenas no local em que se encontra o porto. Logo, tais despachos não são suscetíveis de serem prestados em São Paulo. Pela sua natureza, os serviços de despachos aduaneiros não podem ser prestados à distância. Se isto fosse possível, para nada serviria toda a "máquina administrativa" existente em Santos, considerando especialmente o fato de que os possíveis tomadores dos serviços que ela presta, localizam-se, em boa parte, em Municípios outros diversos do de Santos. Dada a forma pela qual os despachos aduaneiros se processam, é absurdo supor, mesmo no campo teórico, que os serviços respectivos possam ser prestados sem a existência de um estabelecimento (prestador) em Santos.

Esses serviços de despachos devem desenvolver-se no porto e junto ao porto. Daí que dessa prestação não se possa cogitar em Municípios diversos daquele em que está localizado o porto. Não há como oferecer serviços de despachos aduaneiros, senão com a existência da unidade econômica santista que executa (presta) tais serviços.

Todavia, o que mais choca no relato feito pela consulente é que a Prefeitura do Município de São Paulo pretende não ser Santos o estabelecimento prestador, pela singela circunstância de que a contratação é realizada em São Paulo.

Como vimos, é absolutamente irrelevante o lugar em que contratados os serviços (ou em que emitidos os documentos fiscais, ou o lugar da contabilização, da remessa ou o do recebimento de numerário). Importa, apenas e tão-só, onde os serviços são prestados.

O estarrecimento com essa pretensão do Município de São Paulo assume maiores proporções, porém, quando se toma em conta que esses pretensos caracteres (contabilidade centralizada, remessa de numerário, recolhimento de outros tributos etc.) não foram referidos — como não poderiam sê-lo — pela própria lei municipal paulistana que arrolou os elementos indicativos da existência de estabelecimento prestador!

Com efeito, a lei do Município de São Paulo, de n. 9.664, de 29.12.83, em seu artigo 9º., dando nova redação ao artigo 50, da Lei 6.989/66, cura de listar uma série de elementos que, conjugadamente, de modo parcial ou total, caracterizam a existência de estabelecimento prestador.

Dentre esses elementos não há, porém, nenhuma referência aos que são mencionados pelo fisco visando a descaracterizar o estabelecimento de Santos como *prestador* dos serviços.

No esforço de submeter ao ISS a consulente, o Município de São Paulo vale-se de elementos que sua própria lei não referiu. E se os não listou é porque a Constituição, a doutrina e o Judiciário não abonam tal tese. Não o fez por ter presente que a nossa mais Alta Corte já decidira que "A forma ou modalidade de atuação da empresa, por conveniência de sua organização, por si só não pode afastar a competência tributária do Município, desde que caracterizada a ocorrência do fato gerador".

Concluindo: "não é de aceitar, portanto, que a atividade seja exercida num certo Município, simplesmente porque lá está o centro de direção e lá a sua contabilidade" (RE 92.883-9, 1ª T., Rel. Min. Rafael Mayer).

Mais vigoroso haverá de ser o repúdio, se o pretenso apoio para a exigência de ISS restringe-se à circunstância de certos serviços terem sido contratados em São Paulo.

3. *Estabelecimento prestador é o de Santos*

Tirante variações de menor importância, a doutrina entende que estabelecimento é todo complexo de bens utilizado no exercício de atividade econômica. A noção de estabelecimento, todavia, em si mesma, não é decisiva para os efeitos do ISS, uma vez que, em relação a este imposto, o que sobreleva é a circunstância de ser um estabelecimento prestador.

Deveras, não tem nenhuma relevância o fato de tratar-se de estabelecimento "do prestador". O que se requer — como marco delimitador do Município competente para exigir o imposto — é a identificação do "estabelecimento prestador". Vale dizer, é preciso determinar qual o estabelecimento em que se dá o "fazer" em que consiste a prestação do serviço considerada. É por isso que Heron Arzua lembra não ser suficiente um simples local: é necessário, ainda, que 'nesse local tenha havido o exercício das atividades causadoras da obrigação de pagar o imposto" ("Noção de Estabelecimento", *Supl. Trib. da LTR*, 1976, n. 15, p. 93).

Ora, a realização, o desenvolvimento e o exaurimento das atividades de despacho aduaneiro — que só se esgotam com a conclusão das tarefas de preencher, protocolar e acompanhar o andamento (até conclusão) de uma série de papéis, levantar os débitos, pagá-los, reproduzir documentos, juntá-los, comprovar pagamentos, localizar as mercadorias nos armazéns, para então desembaraçá-las — por sua natureza, só pode dar-se junto ao porto, no caso de Santos. Impossível prestá-los em qualquer outro Município diverso daquele em que está o porto (salvo se se tratasse de outro porto).

Pouco importa, para a realização desses misteres, o local em que o contrato foi celebrado, ou mesmo aquele em que se emitem as notas fiscais ou faturas, ou aqueloutro onde está centralizada a contabilidade. lrrelevante, ademais, saber em que Município está o estabelecimento sede, identificar onde se localiza a atividade de direção da empresa. Releva precisar, apenas, em que Município o serviço foi prestado, máxime se nele também está localizado o estabelecimento *prestador*. É inequívoca a determinação do Município competente se, a um só tempo, (*a*) é nele que os serviços são prestados e (*b*) nele também está localizado o estabelecimento que realiza aquele "ato do devedor" (no qual a prestação de serviço consiste). *Decisivamente, nesse mesmo Município está o estabelecimento que exercita o esforço humano que caracteriza a prestação do serviço* de despachos aduaneiros. É visível que só no Município de Santos são preenchidos esses pressupostos. O "fazer" em que consistem os serviços de despachos aduaneiros dá-se em Santos; em Santos está o estabelecimento que presta esses serviços. Logo, *só nesse Município pode ser devido ISS*.

Note-se que a conclusão de ser o ISS devido em Santos não decorre de estar nesse Município a sede da consulente. É despicienda a consideração de onde está a Sede (ou matriz); trata-se de dado irrelevante para caracterizar a incidência do ISS. O que importa é que esse imposto é. devido *no Município onde prestado o serviço*, no caso reforçado pela circunstância de que isto se dá por estabelecimento nele existente.

Sobrelevam nessa matéria as lições do Superior Tribunal de Justiça, que, por sua 1ª Turma, em decisão recentíssima, assentou: "É juridicamente possível as pessoas jurídicas ou firmas individuais possuírem mais de um domicílio tributário. Para o ISS, quanto ao fato gerador, considera-se o local onde se efetivar a prestação do serviço. O estabelecimento prestador pode ser a matriz, como a filial, para os efeitos tributários, competindo o do local da atividade constitutiva do o fato gerador. " (REsp, 23.371-2-SP, *Repertório IOB de Jurisprudência* 21/94, 1/8.037, p. 418).

Importa, assim, o local em que se efetiva a prestação. É ali que se reputa devido o ISS, qualquer que seja a designação dada ao estabelecimento prestador.

Se o fato 'efetiva prestação do serviço' não se dá em São Paulo, mas em Santos, o fisco daquele Município não pode ter pretensão de tributá-lo.

A jurisprudência tem abonado o entendimento de que o ISS é devido no lugar do estabelecimento prestador. Confira-se o RE 99.397-5, *DJU* de 6.5.83, 2ª T., com a seguinte ementa: "Imposto sobre serviços. Havendo escritório da recorrente no Município onde prestou serviços de limpeza, ou ocorrendo o fato gerador do tributo, não se pode deslocar a competência tributária para outro Município. Aferição de matéria de fato (Súmula 279). Aplicação das súmulas 282, 356 e 291. Recurso extraordinário não conhecido".

No mesmo sentido, o RE 92.883-9, *DJU* 26.9.80, 1ª T., cuja ementa é a seguinte: "Imposto sobre serviços. Escritório de contato. Competência tributária. A forma ou modalidade de atuação da empresa, por conveniência de sua organização, por si só não poderá afastar a competência tributária do município, desde que caracterizada a ocorrência do fato gerador. Interpretação razoável (Súmula 400). Recurso extraordinário não conhecido".

Ora, como visto, o fato imponível ocorre em Santos porque é ali que se dá o despacho aduaneiro.

III — Arbitramento

Demonstrado que os autos de infração lavrados contra a consulente — por Município em que a consulente tem filial, mas onde não presta serviços — são inválidos porque exigem ISS sem que tenha ocorrido fato subsumível à sua hipótese de incidência, cuidemos de analisar outro aspecto da autuação fiscal: o arbitramento.

A exigência de imposto sobre fato não correspondente à hipótese de incidência legalmente descrita é, evidentemente, bastante para sua inexigibilidade. Todo e qualquer outro aspecto que se possa vislumbrar nas autuações será, no caso, ancilar, secundário, abundante, na medida em que aquele defeito essencial é causa suficiente da ilegitimidade, improcedência e invalidade das autuações.

Nada obstante, tendo em vista a solicitação da consulente, analisarmos as autuações fiscais no que se refere à circunstância de o ISS ter sido calculado mediante "arbitramento do preço dos serviços", efetuado com flagrante desatenção a princípios e normas balizadoras do lançamento de tributos.

Deveras, se, por absurdo, fosse possível exigir" sobre a contratação — como se fora uma atividade isolada, autônoma — ainda assim, as exigências fazendárias sob análise revelar-se-iam desconformes com o direito.

Em face do *princípio da estrita legalidade e da tipicidade da tributação* — dos quais decorre a *natureza vinculada do lançamento* — o "arbitramento" realizado, no caso, eqüivale a verdadeiro ato de arbítrio, por mais de uma razão jurídica.

"Arbitramento" é procedimento regulado pela lei, que o prevê como instrumento que a administração está autorizada a utilizar em certas e determinadas situações anômalas, constitutivas de infrações à lei tributária, imputadas ao sujeito passivo. É medida de caráter punitivo e como tal pressupõe comportamento contrário à lei, por parte do sujeito passivo.

Por conseguinte, o arbitramento é medida cuja adoção, para ser legítima, requer

a) a demonstração da concreta existência dos pressupostos previstos na lei para autorizá-la;

b) a perfeita identificação dos critérios, métodos e processos de determinação dos valores arbitrados.

Explicitando as exigências contidas nos princípios regedores da tributação, o artigo 148 do CTN prescreve: "Art. 148. Quando o cálculo do tributo tenha por base, ou tome em consideração o valor ou o preço de bens, direitos, serviços ou atos jurídicos, a autoridade lançadora, *mediante processo regular*, arbitrará aquele valor ou preço, sempre que *sejam omissos ou não mereçam fé as declarações ou os esclarecimentos prestados, ou os documentos expedidos pelo sujeito passivo* ou pelo terceiro legalmente obrigado, ressalvada, em caso de contestação, *avaliação contraditória*, administrativa ou judicial".

Ressaltando que a autoridade administrativa — nos casos em que o sujeito passivo é "omisso, reticente ou mendaz" está autorizada a efetuar o arbitramento da base de cálculo do tributo, Aliomar Baleeiro adverte, evidenciando a natureza penal dessa medida:

"Poderá arbitrar, isto é, estimar, calcular, *buscar a verdade* dentro ou fora da omissão, reticência, mentira. Poderá arbitrar, nesse sentido, mas *não praticar o arbítrio* puro e simples, indo até o absurdo ou às vizinhanças dele O *procedimento há de ser* racional, lógico e *motivado*.

"A *pena contra a omissão, reticência ou fraude*, é da lei, geralmente multa, *não* porém *o arbítrio* puro e simples, que duplicaria ou multiplicaria o peso do castigo.

"E tanto é esse o fim e objeto do art. 148, que, na cláusula final, ele ressalva, em caso de contestação, a avaliação contraditória (isto é, bilateral), seja na instância administrativa, seja na judicial. Esta sempre garantida pelo art. 153, § 4º, da CF de 1967 (art. 5º, XXXV, da Constituição Federal de 1988) (*Direito Tributário Brasileiro*, Forense, 10ª ed., p. 513).

Ora, nenhum desses pressupostos se fez presente. Logo, tem-se arbitramento manifestamente ilegal. Portanto, lançamento nulo.

Dito arbitramento foi realizado considerando que os "serviços" teriam sido prestados em São Paulo, por estarem ali parte dos tomadores (utentes, contratantes) dos serviços de despachos aduaneiros. Esse fato — estarem os contratantes do serviço estabelecidos ou domiciliados em São Paulo — justificaria a aplicação do art. 12, "b" do Decreto-lei 406/68; ou seja, considera como local da prestação o local em que são contratados os serviços.

Daí que — abstraindo-se a existência de *não subsunção* do fato concreto à hipótese de incidência do ISS e admitindo-se, *ad argumentandum*, que se trata de imposto devido ao Município de São Paulo — o cálculo do imposto teria que ser feito com base nos assentamentos constantes dos livros fiscais, porque só as hipóteses previstas no art. 148, do CTN autorizam o arbitramento.

Não fora o bastante, nova ilegalidade emerge quando se toma em conta que o arbitramento se deu considerando um percentual da receita proveniente da prestação de serviços havida no Município de Santos, para considerá-la tributável pelo Município de São Paulo.

Basta considerar que a consulente pôs à disposição da fiscalização todos os elementos necessários à apuração do "imposto devido" para que resulte visível dupla ilegalidade:

A primeira consistente no fato de que o fornecimento à fiscalização de todos os livros, documentos, papéis e outros elementos solicitados, por si só, deve ter o efeito de inibir o arbitramento (salvo se tais livros, documentos, informações não merecessem fé — o que jamais foi alegado pela Municipalidade de São Paulo). A segunda, decorre do "critério" utilizado para realizar o arbitramento: tomar um percentual da receita de Santos. Não há nenhuma vinculação entre receita realizada em Santos e os pseudo-"serviços" prestados em São Paulo.

A propósito — embora sobre isso não nos tenha indagado a consulente — é de registrar-se que a consulente sequer estava sujeita à fiscalização, realizada em Santos, por agente fiscal do Município de São Paulo. Falta, à Secretaria das Finanças de São Paulo, competência para realizar fiscalização fora das fronteiras do seu Município (poderia a consulente chamar a polícia para expulsar o incompetente fiscal). Nada tendo a esconder, no entanto — e convicta de que só a Santos deve ISS — pôs à disposição da "fiscalização" todos os elementos solicitados. Isso era o bastante para excluir os pressupostos do arbitramento.

Por fim, se, por absurdo, coubesse arbitramento, haveria ele de constar de processo administrativo adrede instaurado, com a clara referência aos motivos e critérios que presidiram sua realização, inclusive com a perfeita demonstração dos cálculos que conduziram aos valores "arbitrados", neles não incluídos, por óbvio, os obtidos (*a*) por mera amostragem e (*b*) tomando percentual da receita de prestação de serviços de Santos. Esses "critérios" deixam mais patente o arbítrio *contra legem*. Nulo, assim, o lançamento.

IV — Respostas aos quesitos

Postas essas considerações, os quesitos formulados pela consulente devem ser respondidos na seguinte conformidade:

1. Competente para tributar os serviços de despacho aduaneiro é o Município em que está localizado o estabelecimento que presta tais serviços. Dada a sua natureza, esses serviços só podem ser prestados pelo estabelecimento de Santos, onde tais serviços são executados, mesmo considerando que, em vários casos, os clientes que contratam tais serviços estão domiciliados ou estabelecidos em diversos outros Municípios.

1.1 Não pode o fisco do Município de São Paulo exigir ISS à consulente, dado que não é nesse Município que os "serviços" são prestados. Caso os argumentos antecedentes não fossem suficientes, e algum ISS pudesse ser devido pela consulente — em virtude dos reembolsos que recebe — ainda assim, não caberia nenhuma pretensão ao ISS por parte do Município de São Paulo, pela singela circunstância de que não é nesse Município que se localiza o estabelecimento "prestador dos serviços".

1.2 Além disso, estando o comportamento da consulente, de acordo com norma jurídica que o Judiciário tem validado — art. 12, *a*, do Decreto-lei 406/68 — está ela respaldada contra autuações fiscais de Municípios (como o de São Paulo), diversos daquele em que se localiza seu estabelecimento, que efetivamente presta os serviços de despacho aduaneiro (Santos).

2. O serviço de despacho aduaneiro não comporta fracionamento. Logo, no caso desses serviços, só se considera ocorrido o fato imponível do ISS no momento da sua conclusão.

3. É ilegal e inconstitucional considerar no preço do serviço, base de cálculo do imposto, valores correspondentes a meros ingressos, isto é, pagamentos efetuados por conta do cliente a serem por ele ressarcidos (ou que foram por ele adiantados).

3.1 A base de cálculo do ISS, no caso concreto, é a receita bruta auferida, a título de comissões (honorários), em razão do exercício da atividade profissional de despachante aduaneiro.

3.2 O chamado "reembolso de despesas" não constitui hipótese de incidência do ISS pela singela mas decisiva circunstância de que não configura receita da prestação de serviços. Esse fato (reembolso) não se subsume ao conceito constitucional de serviço. Inválidas são quaisquer normas que consideram o reembolso de despesas como integrante da base de cálculo do ISS.

3.3 Mesmo se, por absurdo, entender-se que *despesas reembolsáveis* configuram preço de serviço, ainda assim não seria possível ao Município de São Paulo exigir ISS à consulente, considerando que o fato, que provoca o "reembolso de despesas", ocorre efetivamente fora do alcance territorial de suas leis e, pois, além do âmbito de eficácia de sua competência espacial tributária.

4. É ilegal e inconstitucional arbitrar o preço dos serviços — considerando um percentual da receita proveniente da prestação de serviços havida no Município de Santos, para considerá-la tributável pelo Município de São Paulo — seja porque não estão presentes os pressupostos do arbitramento, seja porque o preço dos serviços é extraível, com exatidão, dos registros nos livros fiscais que foram postos à disposição da fiscalização.

É o parecer, s.m.j.

São Paulo, 20 de março de 1995

NOTAS & COMENTÁRIOS

REFLEXÕES SOBRE O PROCESSO DE EXECUÇÃO FISCAL, NA CONSTITUIÇÃO DE 1988

EDUARDO D. BOTTALLO
Professor do Departamento de Filosofia e Teoria Geral do Direito, da Faculdade de Direito da Universidade de S. Paulo

I — Introdução

Em outra oportunidade já escrevemos que, a pretexto de propiciar uma hipotética agilização da cobrança da dívida ativa tributária, a Lei 6.830, de 22 de setembro de 1980, acabou por dar causa ao que, sem nenhum exagero, poderia ser considerado como a legitimação da ineficácia, porquanto é sabido que os problemas com que se defronta a Fazenda Pública para realizar seus créditos não decorrem de possíveis defeitos que o sistema anterior (codificado) poderia apresentar, mas sim de fatores alheios a esta área (excesso de burocracia, ausência de meios materiais e humanos adequados), os quais, como é óbvio, não podem ser suprimidos por via de mera reforma legislativa, de resto, apressada e assistemática.

Nenhuma razão superveniente mostrou-se capaz de modificar este ponto de vista, uma vez que a lei em questão reconhecidamente visou suprimir direitos individuais e atropelar procedimentos a respeito dos quais já se havia assentado manso e pacífico entendimento, além de penetrar em áreas que fogem aos limites reconhecidos do processo, ou seja, aquelas reservadas ao direito material tributário em sentido estrito.

Em suma, esta lei em nada concorreu, segundo nosso entendimento, para o aprimoramento do processo judicial de cobrança da dívida ativa.

Todavia, e a par do sentido crítico que consideramos de rigor ser, desde logo, manifestado, o propósito específico deste trabalho é o de apontar alguns aspectos da lei em causa diretamente atingidos pelas normas supervenientes consignadas na Constituição de 1988, e que, portanto, estão a merecer particular reflexão.

II — A questão das normas gerais de direito tributário

A Constituição de 1988 pôs fim a controvérsia que se instaurou na vigência do regime anterior, a respeito do alcance do Código Tributário Nacional enquanto instrumento veiculador das chamadas normas gerais de direito tributário.

Respeitável parte da doutrina entendia que a opinibilidade do CTN à legislação ordinária dos Estados e Municípios em relação aos tributos de sua competência, cingia-se especificamente aos objetivos de dispor sobre conflitos de competência, e regular as limitações do poder de tributar.

O artigo 146, inciso III, da atual Carta, de modo expresso estabeleceu que, além dos propósitos acima assinalados, cabe também a esse Código fixar, em caráter nacional, as referidas normas gerais, especialmente sobre definição de tributos e de suas espécies, bem como a dos fatos geradores dos impostos discriminados à competência dos entes tributantes, suas bases de cálculo e contribuintes.

Ainda segundo o mesmo preceito, ficou reservado ao CTN dispor sobre os elementos essenciais da obrigação tributária, em particular os que dizem respeito ao lançamento, crédito, prescrição e decadência.

E é aqui, exatamente, onde se situa o ponto a ser enfocado, uma vez que a Lei 6.830/80, em dois dispositivos específicos, dispôs sobre matéria prescricional, a saber:

a) instituiu figura denominada "suspensão da prescrição", pelo prazo de 180 dias, ou até a distribuição da execução fiscal, se esta ocorrer antes de findo tal prazo, como decorrência do ato de inscrição da dívida (art. 2º, § 3º);

b) estabeleceu que o prazo para cobrança das contribuições previdenciárias continuaria a ser o estabelecido no artigo 144 da Lei 3.807/60, ou seja, trinta anos (art. 2º, § 9º).

Quanto ao tema aludido na letra "a" supra, deve ser lembrado que o CTN, ao tratar da prescrição, não contempla hipóteses de "suspensão", mas apenas de "interrupção", nos termos de seu artigo 174, parágrafo único.

Isto vale dizer que, diante do quadro constitucional inaugurado em 1988, que, como visto, inseriu a prescrição tributária entre as matérias que devem ser tratadas no plano da lei complementar instituidora de suas normas gerais, parece haver ficado clara a perda de eficácia do instituto da "suspensão" criado pela Lei 6.830/80.

Neste campo, é oportuno também recordar que autores de reconhecida seriedade, como Humberto Theodoro Jr., sustentavam inserirem-se as regras disciplinadoras da prescrição no âmbito das normas de direito processual civil, cujo tratamento legislativo incumbe ao legislador ordinário federal (*RT* 551/19).

Sem que haja necessidade de discussões conceituais e doutrinárias a respeito deste ponto de vista, o fato objetivo, entretanto, é que ele se mostra normativamente superado em face do específico comando contitucional aqui identificado.

Sobre a questão tratada na letra "b" os contornos ainda ficam mais claros, até porque, mesmo antes do advento da Constituição de 1988, já era severamente repreendida a pretensão da Lei 6.830/80 de "repristinar" a norma relativa ao prazo trintenal de prescrição da ação de cobrança das contribuições previdenciárias.

Na verdade, e como foi acima dito, o quadro ficou mais nítido.

E isto porque a Constituição de 1988 submeteu, expressamente, ao regime tributário a instituição e cobrança de contribuições (inclusive as previdenciárias), por parte da União (art. 149, *caput*).

Por decorrência dessa submissão, dúvidas não restam quanto ao fato de que, tanto em matéria de decadência como de prescrição, o regime aplicável às contribuições é o do CTN, compreensivo da generalidade dos tributos.

A partir deste enfoque, e pelos mesmos fundamentos acima apontados, é de constitucionalidade altamente duvidosa o preceito constante do artigo 46 da Lei 8.212, de 24 de julho de 1991, que fixou em dez anos o prazo extintivo do "direito de cobrar os créditos da seguridade social", bem como o de constituí-los (arts. 45).

Ainda a respeito do confronto entre as disposições da Lei 6.830/80 e as do CTN, merece destaque o tema relativo ao conceito e inscrição de dívida ativa.

Os artigos 201 a 204 do CTN conceituam dívida ativa tributária, estabelecem os requisitos necessários à sua regular inscrição, bem como fixam os respectivos efeitos.

Como já visto, nesta linha também foi o sentido do artigo 2º. e seus parágrafos da Lei 6.830/80, mas em um campo de maior amplitude, porquanto compreensivo tanto da dívida ativa tributária como da não tributária.

A nós parece inquestionável a supremacia das normas constantes do CTN, no âmbito de sua abrangência.

Disto decorre que as normas correlatas consignadas na lei de execução fiscal ou são ociosas naquilo que se limitam a reproduzir o quanto consta do CTN, ou são inválidas por penetrarem em campo que lhes é manifestamente estranho.

Em suma, o que se pode concluir por decorrência da sorte de reflexões ora expostas, é que a Constituição de 1988 deixou claro que somente através de normas gerais de direito tributário, corporificadas em lei complementar (o CTN) é que se pode dispor sobre todos os traços substanciais caracterizadores da dívida ativa tributária.

A Lei 6.830/80, portanto, tem adequado fundamento de validade apenas no tocante a matéria processual em sentido estrito, e, mesmo assim, desde que assegurada a respectiva compatibilidade com o sistema em seu todo.

III — A questão do concurso de preferência entre créditos fiscais

O art. 4º., § 4º., da Lei 6.830/80 estende à dívida ativa da Fazenda Pública, de natureza não tributária, alguns dos privilégios reservados pelo CTN àquela que se revista de tal condição, entre os quais o da não sujeição a concurso de credores, ou habilitação em falência, concordata, inventário ou arrolamento.

Essa extensão, em si mesma, é suscetível de justificar procedente questionamento, visto como, mais uma vez, estamos diante de preceito que parece extravasar claramente o âmbito do processo.

Todavia, o ponto que pretendemos agora enfocar repousa em uma variante deste tema, e que consiste na subsistência, ou não, após a Constituição de 1988, do preceito inscrito no parágrafo único do artigo 187 do CTN, que, para maior clareza, é, a seguir, transcrito:

"O concurso de preferência somente se verifica entre pessoas jurídicas de direito público, na seguinte ordem:

"I — União;

"II — Estados, Distrito Federal e Territórios, conjuntamente e *pro rata*;

"III — Municípios, conjuntamente e *pro rata*."

Como é sabido, uma das principais decorrências do princípio federativo é aquela que se traduz no reconhecimento da igualdade jurídica entre os entes federados.

Sob tal prisma, inexiste hierarquia entre União, Estados, Distrito Federal e Municípios.

Por esta razão, o preceito ora sob comento foi fortemente questionado durante a vigência do regime constitucional precedente, a ponto de gerar o Enunciado 563, da Súmula do Supremo Tribunal Federal, que o confirmou, nos seguintes termos:

"O concurso de preferências a que se refere o parágrafo único, do art. 187, do Código Tributário Nacional, é compatível com o disposto no artigo 9º, inciso I, da Constituição Federal."

Ocorre que esta compatibilidade consolidou-se pretorianamente à luz de preceito constitucional que não encontrou, no texto da Carta de 1988, êmulo rigorosamente correspondente, o que, a nosso ver, abre margem ao reacendimento de discussão que já parecia sepultada.

Com efeito, o artigo 9º, inciso I, expressamente mencionado na Súmula da Suprema Corte, vedava à União, Estados, Distrito Federal e Municípios "criar distinções entre brasileiros, ou preferências em favor de uma dessas pessoas de direito público interno contra outra".

Esta redação revelava assentar-se em claro juízo de valor que, certamente, influenciou, de modo decisivo, na diretriz jurisprudencial então firmada.

Por outras palavras, as distinções ou preferências aludidas na Constituição revogada só eram vedadas quando instituídas com o objetivo de privilegiar uma ou detrimentar outra, dentre as pessoas de direito público interno.

Na ausência deste sentido reconhecido de privilégio ou discriminação, nada impediria a existência de "preferências", em si mesmas consideradas.

A Constituição de 1988, entretanto, cuidou da matéria de modo substancialmente distinto, no sentido de acentuar o princípio da igualdade jurídica das pessoas de direito público interno, fazendo-o, entre outros meios, exatamente pela remoção do juízo de valor retro-assinalado, no contexto da vedação de qualquer expediente que possa vir de encontro ao mesmo.

O preceito do artigo 19, inciso III, é seco, enxuto, sobremodo objetivo: "É vedado à União, aos Estados, ao Distrito Federal e aos Municípios ... criar distinções entre brasileiros ou preferências entre si".

Ora, que o parágrafo único do artigo 187, do CTN, institui preferência entre os créditos fiscais pertencentes às pessoas integrantes do pacto federativo é indiscutível.

Estas preferências foram tidas como compatíveis com a Constituição anterior porque, então, estavam atreladas ao requisito do privilégio ou do dano, o que não mais ocorre.

Portanto, as bases sobre as quais se fundou o entendimento manifestado pelo Supremo Tribunal Federal já não mais existem, eis que a discussão agora se põe, como salientado, apenas em razão da existência da pré-falada preferência, o que dá ao problema contornos bastante peculiares.

E, neste passo, parece-nos que o princípio da federação, tal como contemplado pela Constituição de 1988, não abriga a subsistência da discriminação em causa.

É sobremodo fluente a dúvida quanto ao fato do parágrafo único do artigo 187, do CTN, haver sido recepcionado pela Constituição de 1988.

IV — A questão do pré-ordenamento da atividade jurisdicional "strictu sensu"

Dentre os dispositivos da Lei 6.830/80 tidos como exteriorizadores de verdadeira truculência em matéria de privilégios concedidos à Fazenda Pública, dois agora devem ser particularmente destacados.

O primeiro deles é o constante do artigo 7º., que atribui uma série de conseqüências de grande relevância processual, e, portanto, merecedoras de consideração específica do magistrado, em face do caso concreto, ao despacho que simplesmente "deferir" a petição inicial da ação de execução fiscal.

Conforme esse dispositivo, tal deferimento importa em ordem para citação, pelas sucessivas modalidades, previstas na lei, entre as quais por edital; importa em penhora, se não for paga a dívida nem garantida a execução por meio de depósito ou fiança; importa em arresto, se o executado não tiver domicílio ou dele se ocultar; importa em registro de penhora ou do arresto, independentemente do pagamento de custas e outras despesas, e, finalmente, importa em avaliação dos bens penhorados ou arrestados.

O segundo destes preceitos é o que consta do § 3º., do artigo 11, que determina ao juiz que "ordene" a remoção do bem penhorado para depósito judicial, particular ou da Fazenda Pública exeqüente, sempre que esta o requerer, em qualquer fase do processo.

A crítica que tais preceitos merecem é facilmente perceptível, pois tratam-se, na verdade, de disposições normativas que atentam contra o mérito da própria atividade jurisdicional, dando, por sua conta, conseqüências que prescindem inteiramente da atuação que ao magistrado compete desempenhar dentro do processo.

Ousaríamos mesmo afirmar que estes dispositivos materializam exemplos daquilo que poderia ser considerado o "direito alternativo às avessas", ou seja, o legislador fazendo as vezes do juiz, e colocando em plano de manifesta subserviência aquelas que são as funções mais peculiares e típicas do Poder Judiciário.

O pré-ordenamento da atividade jurisdicional que estas normas perpetram leva à exclusão do controle jurisdicional sobre a legalidade de atos administrativos, à desigualdade das partes, no âmbito do processo, em suma, à própria negação do princípio do contraditório e da ampla defesa.

Tratam-se, portanto, de disposições nati-mortas, porque vulneradoras de direitos individuais que, embora nem sempre respeitados, não eram desconhecidos pelo sistema constitucional anterior a 1988.

Em acréscimo e reforço destas críticas, não pode deixar de ser lembrado o preceito que a Constituição de 1988, em boa hora, houve por bem erigir à categoria de princípio que deve nortear a atuação do juiz:

"Todos os julgamentos dos órgãos do Poder Judiciário serão públicos, *e fundamentadas todas as decisões, sob pena de nulidade*, podendo a lei, se o interesse público o exigir, limitar a presença, em determinados atos, às próprias partes e a seus advogados, ou somente a estes" (art. 93, IX — grifamos).

Claro está que esta necessidade de fundamentação, como condição de validade de qualquer decisão judicial, tecnicamente destitui de eficácia os comandos da Lei 6.830/80, aqui analisados.

Os atos a que tais comandos aludem situam-se no elenco das atribuições específicas e inderrogáveis que o juiz tem, dentro do processo, valendo, nesse contexto, a exigência da motivação, como a verdadeira linha que divide a justiça do arbítrio.

V — A questão do grau único de jurisdição nos processos de pequeno valor

O artigo 34, da Lei 6.830/80, determina que, nos processos de execução considerados de pequeno valor (ali entendidos como aqueles que não excedessem ao equivalente a 50 das já extintas Obrigações Reajustáveis do Tesouro Nacional), só se admitirão embargos de declaração e infringentes.

Estes embargos infringentes, contudo, nada têm a ver com aqueles cuja disciplina processual consta dos artigos 530 e seguintes do CPC.

Eles expressam, na realidade, verdadeiro pedido de reconsideração, uma vez que são deduzidos perante o próprio juiz do feito, e por ele acolhidos ou rejeitados (art. 34, §§ 2º e 3º).

Daí porque, sempre nos pareceu que a adoção desta terminologia não tem qualquer justificação, já que em nada concorre para identificar o tipo de recurso (se é que assim pode ser chamado) que qualifica, além de possibilitar a ocorrência de confusão com o outro, conhecido e tradicional, e de estrutura inteiramente distinta.

O dispositivo em exame, segundo entendimento que se firmou, exclui implicitamente, nos feitos a que alude, a possibilidade de interposição de agravo de instrumento, bem como de sujeição ao regime do duplo grau de jurisdição (Humberto Theodoro Jr., *op. cit.*, p. 29).

O rigor desta limitação, no período anterior à vigência da Constituição de 1988, foi atenuado por obra da jurisprudência, sempre quando se tratasse de discussão de matéria constitucional (neste sentido é o que se contém na Súmula 246, do extinto Tribunal Federal de Recursos).

A Constituição de 1988 encampou este entendimento, com a redação dada ao artigo 102, III, pela qual fica manifesto o acesso direto ao Supremo Tribunal Federal, nas causas de alçada em que se discuta questão constitucional, sem necessidade da intermediação de Tribunal de segundo grau.

Já o mesmo não ocorre com relação ao recurso especial, onde a vedação se mantém, uma vez que a competência do Superior Tribunal de Justiça, nesta área, continua sendo para "as causas decididas em única ou última instância *pelos Tribunais Regionais Federais, ou pelos Tribunais dos Estados*..."

Admitida, portanto, como incontroversa a possibilidade de oferecimento de recurso extraordinário, abre-se a questão da competência para proferir a decisão sobre o juízo de admissibilidade.

Em nota específica constante de seu precioso Código, Theotônio Negrão manifesta o correto entendimento de que tal competência cabe ao próprio juiz prolator da sentença ou da decisão, solução que guarda inteira coerência com o nível das limitações impostas pelo dispositivo agora sob exame.

Sem prejuízo das considerações ora feitas, permitimo-nos deixar patente nossa posição pessoal inteiramente contrária à "quantificação" do Direito, ou seja, à eleição de alçadas como critério para o dimensionamento do direito de ação *lato sensu* considerado.

VI — Conclusão

A releitura da Lei 6.830/80 propiciada pela Constituição de 1988 obviamente não se esgota nos temas que foram aflorados neste trabalho.

Na verdade, ela poderia estender-se a uma consideração geral e abrangente de que, tendo o diploma em consideração o vício intrínseco de propiciar privilégios exagerados e injustificáveis para a Fazenda Pública, só por esse aspecto comportaria até mesmo a possibilidade de cogitar-se de sua própria revogação, restaurando-se, neste campo, a codificação de um procedimento que jamais, enquanto tal, mostrou desarmonia ou inadequação em relação ao corpo a que pertencia.

Se a este vício for somada a circunstância, a princípio apontada, de que nem mesmo o objetivo de agilização ou aceleração da cobrança da dívida ativa foi alcançado nesses doze anos de vigência da lei, então a idéia assume cores ainda mais fortes.

Fica, portanto, a proposição aberta a discussão que, por todos os seus aspectos, temos por necessária e oportuna.

NOTAS & COMENTÁRIOS

CONTRIBUIÇÕES

WAGNER BALERA
Procurador Autárquico e Professor de Direito Previdenciário na Universidade Católica de S. Paulo

1. A contribuição social sobre o faturamento e o rural

1.1 O empregador rural

Atendendo à diretriz básica do custeio, grafada no inciso VI do parágrafo único do art. 194, que determina a *diversidade das bases de financiamento*, o constituinte instituiu duas novas bases de custeio do sistema de seguridade social: o *faturamento* e o *lucro*.

Essa diretriz, no entanto, é complementada por outra que, até topograficamente, a antecede: a da *eqüidade no custeio* (inciso V, do mesmo artigo e parágrafo), da *Superlei*.

De feito, o critério que melhor espelha o signo de riqueza econômica, para o meio rural, é o faturamento. A produção rural, representada pelo faturamento, poderia ser boa associação entre o volume de trabalho do rurícola e o investimento do produtor.

Para tanto, dois elementos: a) o número e a qualificação dos trabalhadores que integram todo o processo de produção rural; e b) a intensidade de utilização pelos mesmos trabalhadores dos esquemas de proteção social; deveriam estar, de algum modo, relacionados com a medida (base de cálculo) de incidência do tributo em estudo.

Um, dentre outros critérios poderia ser o seguinte: para uma produção rural maior com menor utilização de trabalhadores, a alíquota incidente deveria situar-se em faixas mais elevadas. Contrariamente, quando a produção rural utilizasse intenso contingente de trabalhadores, a incidência fiscal se daria sob a forma de alíquotas mais brandas.

Com essa proposta, estariam vinculadas a produção rural e desejável política de emprego (aliás, tendo em vista que estamos nos avizinhando, como adverte profeticamente Celso Barroso Leite, do século do desemprego o *pleno emprego* é fixado pela Constituição de 1988 como um dos objetivos da ordem econômica nacional); tudo para proporcionar desenvolvimento integral, do País e dos que nele habitam.

A expressão *faturamento*, originária do direito mercantil, significa ali o conjunto de diversas faturas. Explica De Plácido e Silva, no seu conceituado Vocabulário Jurídico, que a fatura é "documento representativo da venda já concluída".

A empresa rural já contribui sobre o faturamento. Essa contribuição destina-se, como determina a Constituição, ao Fundo de Amparo ao Trabalhador (antigo fundo PIS/PASEP) que é especificamente utilizado para custear o programa do seguro-desemprego e do abono anual.

Ademais, a Lei Complementar 70, de 30.12.91, cria contribuição para a Seguridade Social e estabelece que o faturamento (base de cálculo do tributo) é a receita bruta das vendas de mercadorias, de mercadorias e de serviços e de serviços de qualquer natureza (art. 2º).

Coalescem no sistema tributário, portanto, dois tributos, ambos criados por Leis Complementares, sobre a mesma base — faturamento — e ambos destinados a financiar a seguridade social.

1.2 O trabalhador rural

A Constituição de 1988 admitiu a existência de certa contribuição sobre o faturamento que terá como sujeito passivo uma pessoa física.

É o tributo disciplinado no § 8º do art. 195 da Lei Suprema, que define o faturamento como sendo a base de incidência da contribuição devida por produtores, parceiros, meeiros e arrendatários rurais, por garimpeiros e pescadores artesanais que atuem em regime de economia familiar.

Incide a alíquota de 2% (dois por cento) sobre o preço da comercialização da produção que realizam os assim denominados, pela Lei n. 8.212/91, segurados especiais. Também estão sujeitos, esses contribuintes, a um adicional de 0,1% (um décimo por cento) destinado ao custeio das prestações por acidentes do trabalho.

Conforme estabeleceu a Lei 8.540, de dezembro de 1992, o produtor rural empregador foi incluído entre aqueles cuja contribuição incide sobre o faturamento, com alíquotas idênticas às aplicáveis ao segurado especial.

Mas, a até então aparente eqüidade na forma de participação no custeio esgota-se neste ponto.

É que, para superar dificuldade técnica que não vem ao caso discutir aqui, o legislador fixou regime jurídico especial para o empregador rural: o mesmo é equiparado ao trabalhador autônomo e, enquanto tal, está obrigado a contribuir na conformidade da escala de salários-base de que trata o art. 29, da Lei 8.212, de 1991.

Assim, um dos contribuintes é mais onerado do que o outro, no interior de um mesmo universo jurídico: o do custeio do sistema de seguridade social.

Ocorre que a ineqüidade (ou seria melhor dizer-se iniqüidade?) não pára por aí.

É que o segurado especial, classificado constitucionalmente como merecedor de regime contributivo diferente e não como alguém que terá menor direito social, foi incumbido de contribuir apenas e tão-somente com base no respectivo faturamento. Entretanto, seu acesso aos benefícios somente se processará em condições de isonomia com os demais trabalhadores se inscrito como segurado facultativo.

1.3 Conclusão

Qual é a vera dimensão jurídica da diretriz da eqüidade no custeio?

A dimensão jurídico-constitucional da diretriz da eqüidade no custeio não pode se traduzir em igualdade nas contribuições sociais sobre o faturamento, segundo incidam sobre a produção da empresa ou sobre a produção do trabalhador rural, sem que haja correlativa igualdade na participação do segurado no plano de proteção.

Ao impor exigências distintas para o empregador rural e para o segurado especial, a legislação em vigor prestigia um tipo de discriminação intolerável, por violador da isonomia constitucional e da eqüidade no custeio.

2. A contribuição para o serviço nacional de aprendizagem rural

2.1 A competência residual da União para instituição de outras fontes de financiamento da seguridade social

Com prudência, o constituinte imaginou que o sistema de seguridade social deverá merecer, a seu tempo, expansão compatível com o desenvolvimento do País e com o progresso econômico. A vida social há de caminhar no rumo da proteção integral (ideal da universalidade da cobertura e do atendimento, estabelecido pelo art. 194, parágrafo único, I, da Lei Magna).

As fontes de custeio já estabelecidas no Texto Fundamental — contribuições sociais dos empregadores incidentes sobre a folha de salários, o faturamento, o lucro; dos trabalhadores e sobre a receita de concursos de prognósticos — não podem sofrer expansão indefinida, por naturais e óbvias limitações econômicas.

Antevendo a necessidade de campo futuro de incidência de contribuições sociais, é estabelecido o seguinte preceptivo constitucional:

"Art. 195 (...)

"§ 4º A lei poderá instituir outras fontes destinadas a garantir a manutenção ou expansão da seguridade social, obedecido o disposto no art. 154, I".

Foi ampliada, por força desse preceptivo, a competência residual da União que, além de poder instituir novos impostos, poderá criar novas bases para o funcionamento do sistema de seguridade social.

São claras as limitações constitucionais ao exercício dessa competência.

De tais limitações, expostas com absoluta precisão pelo art. 154 da Lei das Leis, cuidaremos de duas que mais se afinam com o escopo dessa tese.

A primeira limitação, de natureza material, impede a criação de novos tributos, na faixa da competência residual, que adotem fatos geradores ou bases de cálculo idênticos aos de tributos — impostos e contribuições — já discriminados na Lei Maior.

O tributo, é composto de dois elementos distintivos: o *fato gerador* e a *base de cálculo*.

O fato que gera contribuições sociais dos empregadores — genericamente considerado — é essa qualidade jurídica que, nos termos da lei, significa ter a seu serviço trabalhadores sujeitos ao regime geral previdenciário.

As bases de cálculo das contribuições do empregador, já definidas pela Constituição de 1988, são a folha de salários; o faturamento e o lucro.

A segunda limitação constitucional ao poder de tributar, aplicável ao exercício da competência residual, possui natureza formal.

Deveras, somente poderão ser instituídas outras fontes de custeio para a seguridade social por intermédio de lei complementar.

Advirta-se, para logo, que não cogitamos de fontes já criadas pela *Superlei*, cuja disciplina normativa infraconstitucional pode se dar por meio de lei ordinária.

As leis complementares serão o veículo das novas fontes de custeio; das fontes que deverão servir aos propósitos de manutenção e expansão do sistema, conforme clara dicção do preceito antes integralmente transcrito.

A lei complementar é exigível, nesse caso, por que obedece aos rigores de processo legislativo mais rígido.

Somente serão consideradas aprovadas as leis complementares que contarem com o voto da maioria absoluta dos membros das duas casas do Congresso Nacional, conforme determina o art. 69 da Constituição de 1988.

Assim, se quiser exercitar a competência residual, o Presidente da República deve remeter ao Congresso projeto com esse qualificativo normativo, já que em matéria tributária é daquela autoridade a iniciativa de leis.

Este o modo correto de introdução, no universo jurídico, de novas contribuições sociais.

2.2 *A indevida instituição de fonte de custeio, com base na competência residual*

Adotando como fundamento o art. 62, do Ato das Disposições Constitucionais Transitórias, a Lei 8.315, de 23 de dezembro de 1991, instituiu o Serviço Nacional de Aprendizagem Rural — SENAR, entidade destinada a elaborar e executar programas de assistência e treinamento para o trabalhador rural.

Conquanto meritória e necessária a iniciativa, é curial que o campo de atribuições do SENAR não se integra ao conceito genérico de seguridade social, como insculpido no *caput* do art. 194, da Constituição Federal.

Ademais, a citada Lei 8.315 instituiu um adicional da contribuição social das empresas. E escolheu como base de incidência de tal adicional a folha de salários.

É óbvio que houve, nesse caso, descaracterização da contribuição social, com manifesto desvio de finalidade de parte da receita constitucional destinada ao sistema de seguridade social.

Como ressalta à evidência, não poderia ter sido invocada a competência residual da União.

Do ponto de vista material, por ser vedada a utilização da mesma base de cálculo — perspectiva dimensível da materialidade do tributo, no dizer de Geraldo Ataliba — que já compusesse perfil constitucional de outro tributo.

Demais disso, por ser vedada a destinação do produto da arrecadação de parcela de contribuição social de seguridade para outra finalidade que não a que lhe é própria. Sustenta argutamente Misabel Derzi que existe, quanto às contribuições sociais, uma parafiscalidade necessária.

Ora, se considerarmos que o adicional previsto no art. 3º, inciso I, da Lei 8.315, de 1991, isto é, a alíquota de 2,5% (dois e meio por cento) incidente sobre a folha de salários, possui a mesma natureza que a contribuição social prevista no inciso I do art. 195, da Constituição, é inconstitucional o desvio dessa parcela de recursos para finalidade outra que não seja a prestação de benefícios e de serviços pelo sistema de seguridade social.

E como se não bastasse a violação do limite material ao exercício da competência residual, a citada lei também descumpriu a já explicada limitação formal.

De feito, a Lei 8.315/91 é mera lei ordinária.

Por não ter revestido a forma constitucionalmente prevista — a de lei complementar — não poderia ter introduzido na ordem jurídica a pretensa inovação.

Concluo: é inconstitucional o adicional criado pela Lei 8.315, de 1991, sob os dois aspectos — o material e o formal — aqui mencionados.

Pelas mesmas razões, tenho por inconstitucional a Lei 8.540, de 1992, que pretendeu estabelecer outro adicional, agora anexado à contribuição sobre o produto rural, para o financiamento das atividades do SENAR.

Aqui também houve desvio da finalidade previdenciária da receita adicional e tampouco se respeitou o critério formal que habilita a União a exercer a respectiva competência residual.

NOTAS & COMENTÁRIOS

EMPRÉSTIMO COMPULSÓRIO SOBRE O CONSUMO DE COMBUSTÍVEIS

ANTÔNIO SOUZA PRUDENTE

Juiz Federal em Brasília

Introdução — 1. Disciplinamento legal — 2. Precedente jurisprudencial — 3. Fundamentos doutrinários — 4. Repetição do indébito tributário: observância dos princípios jurídicos da legalidade estrita e da tipicidade normativa; vinculação do contribuinte-credor quanto aos aspectos material, temporal e subjetivo da hipótese de incidência tributária — 5. Prescrição e decadência na restituição do indébito tributário — 6. Onus probandi *do demandante quanto aos fatos constitutivos de seu pretenso direito — Conclusão — Referências bibliográficas.*

Introdução

Tenho afirmado que o Estado de direito não tolera atos normativos substancialmente injustos, assim como repudia tais atos, que se apresentam formalmente constitucionais.

Leis, decretos ou regulamentos dessa feitura abrem espaço aos avanços da corrupção, que se institucionaliza por sua aplicação diuturna, por meio dos órgãos e agentes oficiais do Poder, mormente em países como o nosso, onde campeia o analfabetismo jurídico.

Ninguém desconhece, ainda que por "ouvir dizer", que, na esfera da tributação, inúmeros são os atos normativos que violam, com plena consciência parlamentar-executiva, os princípios dirigentes de nosso Sistema Tributário Nacional e atentam contra os direitos e garantias fundamentais do cidadão.

Alinham-se, nesse contexto, os impostos disfarçados de "empréstimos compulsórios", os IOFs, as sobretarifas do FNT, os Finsociais, já reconhecidos e proclamados inconstitucionais por nossos tribunais.

No complexo legal do ordenamento jurídico brasileiro, destaca-se, dentre outros, por seu elevado teor de violência e injustiça, o malsinado Decreto-lei n. 2.288, de 23 de julho de 1986, que criou o fracassado Fundo Nacional de Desenvolvimento e instituiu o empréstimo compulsório sobre o consumo de gasolina e álcool carburante para veículos automotores, bem como sobre a aquisição de automóveis de passeio e utilitários, visando à absorção temporária de excesso de poder aquisitivo.

Se, no fenômeno jurídico da tributação, o Estado tem cometido toda espécie de abuso contra o administrado-contribuinte, não se há de combater esse abuso, senão pelas vias da legalidade e da constitucionalidade dos comportamentos.

No Estado Democrático de Direito, não se deve permitir que a Constituição seja amortalhada pelo jogo imoral dos espertos.

1. Disciplina legal

O Decreto-lei 2.288, de 23/7/86, ao instituir o empréstimo compulsório para absorção temporária de excesso de poder aquisitivo, assim disciplinou a matéria, ora sob apreciação:

"Art. 10. (...).

"Parágrafo único. O empréstimo compulsório será exigido dos consumidores de gasolina ou álcool para veículos automotores. (...).

"Art. 11. O valor do empréstimo é equivalente a:

"I — 28% (vinte e oito por cento) do valor do consumo de gasolina e álcool carburante; (...).

"Art. 12. O empréstimo calculado sobre o consumo de combustível será cobrado, junto com o preço do produto, pelas empresas refinadoras, distribuidoras e varejistas de gasolina e álcool e recolhido pelas refinadoras, no prazo de 15 (quinze) dias úteis.

"Art. 14. O empréstimo de que trata este Decreto-lei incidirá sobre os fatos ocorridos no período entre a data de sua publicação e 31 de dezembro de 1989.

"Art. 16. O empréstimo será resgatado no último dia do terceiro ano posterior ao seu recolhimento, efetuando-se o pagamento com quotas do Fundo Nacional de Desenvolvimento, criado neste Decreto-lei.

"§ 1º O valor de resgate do empréstimo compulsório sobre o consumo de gasolina e álcool será igual ao valor do consumo médio por veículo, verificado no ano do recolhimento, segundo cálculo a ser divulgado pela Secretaria da Receita Federal, acrescido de rendimento equivalente ao das Cadernetas de Poupança".

2. Precedente jurisprudencial

O egrégio e extinto Tribunal Federal de Recursos, ao declarar a inconstitucionalidade da cobrança do empréstimo compulsório sobre a aquisição de veículos, prevista no mesmo Decreto-lei 2.288, de 23/7/86, manifestou-se nestas letras:

"Tributário. Empréstimos compulsórios sobre veículos. Decreto-lei 2.288/86. Princípios constitucionais. Operações mercantis. Invasão de competência. Restituição.

"I — A inconstitucionalidade da exação em comento está espelhada em sua incidência sobre a transação de bens de mercado, o que representa identidade com o ICM, de competência estadual. Cristalina a invasão de competência vedada pelo texto constitucional.

"II — Em se tratando de mútuo compulsório, exigível em dinheiro, a sua devolução obriga-se a ser em espécie e não mediante cotas do FND, o que descaracteriza a figura do empréstimo.

"III — Disfarçado em empréstimo, trata-se, na realidade, de autêntico imposto, porquanto ao ser instituído, foi feito com base na competência residual da União. Imposto porque tem fato gerador (a aquisição do veículo), independente de atuação estatal, relativa ao contribuinte (adquirente do veículo), base de cálculo (valor da operação) e momento de incidência (ato de aquisição). Por ser imposto, obriga-se à obediência dos princípios constitucionais e tributários.

"IV — Declarada a inconstitucionalidade do art. 10 do Decreto-lei 2.288/86. Improvimento do recurso de apelação e da remessa oficial." (Argüição de inconstitucionalidade na Apelação em Mandado de

Segurança 116.582-DF. Rel.: Min. Pedro Acioli. Pleno/TFR. Maioria. *DJ* de 5.12.88).

No que tange ao empréstimo compulsório exigido, por força do mesmo famigerado Decreto-lei 2.288/86, dos *consumidores de gasolina ou álcool* para veículos automotores (art. 10, parágrafo único), sobre fatos geradores ocorridos no período que medeia entre a data da publicação do aludido Decreto-lei de 31 de dezembro de 1989 (art. 14), aplica-se a mesma dicção inteligente do precedente jurisprudencial, em referência, especificamente o seguinte: disfarçado em empréstimo, trata-se, na realidade, de autêntico *imposto*, porquanto ao ser instituído, foi feito com base na competência residual da União. *Imposto* porque tem *fato gerador* (*o consumo de gasolina ou álcool para veículos automotores*), independente de atuação estatal, relativa ao *contribuinte* (*consumidor de gasolina ou álcool*), *base de cálculo* (*valor do consumo de gasolina ou álcool carburante*), *alíquota ad valorem* (28% do valor do consumo). Por ser imposto, obriga-se à obediência dos princípios constitucionais tributários.

3. Fundamentos doutrinários

Dentre os princípios norteadores do fenômeno tributário, destacam-se, no particular, o da *legalidade estrita* e o da *tipicidade normativa*.

A propósito desses temas, merecem ser transcritas, aqui, as lições abalizadas de Alberto Xavier, *in verbis*:

A idéia de que em matéria de tributos a lei é o único instrumento de realização da justiça material não podia conduzir apenas à proclamação de uma reserva de lei formal, com as correspondentes exclusões do costume e do regulamento. Tornava-se ainda indispensável que essa mesma lei disciplinasse os atos do poder administrativo de uma forma tão completa que a expressão da justiça estivesse por inteiro contida nos termos da lei, com exclusão de qualquer margem de arbítrio dos órgãos de aplicação do direito.

No Direito Administrativo, em geral — e no que toca ao problema do grau de determinação da conduta pela lei —, o princípio da legalidade contenta-se com uma simples *reserva relativa*: sem dúvida, é indispensável que as intervenções da Administração na esfera da liberdade e de propriedade dos cidadãos — ou, mais genericamente, todo o comportamento da Administração — tenha o seu fundamento na lei; mas, em contrapartida, a lei não tem que fornecer necessariamente o critério de decisão no caso concreto, que o legislador pode confiar à livre valoração do órgão de aplicação do direito — o administrador.

No Direito Tributário, o princípio da legalidade revestiu sempre um conteúdo bem mais restrito. Com vistas a proteger a esfera de direitos subjetivos dos particulares do arbítrio e do subjetivismo do órgão de aplicação do direito — juiz ou administrador — e, portanto, a prevenir a aplicação de "tributos arbitrários", optou-se neste ramo do Direito por uma formulação mais restritiva do princípio da legalidade, convertendo-o numa *reserva absoluta de lei*, no sentido de que a lei, mesmo em sentido material, deve conter não só o fundamento da conduta da Administração, mas também o próprio critério da decisão no caso concreto.

Se o princípio da reserva de lei formal contém em si a exigência da *lex scripta*, o princípio da reserva absoluta coloca-nos perante a necessidade de uma *lex stricta*: a lei deve conter em si mesma todos os elementos da decisão no caso concreto, de tal modo que não apenas o fim, mas também o conteúdo daquela decisão sejam por ela diretamente fornecidos. A decisão do caso concreto obtém-se, assim, por mera dedução da própria lei, limitando-se o órgão de aplicação a subsumir o fato na norma, independentemente de qualquer livre valoração pessoal.

É a esta característica que aludem, entre nós, alguns autores, ao referirem-se — embora com evidente impropriedade terminológica — a um princípio de *estrita legalidade*.

A regra constitucional de reserva absoluta representa, pois, um duplo ditame: ao legislador e ao órgão de aplicação do direito. Ao primeiro, enquanto o obriga — sob pena de inconstitucionalidade — a formular os comandos legislativos em matéria tributária em termos de rigorosa reserva absoluta. Ao segundo, por excluir o subjetivismo na aplicação da lei, a criação judicial ou administrativa do Direito Tributário, o que envolve, de um lado, a *proibição da analogia* e, de outro, a *proibição da discricionariedade*.

E daí que as normas que instituem tributos sejam verdadeiras normas de decisão material (*Sachentscheidungsnomen*), na terminologia de Werner Flume, porque, ao contrário do que sucede nas normas de ação (*Handlungsnomen*), não se limitam a autorizar o órgão de aplicação do direito a exercer, mais ou menos livremente, um poder, antes lhe impõem o critério da decisão concreta, predeterminando o conteúdo do seu comportamento. (...) O órgão de aplicação do direito deve ter, na lei, predeterminado o conteúdo da sua decisão, donde resulta que se procura subtrair ao seu arbítrio ou critério subjetivo a eleição dos fatos tributários (como no Direito Penal se retira ao juiz a livre incriminação dos fatos), mas, mais ainda, que se lhe pretende retirar o critério da sua tributação, isto é, a fixação da medida do tributo. O órgão de aplicação do direito encontra-se, deste modo, submetido, quer aos tipos legais de fatos tributários, quer aos tipos de efeitos jurídicos decorrentes da verificação dos fatos, abrangendo a medida do tributo.

No Direito Tributário, a técnica da tipicidade atua, não só sobre a *hipótese* da norma tributária material, como também sobre o seu *mandamento*. Objeto da tipificação são, portanto, os *fatos* e os *efeitos*, as *situações jurídicas iniciais* e as *situações jurídicas finais* (...). Disse-se há pouco que a tipicidade respeitava não só aos fatos como aos efeitos, não só às situações jurídicas iniciais como às finais, não só à hipótese senão que também ao mandamento. Importa, pois, justificar o asserto.

A idéia de reserva absoluta de lei (formal ou material) envolve, como já várias vezes se afirmou, que ela contenha em si não só o fundamento, como também o próprio critério da decisão. Se o órgão de aplicação do direito deve ter na lei predeterminado o conteúdo da decisão, isto não pode deixar de significar que o princípio da tipicidade atua *integralmente* na norma tributária, em todos os seus elementos, na previsão ou hipótese e na estatuição ou injunção.

Se assim não fosse, isto é, se o princípio da legalidade se esgotase na declaração da tributabilidade do fato, teríamos que o referido princípio autorizava o órgão de aplicação do direito a, verificados certos fatos típicos, definir em concreto a medida do tributo a aplicar. Mas é de ver que semelhante entendimento é incompatível com as mais elementares exigências de segurança jurídica. Procurando esta subtrair ao órgão de aplicação do direito quaisquer expressões de arbítrio ou do seu puro critério subjetivo, natural se torna a exigência de uma construção por tipos, não só dos fatos tributários, mas também da medida dos tributos. E, desta sorte, são objeto de tipificação todos os elementos necessários à fixação do *quantum* da prestação tributária (in: *Os princípios da legalidade e da tipicidade da tributação*, RT/SP, 1978, pp. 36/39, 73 e 77/78).

Sob o ângulo do princípio da legalidade em matéria tributária, o art. 97 de nosso Código Tributário Nacional determina que somente a *lei* pode estabelecer a instituição, a majoração, a redução ou a extinção de tributos; a definição do fato gerador da obrigação tributária principal e de seu sujeito passivo; a fixação da alíquota do tributo e de sua base de cálculo (incisos I a IV).

De ser o decreto-lei meio hábil para a criação de tributos, à luz da Emenda Constitucional n. 1/69, anteriormente em vigor, e da jurisprudência de nossos tribunais superiores, já ninguém mais duvida.

No escol de Geraldo Ataliba, lê-se que a base imponível (*base de cálculo*) é uma perspectiva dimensível do aspecto material da hipótese de incidência, que a lei qualifica, com a finalidade de fixar critério para a determinação, em cada obrigação tributária concreta, do *quantum debeatur* (...). A base calculada resulta da aplicação concreta da base imponível (esta no plano legal, aquela no plano da aplicação da lei). A contribuição científica criativa de Aires Barreto leva a conceituar base calculada como "o resultado expresso em moeda da aplicação do crédito abstrato (base de cálculo) a um caso concreto". Ramalho diz da base calculada que ela é "o resultado quantitativo a que se chega para um contribuinte concreto". A base de cálculo é um conceito legal de tamanho; base calculada é magnitude concreta, é a precisa medida de um fato. (...) Não basta para a fixação do *quantum debeatur*, a indicação legal da base imponível. Só a base imponível não é suficiente para a determinação *in concretu* do vulto do débito tributário, resultante de cada obrigação tributária.

A lei deve estabelecer outro critério quantitativo que — combinado com a base imponível — permita a fixação do débito tributário, decorrente de cada fato imponível. Assim, cada obrigação tributária se caracteriza por ter certo valor, que só pode ser determinado mediante a combinação de dois critérios numéricos: a base imponível e a alíquota.

O objeto de cada obrigação tributária (individual e concreta) é o pagamento de uma soma determinada. A fixação dessa soma depende integralmente da lei. Nem a administração, nem o contribuinte concorrem com qualquer margem de liberdade no processo de sua formação. (...) A base calculada é um fator individual de determinação da grandeza de cada débito. A alíquota, um fator genérico. Dizemos "individual" a base, porque o dado numérico por ela fornecido varia conforme cada fato individual (fato imponível) realizado. Sendo a perspectiva dimensível do aspecto material, fornece um dado essencial à individualização do débito, dado este que varia de fato concreto para fato concreto (cada fato imponível tem a sua dimensão).

Já a alíquota — por ser estabelecida objetivamente em lei — é um fator estável e genérico. Assim, a combinação do dado numérico individual e específico (base calculada) com o dado numérico genérico (alíquota) permite a fixação do débito correspondente a cada obrigação.

Do exposto se vê que a base calculada é uma grandeza ínsita à coisa tributada, que o legislador qualifica com esta função. Alíquota é uma ordem de grandeza exterior, que o legislador estabelece normativamente e que, combinada com a base imponível, permite determinar o *quantum* do objeto da obrigação tributária.

Amilcar Falcão relaciona alíquota e base, conceituando esta como "grandeza econômica ou numérica sobre a qual se aplica a alíquota para obter o *quantum* a pagar" (Fato gerador da obrigação tributária, cit., p. 137) (in: *Hipótese de incidência tributária*, 4ª ed., Ed. RT, pp. 108/117).

4. Repetição do indébito tributário

— Observância dos princípios jurídicos da legalidade estrita e da tipicidade normativa.

— Vinculação do contribuinte-credor quanto aos aspectos material, temporal e subjetivo da hipótese de incidência tributária.

O Decreto-lei 2.288/86 define, com clareza, a *base imponível* (*valor* do consumo de gasolina e álcool carburante), a *alíquota* (28% desse valor de consumo — *base calculada, in concretu*) e o *sujeito passivo* (consumidor de gasolina ou álcool para veículos automotores) — arts. 10, parágrafo único, e 11, inciso I.

Ora, sabemos que, no fenômeno tributário, os princípios da *legalidade estrita* e da *tipicidade normativa* comandam tanto as *situações jurídicas iniciais* quanto as *situações jurídicas finais*.

Não foge desse contexto cogente o fenômeno tributário da repetição do indébito.

Assim, aquele que alega haver pago, indevidamente, determinada quantia, a título de empréstimo compulsório sobre o consumo de gasolina ou álcool carburante, no período estipulado no art. 14 do malsinado Decreto-lei 2.288/86, deverá demonstrar, na instrução do processo de repetição do indébito, o *quantum* efetivamente pago à Fazenda Nacional, como resultante da *base calculada* (fator individual de determinação da grandeza de cada tributo), a fim de evitar possível enriquecimento ilícito. Deverá revelar, também, o *aspecto temporal da hipótese de incidência tributária* (*rectius*: o momento em que o fato material do consumo do combustível ocorreu), vale dizer, as datas em que adquiriu o combustível, como matéria tributável, a fim de determinar-se a contagem dos prazos de decadência e prescrição na ação de repetição de indébito; e, ainda, comprovar, mediante escrituração contábil (pessoa jurídica) ou *notas fiscais idôneas* (pessoa física), que é o *sujeito passivo da relação tributária*, em questão, legitimado a repetir, pois sofreu o encargo tributário e a conseqüente diminuição do seu patrimônio, com a arrecadação do tributo.

De lege lata, "a restituição de tributos que comportem, por sua natureza, transferência do respectivo encargo financeiro, somente será feita a quem prove haver assumido referido encargo, ou, no caso de tê-lo transferido a terceiro, estar por este expressamente autorizado a recebê-la" (CTN, art. 166). Nessa inteligência, lavrou-se o enunciado da Súmula 546/STF.

O empréstimo compulsório sobre o consumo de gasolina ou álcool carburante para veículos automotores, previsto no Decreto-lei 2.288/86, orienta-se pela sistemática dos *tributos indiretos*, no fenômeno jurídico da repetição do indébito, exigindo-se a prova do contribuinte de fato (*consumidor do combustível — an debeatur*) *para legitimar-se a repetir (quantum debeatur*).

Nesse passo, se o proprietário de um determinado veículo, durante um certo tempo do espaço temporal da tributação em tela, emprestou seu automóvel a um amigo, que passou a consumir combustível, no uso desse carro emprestado, somente este último (amigo) está legitimado a repetir o que, efetivamente, recolheu a título desse empréstimo compulsório.

De igual forma, as empresas locadoras de veículos, tão-só pelo fato de serem proprietárias desses veículos no tempo da tributação questionada, não estão, *legalmente*, autorizadas a pedir devolução do empréstimo compulsório sobre o consumo de combusível, nos aludidos veículos, sem a prova material de que foram, efetivamente, as adquirentes do combustível consumido. Os usuários, locatários dos veículos, com a prova documental do *quantum* de combustível consumido, decerto, estariam legitimados a repetir.

Não posso comungar, pois, em são consciência jurídica, com a equivocada orientação jurisprudencial de alguns tribunais nessa matéria, na fala de que "basta o autor comprovar ser proprietário do veículo para ter direito à restituição do empréstimo compulsório respectivo". Tal orientação se desgarra, por completo, dos princípios jurídicos da tributação, que regem a espécie, possibilitando, assim, *concessa venia*, o enriquecimento ilícito de quem não contribuiu, de qualquer forma, para o erário público e pretende saqueá-lo, oficialmente, com aval dos Poderes competentes.

5. *Prescrição e decadência na restituição do indébito tributário*

No que tange à prejudicial de prescrição, freqüentemente argüida pela União Federal, em suas contestações judiciais, há de observar-se, na espécie, a norma do art. 1º do Decreto 20.910, de 6.1.32, que assim estabelece: "As dívidas passivas da união, dos Estados e dos Municípios, bem assim todo e qualquer direito ou ação contra a Fazenda Federal, estadual ou municipal, seja qual for a sua natureza, prescrevem em cinco anos contados da data do ato ou fato do qual se originaram".

Nessa inteligência, tem decidido o egrégio Tribunal Regional Federal da 1ª Região, por meio de sua colenda Quarta Turma, nestas letras: *Tributário. Empréstimo compulsório sobre aquisição de veículo ou combustível. Decreto-lei 2.288/86. Prescrição.* O termo inicial da prescrição é a data do recolhimento indevido. Apelação desprovida. (AC 92.01.18377-1/DF. TRF 1ª Região. 4ª Turma. Unânime. *DJU* de 10.12.92.

Em se tratando de empréstimo compulsório sobre a aquisição de combustível, o fenômeno da prescrição se orienta pelo enunciado da Súmula n. 163/TFR, *in verbis*: "Nas relações jurídicas de trato sucessivo, em que a Fazenda Pública figure como devedora, somente prescrevem as prestações vencidas antes do qüinqüênio anterior à propositura da ação".

De ver-se, ainda, que, *de lege lata*, o direito de pleitear a restituição do indébito se extingue com o decurso do prazo de 5 (cinco) anos, contados da data da extinção do crédito tributário pelo pagamento (CTN, art. 168, inciso I, c/c o art. 165, incisos I e II). Cuida-se, aqui, de prazo de *decadência*, que não sofre suspensão ou interrupção, atingindo o direito material do contribuinte, irremediavelmente. A decadência dever ser reconhecida e declarada, *de ofício*, pelo Juiz.

6. **Onus probandi** *do demandante quanto aos fatos constitutivos de seu pretenso*

Sob o ângulo estritamente processual, o autor da ação de repetição do indébito deve carrear aos autos as provas com que pretende demonstrar a verdade dos fatos alegados (CPC, art. 282, inciso VI), pois o ônus da prova, em casos que tais, incumbe ao autor, quanto ao fato constitutivo do seu direito (CPC, art. 333, inciso I).

Se a alegação é no sentido de que não se exigiram as notas fiscais do pagamento do combustível consumido, no tempo próprio, falece, aqui, o demandante, sob a força do adágio romano: *Dormientibus non sucurrit jus.*

Nesta linha de entendimento, passou a decidir a colenda Quarta Turma do egrégio Tribunal Regional Federal da 1ª Região, no julgamento unânime da AC 93.01.05.772-7/MG, de que foi Relatora a eminente Juíza Eliana Calmon, restando o acórdão assim ementado:

"Tributário e Processo Civil. Repetição de Indébito. Prova.

"1. O empréstimo compulsório sobre o consumo de gasolina e álcool, instituído pelo art. 10 do Decreto-Lei 2.288/86, foi declarado inconstitucional, sendo legítima a pretensão de devolução do que foi pago indevidamente.

"2. Pautando-se o pedido de devolução na inconstitucionalidade da exação, a prescrição qüinqüenal deve ser considerada a partir de cada recolhimento.

"3. Em repetição de indébito, há de suportar o autor o ônus de provar o seu desfalque patrimonial, em decorrência do pagamento indevido (art. 166 do CTN e 965 do Código Civil).

"4. O *quantum* devido não pode ser determinado por mera estimativa ou presunção.

"5. Recursos providos. Sentença reformada".

Conclusão

A devolução do empréstimo compulsório em comento, preconizada, *por estimativa de sua base imponível* (pasmem!), no § 1º do art. 16 do infeliz Decreto-lei 2.288/86, fere, em todos os flancos, os princípios da legalidade estrita e da tipicidade da tributação, que devem regular a matéria sob apreciação.

Se não é possível criar, majorar ou reduzir tributos, *por estimativa de sua base imponível*, conforme acima foi visto, não o será, também, proceder-se, assim, à sua devolução. Além de *manifestamente injusto* tal procedimento, em face do *princípio de Justiça distributiva*, afigura-se inconstitucional por ferir os princípios da legalidade e da ticipidade tributária, a que se submetem, inteiramente, os fenômenos da tributação e da repetição do indébito tributário.

Ferem a Constituição Federal, atentam contra o erário público e possibilitam o enriquecimento ilícito do particular a norma do § 1º do art. 16 do prefalado Decreto-lei 2.288/86 e as Instruções Normativas da Secretaria da Receita Federal, que lhe dão cumprimento, sem atentar para a rigidez dos princípios jurídicos da tributação, que regulam a espécie em foco.

O mascarado Decreto-lei 2.288/86, ao criar o empréstimo compulsório sobre o consumo de gasolina ou álcool para veículos automotores, bem como sobre a aquisição de automóveis de passeio e utilitários, determinando sua devolução, na forma estabelecida no § 1º de seu art. 16, feriu duplamente a Constituição Federal, vale dizer, tanto na forma de instituição do tributo disfarçado quanto no critério de sua devolução, sem observância dos princípios jurídico-constitucionais da tributação, suso referidos.

Não se corrige o abuso de uma inconstitucionalidade (criação de um tributo indevido) com a prática abusiva de outra inconstitucionalidade (procedimento da devolução do empréstimo — *indébito tributário* — na forma prevista do § 1º do art. 16 do indigitado Decreto-lei 2.288/86).

A repetição do indébito, em referência, há de ser feita pelos caminhos da legalidade e da constitucionalidade, que recomendam a observância, na espécie, dos princípios da legalidade tributária e da tipicidade cerrada em matéria de tributação, pois não se deve olvidar que o extinto e sempre egrégio Tribunal Federal de Recursos, ao declarar a natureza jurídico-tributária do enganoso empréstimo compulsório (imposto) e sua inconstitucionalidade manifesta, submeteu seu tratamento à obediência dos princípios constitucionais-tributários (AMS 116.582-DF. TFR/Pleno. *DJU* de 5.12.88).

Nessa linha de convicção, deve realizar-se a repetição do indébito tributário, sob pena de se cometerem sérios gravames aos cofres públicos (maio, 1993).

Referências bibliográficas

Ataliba, Geraldo. *Hipótese de incidência tributária*. 4ª ed. ampliada e atualizada (em função da Constituição de 1988). RT/SP, 1990.

Brasil. Constituição Federal de 1988. Lex Editora S.A.

Negrão, Theotônio. *Código de Processo Civil e legislação processual em vigor*. 21ª ed. RT/SP, 1991.

Oliveira, Juarez de. *Código Tributário Nacional*. 2ª ed., acompanhada do Sistema Tributário Nacional, constante da Constituição Federal de 1988. Editora Saraiva, 1991.

Xavier, Alberto. *Os princípios da legalidade e da tipicidade da tributação*. RT/SP, 1978.

NOTAS & COMENTÁRIOS

JUROS DA MORA EM MATÉRIA TRIBUTÁRIA

ANA MARIA APARECIDA DE FREITAS
Bacharel em Direito e Servidora do TRF — 5ª Região

I — Introdução

Os tribunais vêm se deparando com recente celeuma acerca da incidência dos juros moratórios em processos de índole eminentemente tributária, ensejando recursos da parte que se entende prejudicada.

A questão é tratada pelo Código Tributário Nacional, artigo 167, parágrafo único, determinando a incidência de juros não capitalizáveis, a partir do trânsito em julgado da decisão definitiva, sendo que, a corrente adversa entende infringido o princípio da isonomia em face do tratamento diverso do Fisco, nas cobranças de tributos em mora contra o contribuinte.

Assim, reportam-se ao disposto no artigo 1.536, § 2º, do Código Civil, o qual estipula os juros moratórios desde a citação inicial, contrapondo-se, portanto, ao previsto no CTN.

Este estudo visa, então, abordar vários aspectos sobre a aplicação dos juros de mora na repetição do indébito tributário, sem ter, todavia, a menor pretensão de esgotar o entendimento a seguir defendido, bem como conferir o devido respeito aos que advogam tese oposta.

II — A imposição tributária e a repetição de indébito

A imposição tributária, enquanto decorrência da necessidade do Estado gerar recursos, é o fenômeno, segundo o qual, fundem-se os princípios fundamentais que regem a Economia (fato), as Finanças Públicas (valor) e a Ciência do Direito (norma).

O Estado, dessa forma, através de sua soberania e em atendimento às necessidades públicas, utiliza-se do direito-norma a fim de obter os recursos que necessita. É o Estado de Direito que, no entender de Oreste Ranelletti, é "aquele que disciplina com regras jurídicas, na maior medida possível, sua própria organização e atividade nas relações com os cidadãos e assegura também através do Direito, a atuação em relação a si próprio, mediante institutos jurídicos adequados".

Pautado, então, nos princípios fundamentais do direito, através do poder outorgado constitucionalmente, o Estado de Direito edita as normas a serem cumpridas pelos indivíduos, aos quais, por sua vez, lhes é conferida a titularidade dos direitos públicos subjetivos e, portanto, disposições jurídicas ativas, em eventuais confrontos que venham a ter com a autoride pública ou mesmo com outros particulares.

Roque Antônio Carrazza define bem a hodierna relação existente entre o Estado e os indivíduos: "A aceitação da existência de direitos públicos subjetivos dos cidadãos, oponíveis ao Estado, é uma das mais expressivas conquistas dos tempos modernos. Sim, porque até passado mais ou menos próximo, era pacífica a idéia de que os Estados e os entes públicos ocupavam uma posição muito superior à ocupada pelos indivíduos.

"Os direitos do Estado, em relação aos indivíduos, sempre foram aceitos sem objeções. Só mais recentemente, porém, é que se começou a aceitar a existência de direitos individuais, em relação ao Estado. Isto decorre em virtude do paulatino acolhimento das novas concepções do homem no pensamento ocidental, resultado de milenares meditações."

Os direitos fundamentais, então, apresentam-se como proibições do Estado de lesar, por meio de leis, atos administrativos ou decisões judiciais o que a Constituição Federal garantiu através da igualdade de todos perante a lei, a inviolabilidade da propriedade privada, a liberdade de opinião, a liberdade de consciência, de associação, de reunião, entre outros direitos não enumerados, mas que formam o mínimo de exigência para que todos possam viver e desenvolver livremente suas atividades lícitas.

O Código Tributário Nacional, artigo 6º, alerta que: "A atribuição constitucional de competência tributária compreende a competência legislativa plena, ressalvadas as limitações contidas na Constituição Federal, nas constituições de Estado e nas Leis Orgânicas do Distrito Federal e dos Municípios, e observado o disposto nesta Lei".

Extrapolando, então, os limites traçados pelo legislador constituinte e ordinário, cabe àquele que se sentir lesado, o direito de postular, administrativa ou judicialmente, o reconhecimento de seu direito.

A imposição tributária tem seu surgimento com a lei. Através dela é descrito um determinado fato, o qual tem a atribuição de criar uma relação entre o particular e o Estado.

É o denominado fato gerador ou fato imponível pelo qual nasce a relação tributária, que compreende no dever do sujeito passivo da obrigação tributária (aquele que suporta o ônus) prestar recursos financeiros ao Estado (sujeito ativo), ou de fazer, não fazer ou tolerar algo no interesse da arrecadação de determinada exação.

Ao serem infringidos os princípios fundamentais previstos constitucionalmente ou na legislação ordinária, sentindo-se o contribuinte lesado pela ilegalidade da imposição tributária, terá o direito a ver restituídos os valores recolhidos indevidamente, em favor do Fisco, através da denominada repetição de indébito.

A repetição do indébito é a devolução do pagamento indevido efetuado pelo sujeito passivo da relação tributária, seja qual for a modalidade de seu pagamento, em face da legislação aplicável, de erro na identificação do sujeito passivo, na determinação da alíquota devida, no cálculo do montante do débito, ou, ainda, na elaboração ou conferência de qualquer documento relativo ao pagamento.

Enseja, ainda, a repetição do indébito tributário, a reforma, anulação, revogação ou rescisão de decisão condenatória contra o contribuinte que tenha efetuado o recolhimento da exação.

III — A mora — conceituação e conseqüências

A mora consiste no retardamento da prestação devida ou o seu cumprimento fora do lugar e do modo devidos.

O Código Civil, artigo 955, explicita a noção de mora nos termos a seguir: "Considera-se em mora o devedor que não efetuar o pagamento, e o credor que o não quiser receber no tempo, lugar e forma convencionados".

Dessa forma, a mora vem a ser, segundo R. Limongi França, não só a inexecução culposa da obrigação, mas também a injusta recusa de recebê-la no tempo, no lugar e na forma devidos.

Portanto, a mora é mais do que simples retardamento, ocorrendo, não apenas pela inadimplência, mas, também, quando a obrigação não for cumprida no tempo, no lugar e no modo devidos, e, ainda, pela recusa do credor em recebê-la.

No Direito Tributário, a mora consiste no inadimplemento ou no pagamento não integral do crédito tributário pelo contribuinte, em favor do ente de direito público credor da obrigação tributária.

O ente público também será constituído em mora, no reverso da relação tributária, nos casos previstos no artigo 165 e incisos do Código Tributário Nacional, ou seja, o contribuinte, recolhendo indevidamente a exação, quer por força de lei ou pagamento espontâneo, passa a ter o direito à restituição do valor recolhido indevidamente.

Trata-se da repetição do indébito, direito inerente ao sujeito passivo tributário que, independentemente de prévio protesto, pode postular a devolução total ou parcial do tributo, conforme o caso, pois é norma primordial do direito que a ninguém é permitido se enriquecer sem justa causa.

A repetição do indébito evidentemente não é processada de imediato, haja vista a necessária tramitação processual administrativa ou judicial.

A mora na devolução de tais valores ocasiona, via de conseqüência, prejuízos ao credor, impossibilitando-o de fazer o melhor uso desses valores.

Assim, como forma de compensação ao retardamento no adimplemento da obrigação por parte do ente de direito público, agora sujeito passivo da relação contribuinte/pessoa jurídica de direito público, impõem-se como pena ao devedor pela demora na devolução dos valores, a condenação ao pagamento de juros moratórios.

IV — Juros de mora — aplicação

Na conceituação de Maria Helena Diniz "os juros são o rendimento do capital, os frutos civis produzidos pelo dinheiro, sendo, portanto, considerados como bem acessório (CC, art. 60), visto que constituem o preço do uso do capital alheio, em razão da privação deste pelo dono, voluntária e involuntariamente. Os juros remuneram o credor por ficar privado de seu capital, pagando-lhe o risco em que incorre de não mais receber de volta".

Assim, o direito civil distingue os juros em duas modalidades: os juros compensatórios, que decorrem de uma autorização consentida do capital alheio, ou seja, é preestabelecido no título constitutivo da obrigação, fixando-se seus limites pelos próprios contraentes e os juros de mora, que consistem na indenização pelo retardamento na devolução do débito, sendo devidos independentemente da alegação de prejuízo, decorrendo apenas da constituição da mora.

Nos países de economia estável, as taxas de juros são formadas pela taxa pura de juros (ou juros propriamente ditos), acrescida da expectativa inflacionária e do risco, tendo em consideração o grau de confiabilidade dos agentes financeiros na estabilidade econômica de cada país.

A Constituição Federal, artigo 192, § 3º, determina que "as taxas de juros reais, nelas incluídas comissões e quaisquer outras remunerações direta ou indiretamente referidas à concessão de crédito, não poderão ser superiores a doze por cento ao ano; a cobrança acima deste limite será conceituada como crime de usura, punido, em todas as suas modalidades, nos termos que a lei determinar".

Convém, entretanto, esclarecer bem que não se confundem imposição de penalidades, com a atualização monetária e a aplicação de juros de mora.

Os juros moratórios, conforme anteriormente exposto, é a indenização pelo retardamento na devolução do débito, consistindo na remuneração do capital.

O Código Tributário Nacional, no capítulo que trata sobre a extinção do crédito tributário, disciplina em seu artigo 161 e parágrafo 1º, o seguinte: "art. 161. O crédito não integralmente pago no vencimento é acrescido de juros de mora, seja qual for o motivo determinante da falta, sem prejuízo da imposição das penalidades cabíveis e da aplicação de quaisquer medidas de garantias previstas nesta lei ou em lei tributária.

"§ 1º — Se a lei não dispuser de modo diverso, os juros de mora são calculados à taxa de 1% (um por cento) ao mês".

Dessa forma, o contribuinte encontrando-se em mora perante o fisco, está obrigado ao pagamento da taxa de juros de 1% (um por cento) ao mês, independentemente do motivo determinante de sua falta, a partir da constituição do débito.

Entretanto, em contraposição, o indébito tributário não rende juros de mora na mesma proporção que é disciplinado na relação inversa da constituição do débito contribuinte/fisco.

Os juros de mora, na repetição do indébito, é calculado a partir do trânsito em julgado da decisão definitiva que a determinar, conforme a dicção do art. 167 e parágrafo único do CTN, *verbis*: "art. 167 — A restituição total ou parcial do tributo dá lugar à restituição, na mesma proporção, dos juros de mora e das penalidades pecuniárias, salvo as referentes a infração de caráter formal não prejudicadas pela causa da restituição.

"Parágrafo único: A restituição vence juros não capitalizáveis, a partir do trânsito em julgado da decisão definitiva que a determinar".

Assim, apenas após o trânsito em julgado da decisão administrativa ou judicial passará a incidir os juros de mora, no percentual de 1% ao mês, quando se tratar de repetição do indébito tributário.

V — Aplicação do princípio isonômico

Encontrando-se o contribuinte em mora, o Código Tributário Nacional disciplina no artigo 161 e § 1º que os juros moratórios são impostos a partir do vencimento do crédito tributário, independentemente do motivo determinante da falta, à taxa de 1% ao mês.

Por outro lado, ao indébito tributário não se aplica a mesma regra.

Conforme explanado anteriormente, o contribuinte que recolheu indevidamente qualquer tributo, nos moldes previstos no artigo 165 do CTN, fará jus à restituição, computando-se os juros a partir do trânsito em julgado da decisão definitiva que a determinar (parágrafo único do art. 167 do CTN).

Reputando indevida a exação, o contribuinte receberá os valores recolhidos indevidamente, com o acréscimo dos juros de mora apenas computados a partir do trânsito em julgado da decisão definitiva, quer judicial, quer administrativa.

Este vem sendo o posicionamento adotado nas decisões, trazendo uma discrepância flagrante na relação fisco/contribuinte.

Dessa forma, em homenagem àqueles que defendem o fim dos privilégios à Fazenda Pública, após a nova Carta Política, convém ressaltar-se a aplicação do princípio isonômico no cálculo dos juros de mora no indébito tributário.

Para tanto, imprescindível se torna a evocação da hermenêutica jurídica, cujo objetivo é o estudo e a sistematização dos processos aplicáveis para a determinação do sentido e do alcance das expressões do Direito, a fim de viabilizar o raciocínio que a seguir será exposto.

Destaque-se, para tanto, a explanação do saudoso jurista Carlos Maximiniano, em sua clássica obra Hermenêutica e Aplicação do Direito, sexta edição, que de forma concisa elucida: "As leis positivas são formuladas em termos gerais; fixam regras, consolidam princípios, estabelecem normas, em linguagem clara e precisa, porém ampla, sem descer a minúcias. É tarefa primordial do executor a pesquisa da relação entre o texto abstrato e o caso concreto, entre a norma jurídica e o fato social, isto é, aplicar o direito.

"Para o conseguir, se faz mister um trabalho preliminar: descobrir e fixar o sentido verdadeiro da regra positiva; e, logo depois, o respectivo alcance, a sua extensão. Em resumo, o executor extrai da norma tudo o que na mesma se contém: é o que se chama interpretar, isto é, — determinar o sentido e o alcance das expressões do direito".

Através da hermenêutica jurídica, enquanto teoria científica da arte de interpretar as leis, a aplicação do direito consiste no enquadramento de um caso concreto a uma norma jurídica adequada.

Retornando ao disposto no artigo 167 e parágrafo único do Código Tributário Nacional, temos que a restituição total ou parcial do tributo vence juros não capitalizáveis, a partir do trânsito em julgado da decisão definitiva.

Pois bem, cabe então indagar: qual o sentido verdadeiro dessa regra positiva e o respectivo alcance?

O eminente Mestre de Direito Tributário, Juiz Hugo de Brito Machado, defende a tese de que os artigos 165 a 169 do CTN, dentre os quais se extrai o que disciplina a aplicação dos juros de mora a partir do trânsito em julgado da decisão definitiva, apenas se aplica às decisões de autoridade administrativa. É o que se depreende da decisão proferida nos Embargos de Declaração na Apelação Cível 16.368 — RN, em que foi relator e da qual se extrai: "Recentemente, porém, apreciando mais uma vez a matéria, modifiquei aquele entendimento, e fui acompanhado pelos demais integrantes da 1ª Turma do TRF, que à unanimidade decidiu manter sentença na qual fora a Fazenda Nacional condenada a pagar juros a partir da citação. (EAC 16.259 — RN). Li, mais uma vez, os artigos 165 a 169, do Código Tributário, e restei convencido de que a norma do artigo 167, parágrafo único, na qual se funda a jurisprudência, refere-se à decisão definitiva da autoridade administrativa, e não à sentença na ação de repetição do indébito. O parágrafo único, do artigo 167 do Código Tributário Nacional, diz que a *restituição vence juros não capitalizáveis, a partir do trânsito em julgado da decisão definitiva que o determinar*. Essa norma, porém, está colocada imediatamente antes daquela segundo a qual o prazo para pleitear a restituição extingue-se em cinco anos (art. 168), e que, induvidosamente refere-se ao pedido de restituição na via administrativa. O elemento sistemático, portanto, está a indicar que a decisão mencionada no parágrafo único, do art. 167, é a administrativa".

Divirjo, no meu humilde entender, de tal posicionamento.

A seção em que se encontram inseridos os suso-citados dispositivos trata sobre o pagamento indevido, e, para tanto, não há distinção das esferas administrativa e judicial, pois o assunto é tratado de forma geral, não cabendo ao hermeneuta restringir onde a própria norma não restringiu.

Ao reportar-se ao sujeito passivo da relação fisco/contribuinte quando tem direito à restituição total ou parcial do tributo recolhido indevidamente, o legislador ordinário utiliza-se das expressões *decisão condenatória* ou *trânsito em julgado da decisão definitiva* de forma abrangente. Não denota, de forma alguma, que queira referir-se apenas a decisões administrativas.

Ressalte-se, inclusive, que ao contrário, quando quer restringir, o legislador o expressa conforme o inciso II do artigo 168, sendo contundente: "art. 168. O direito de pleitear a restituição extingue-se com o decurso do prazo de 5 (cinco) anos contados:

"I — (...)

"II — Na hipótese do inciso III do artigo 165, da data em que se tornar definitiva a decisão administrativa ou passar em julgado a decisão judicial que tenha reformado, anulado, revogado ou rescindido a decisão condenatória".

Assim, quando desejou o legislador esclarecer a que tipo de decisão administrativa ou judicial se reporta, o fez expressamente.

Há de se concluir, portanto, que o CTN não distinguiu se a aplicação dos juros é a partir do trânsito em julgado da decisão administrativa ou de decisão judicial, tratando do assunto englobadamente.

Nascido sob a égide da Constituição Federal de 1946, o Código Tributário Nacional, Lei 5.172, de 25.10.66, que adquiriu eficácia de Lei Complementar pelo Ato Complementar 36, de 13.3.67, encontrava-se compatível com a Carta Constitucional então vigente.

Atualmente, entretanto, chocam-se alguns princípios, haja vista a própria dinâmica do direito, enquanto ciência atrelada às mutações sócio-econômicas-culturais da nação.

A novel Carta Magna prima pelos princípios fundamentais, dentre eles, o princípio isonômico, ou seja, "todos são iguais perante a lei" (art. 5º, *caput*). Seabra Fagundes explora brilhantemente essa concepção, segundo a qual o legislador "ao elaborar a lei, deve reger, com iguais disposições — os mesmos ônus e as mesmas vantagens — situações idênticas, e, reciprocamente, distinguir, na repartição de encargos e benefícios, as situações que sejam entre si distintas, de sorte a quinhoá-las ou gravá-las em proporção às suas diversidades", *in O Princípio Constitucional da Igualdade perante a Lei e o Poder Legislativo*.

Pois bem, há diferença gritante entre a aplicação dos juros moratórios contra o contribuinte em mora e a repetição do indébito tributário pela Fazenda Pública. No primeiro caso, a aplicação passa a ser contada a partir do vencimento; no segundo, conforme ditames do artigo 167 e parágrafo único do CTN, a partir do trânsito em julgado da decisão definitiva.

VI — Conclusão

Conclui-se, então, pela incompatibilidade dos princípios traçados pela Constituição Federal de 1988 com o disposto no parágrafo único, do artigo 167 do CTN, devendo, evidentemente, prevalecer a primeira.

Sendo incompatível o referido dispositivo e partindo-se da premissa que a mora é o retardamento ou o não pagamento da prestação devida, e que os juros moratórios são devidos a partir da constituição do devedor em mora, apresentam-se duas situações distintas em relação ao estudo ora posto.

A primeria é a mora advinda do retardamento ou do não pagamento da prestação devida pelo contribuinte.

Nesse caso, os juros moratórios são computados nos termos do art. 161 e parágrafos do CTN, ou seja, a constituição da mora é a partir do vencimento.

Com relação à repetição do indébito, cabe saber qual o *momento* da constituição do fisco em mora.

No direito civil, a mora é constituída a partir do vencimento da obrigação, desde que positiva e líquida. Inexistindo prazo assinalado do vencimento, passa a contar da interpelação, notificação ou protesto (art. 960 do Código Civil). O Código Comercial, artigos 138 e 205 disciplinam da mesma forma.

Quando, entretanto, a mora não é *ex re*, ou seja, não é de pleno direito, não decorre do simples vencimento da obrigação, ou, ainda, tratando-se de obrigação ilíquida, a mora passa a ser constituída a partir da citação (artigo 219 do Código de Processo Civil).

Em conclusão, no direito tributário, a constituição em mora do fisco, na repetição do indébito, por tratar-se de prestação ilíquida, também deve ser computado a partir da citação (artigo 219 do CPC), obedecendo a taxa de 12% (doze por cento) ao ano, nos mesmos moldes em que é cobrada do contribuinte, conforme dicção do artigo 161 e § 1º. do Código Tributário Nacional.

NOTAS & COMENTÁRIOS

REFORMA TRIBUTÁRIA E FINANÇAS ESTADUAIS

HERON ARZUA
Advogado em Curitiba (PR)

O Brasil já teve uma Reforma Tributária digna desse nome. É aquela resultante da Emenda Constitucional 18, de 1965 (à Constituição de 1946). Constituiu-se ela numa consolidação de impostos de idênticas naturezas num único tipo de tributação, tomando por referência as suas estruturas econômicas e não levando em conta as modalidades jurídicas.

Procurando, no contexto difícil da Federação, evitar a multiplicidade de incidências sobre o mesmo fenômeno econômico, a Reforma de 1965 adotou a concepção do sistema tributário no plano econômico e nacional, em substituição ao critério do Estatuto de 1946, histórico e de origem essencialmente política, da coexistência de três sistemas tributários. Como corolário da primeira premissa, a Emenda discriminou os impostos em quatro classes : *a*) imposto sobre o comércio exterior (exportação e importação); *b*) imposto sobre o patrimônio e a renda; *c*) imposto sobre a produção e circulação de bens; e *d*) impostos especiais (que não conseguiram enquadrar-se nas definições econômicas apontadas). Submeteu ainda o princípio da redistribuição de rendas entre os entes federados e municípios a regras rígidas e preestabelecidas e conceituou as taxas do modo mais estrito possível, a fim de evitar que, sob tal capa, os entes públicos criassem verdadeiros impostos.

Mas nem tudo era lógico e racional. Já à época, juristas e economistas anotavam as deficiências da Reforma, algumas de índole técnica, outras de natureza eminentemente política. Assim, não eram consideradas virtudes da Reforma de 1965 a excessiva concentração de impostos na órbita da União, não ter chamado para o campo constitucional situações de tributação típicas de nosso País (tais como, as contribuições sociais), a permanência do Imposto sobre Circulação de Mercadorias (ICM) na competência impositiva dos Estados; divisão do campo "serviços" e "mercadorias" entre a União, Federadas e Municípios; mantença do Imposto sobre Produtos Industrializados (IPI), que deveria ser assimilado ao ICM; tributação apartada por impostos especiais dos minerais, energia elétrica, combustíveis, transportes e comunicações.

De qualquer maneira, a instituição, no Brasil, de um imposto genérico sobre o valor agregado (o ICM), substituindo o antigo imposto de vendas e consignações, foi a grande nota da Reforma de 1965. Com origem atrelada a "le taxe sur la valeur ajoutée", técnica impositiva concebida na França, a fulgurante característica do sistema do valor agregado é precisamente a forma de 'sua cobrança não-cumulativa'. Entre as várias altemativas que se ofereciam aos técnicos pátrios, para minorar os efeitos distorcivos que o imposto estadual de vendas e o seu similar municipal — o imposto de indústrias e profissões — originava no sistema econômico, optou-se pela instituição de um imposto que, guardando certas conotações com seu antecessor, não incorresse nos mesmos equívocos. Por questões pragmáticas, o então novo imposto se conservou na esfera de atuação dos Estados-membros, ainda que a doutrina recomende e os especialistas reconheçam que um imposto ao longo de todo o ciclo econômico, com repercussões inevitáveis na economia global do País, devesse ser reservado à área nacional. Todavia, nem sempre é possível prevalecer o critério estritamente técnico diante de situações histórico-institucionais profundamente enraizadas.

Do imposto sobre o valor adicionado apontavam-se várias vantagens sobre o sistema em cascata. Assim: *1*) Igualdade de tributação. (A carga do imposto pago em cada etapa corresponde ao valor agregado nela. Portanto, a soma desses valores nas diferentes fases é igual ao valor do produto final, pelo que, o total de impostos pagos, ainda que parcelados sucessivamente, deve ser igual ao imposto que corresponderia se este tivesse sido quitado no montante total sobre o preço da venda a varejo.) *2*) Estimula a especialização. (Ao revés do imposto em cascata, que vai de encontro ao postulado da eficiência econômica, as empresas industriais, não havendo vantagens fiscais no processo de integração, procuram concentrar-se numa linha pequena de produtos, deixando que outras se dediquem a produtos intermediários. Do fomento à especialização, que atinge também a rede de distribuição, alcança-se o aperfeiçoamento dos métodos de trabalho e, em conseqüência, maior produtividade.) *3*) Fiscalização em cadeia. (A evasão do imposto se torna mais difícil porque o sistema gera um elo de solidariedade bastante forte entre os intervenientes do processo produtivo, de vez que a parcela do imposto paga por um, devidamente formalizada no documento fiscal, é o comprovante do crédito do outro. Se houver quebra do elo, o erário não sai prejudicado, pois a parte sonegada será inevitavelmente quitada na operação conseqüente.) *4*) Maiores facilidades à Administração Tributária. (Esta pode concentrar seus esforços basicamente no setor industrial e atacadista. O problema do varejo, em que é maior a evasão fiscal, pela pequena margem de incidência do tributo no pólo final, deixa de se erigir em preocupação central dos administradores.)

No Brasil, nem todas as vantagens teóricas do valor agregado se confirmaram na prática. Fundamentalmente, ninguém supunha que o brasileiro fosse "criativo" a ponto de inventar a nota fiscal sem a mercadoria, erigindo o documento num verdadeiro título de crédito autônomo. Mas, no fundamental, do ponto de vista de eficiência econômica, ainda não se inventou imposto indireto melhor, com a força que ele tem em termos de produção de receita. Ele é ideal? Claro que não. Averbava Gerson Augusto da Silva, o seu idealizador e introdutor em nosso País: "Se me perguntassem se o ICM é um imposto desejável, eu diria que não. Melhor seria se o País pudesse abrir mão de um imposto indireto de taxas tão elevadas. Como imposto indireto, o racional é um tributo de caráter seletivo, da natureza do imposto federal sobre produtos industrializados. Ocorre, porém, que já hoje é praticamente impossível encontrar, fora da área do imposto de vendas, um campo tributário que seja capaz de produzir uma receita equivalente".

Na seqüência, com o advento da legislação infraconstitucional e com a implantação prática do imposto, alguns problemas surgiram. De logo, percebeu-se que o imposto exigia, da parte das empresas, uma relativa organização e que, em razão disso, o imposto era inadequado para a agricultura (questão dos créditos). A matéria de isenção e benefícios fiscais, por se tratar de imposto com feição federal, carecia de regulação nacional, surgindo daí a necessidade de um órgão colegiado supra-estadual, com poderes para gerenciar as repercussões interestaduais do imposto. (É a origem do Conselho de Política Fazendária, o Confaz.) Decorrente de regra constitucional, o princípio da uniformidade das alíquotas (fundado, talvez, na teoria da neutralidade econômica do ICM) obrigou os Estados a manejarem a base de cálculo, pois se verificou a incompatibilidade de um imposto que incidia de modo amplo sobre todas as mercadorias com uma alíquota uniforme. (A seletividade só veio a ser adotada na Constituição de 1988.) A questão das transações interestaduais também obrigou a adoção de um sistema misto quanto ao destino da arrecadação, ficando parte com os Estados produtores e parte com os Estados consumidores. (Daí o surgimento de alíquotas diferenciadas nas operações internas e interestaduais.) A incidência do imposto sobre bens de capital, sem reconhecimento do crédito correspondente ao comprador, como seria natural, igualmente encareceu desnecessariamente o sistema produtivo, penalizando os investimentos. A gravação dos produtos primários na exportação revelou-se inconciliável com as necessidades da economia moderna. A determinação da lei, no sentido de que o montante do imposto devia integrar a própria base imponível (cálculo ''por dentro'), produziu dois efeitos negativos: o primeiro, que a alíquota nominal nunca é igual à real; e, ao depois, nega a indispensável transparência nas relações dos contribuintes com os consumidores finais. As dificuldades de controle das operações em território extenso, como sói ser o brasileiro, obrigou os Estados a ampliarem os instituto denominados de ''substituição tributária'' e de ''diferimento'', que, em rigor de verdade, desnaturam o perfil do imposto. A substituição é o esforço de tornar um imposto manifestamente multifásico em unifásico. E o diferimento também significa a supressão de várias etapas de pagamento do imposto.

Algumas dessas dificuldades vieram corrigidas pela Constituição de 1988. Outras, todavia, permanecem como objeto de uma nova reforma do imposto. A maioria delas pode ser removida por simples lei infraconstitucional, sem qualquer necessidade de se alterar a Constituição. Assim, a não-incidência do ICMS, nas operações interfederadas (com o que se imagina acabar com a guerra fiscal entre Estados) e nas de exportação para o exterior de produtos primários e semi-elaborados, poderia ser obtida pela fixação da alíquota zero, formalizada em Resolução do Senado Federal, com apoio no art. 155, IV, da Constituição. De igual modo, a pretensão de excluir o imposto para produtos da cesta básica tem agasalho no texto constitucional (art. 155, V), por via de Resolução do Senado. A desoneração dos bens de capital pode vir pela edição de Lei Complementar (art. 155, XII), ou até por simples interpretação do texto do art. 155, § 2º, I, da CF, pois a cláusula da não-cumulatividade, explicitada no direito à compensação, e a estruturação do sistema do ICMS — imposto contra imposto — já levariam a essa conclusão. Na mesma direção, uma inteligência sistemática do contexto constitucional também indicaria que o montante do imposto não pode ser componente de sua base imponível, devendo o mesmo ser calculado ''por fora'', como no regime do IPI. A lei complementar poderia, por fim, outorgar aos produtores a opção pelo abatimento ou compensação de uma percentagem fixa, a título de imposto pago pelas aquisições de insumo, minimizando a incidência desse imposto na área agrícola. (Essa solução já teve vigência no regime do DL 406, de 1968, mas como faculdade dada aos Estados. Daí nunca ter sido implementada.) Não se afasta aqui a continuidade do uso da substituição tributária como técnica de arrecadarão e operacionalização do imposto.

O que resta a saber é o custo dessas modificações para os Estados e se estes, que têm no ICMS o seu alicerce principal (nos Estados do sul e sudeste, o ICMS chega a representar até oitenta por cento da receita total), podem abrir mão dessas parcelas. Agora, não é preciso se modificar a Constituição para se aperfeiçoar o ICMS. A denominada "desconstitucionalização" do sistema tributário igualmente não parece uma solução boa para Estados e Municípios. Largar da rigidez do texto constitucional (três quintos dos votos dos membros da Câmara e do Senado, em dois turnos, com votação separada em cada Casa, para se emendá-lo) e se adotar a discriminação de rendas em lei complementar (leis que são aprovadas por maioria absoluta),como parece ser a proposta do Executivo Federal, além de ir contrariamente à história do federalismo no Brasil, pode enfraquecer a autonomia financeira das Federadas e Comunas e deixarem estas dependentes do Executivo Federal e do Congresso Nacional. Ao depois, a proposta infirma inegavelmente a Federação e pode encontrar óbice no art. 60, § 4º., I, da CF, o qual afirma que não será objeto de deliberação proposta de emenda tendente a abolir a forma federativa de Estado. A propalada proposta de se federalizar o ICMS incidente nas operações interestaduais, para evitar a guerra fiscal, também não se me afigura uma idéia coerente. Seriam, daí, dois impostos, o ICMS estadual e o federal. Quer dizer, vamos complicar ainda mais o sistema e sem garantias de que isso represente o fim da denominada guerra fiscal. Esta pode ser evitada tão-só com o uso dos mecanismos previstos na Lei Complementar 24, de 1975, que dispõe sobre os convênios para concessão de isenções relacionadas com o ICMS. Toda vez que um Estado se achou prejudicado com um incentivo unilateral dado por outro e foi ao Supremo, este declarou a nulidade do ato. Ainda recentemente o Paraná anulou decreto do Estado de São Paulo, que concedia desconto de cinqüenta por cento na alíquota do imposto com operações referentes a produtos da informática. Não é preciso rever a Constituição para se resolver problemas que não foram criados por ela. É só querer dar eficácia às leis que já existem e editar as leis complementares que a Constituição requer. Sob outro enfoque, só agora (quase trinta anos de sua introdução no Brasil) é que o ICMS vem tendo suas bases jurídicas assentadas pelos Tribunais. Mudá-lo por outro imposto significa novas, inúteis e prolongadas discussões entre o fisco e o contribuinte. A simplificação do sistema tributário não implica mudanças da Constituição. Pode ser feita em nível da legislação ordinária e, em alguns tributos, como o IPI até por decreto.

Finalmente, quero deixar anotado que, se na Constituição de 1988, a estrutura tributária sofreu poucas modificações, a partilha dos impostos entre as esferas de governo foi bastante alterada. O impacto, contudo, foi bastante diferenciado entre os Estados. Observa-se que a aceitação do pressuposto de fortalecer a Federação não contemplou os Estados brasileiros na mesma proporção. De um modo geral, ficaram favorecidos dois grupos diferentes de Estados: os que possuem um mercado consumidor interno forte e com uma base produtiva bastante desenvolvida e que, a par de perderem posição relativa nas transferências federais, tiveram reforçada a receita tributária própria; e os Estados ditos "pobres", que tiveram bastante elevada suas receitas de transferências federais.

Os Estados ditos "ricos" tiveram, no início, ganhos elevados com o adicional do imposto de renda (São Paulo e Minas), com a incorporação dos minerais na base de cálculo do ICMS (Minas Gerais), embora deva ser observado que Minas e o Paraná ficaram bastante prejudicados com a imunidade nas operações interestaduais com energia elétrica, e o Rio de Janeiro com idêntica imunidade no petróleo e derivados.

Os Estados do sul e do sudeste perderam igualmente no coeficiente do Fundo de Participação dos Estados (no Paraná foi de 16%) por conta do acordo firmado para impedir que a bancada nordestina no Congresso estabelecesse a alíquota nas operações de vendas interestaduais do sul-sudeste para o norte, nordeste e centroeste. A referida alíquota acabou sendo fixada em sete por cento (7%) a partir de 1990, em contrapartida a de nove por cento (9%) vigente no sistema anterior para os Estados do sul-sudeste.

De efetivo os Estados do sul obtiveram a possibilidade de tributar as exportações de produtos semi-elaborados e o ressarcimento de parte das perdas com a imunidade nas exportações de produtos industrializados, com dez por cento da receita do IPI, por via do denominado Fundo de Ressarcimento das Exportações. Ocorre que estes são exatamente itens previstos de serem extintos em praticamente todas as propostas de reformas mais profundas no sistema tributário nacional, a partir da necessidade de desonerar o mercado exportador.

No geral, válido para todos os Estados, a reforma de 1988 ampliou a base de incidência do ICMS, com a incorporação dos minerais, combustíveis, energia elétrica, transportes e comunicações. Todavia, esses ganhos foram praticamente neutralizados com o aumento da cota-parte dos Municípios, de 20 para 25% do produto da arrecadarão do imposto estadual.

O que é preciso que fique claro, portanto, é que qualquer ajuste proposto, que preveja remanejamento de verbas estaduais para promover o equilíbrio financeiro da União, não aconteça retirando recursos dos Estados que tiveram ganhos menos que proporcionais na Reforma de 1988.

Curitiba, março de 1995

DOCUMENTO

PRINCÍPIOS DE DIREITO CONSTITUCIONAL* PODER CONSTITUINTE ORIGINÁRIO E DERIVADO — PODER DE REFORMA DA CONSTITUIÇÃO. LIMITES

JOSAPHAT MARINHO
Professor emérito das Universidades de Brasília e da Bahia, Senador

Reforma e revisão constitucional[1]

Sr. Presidente,

Srs. Senadores,

Toda reforma constitucional, por emenda ou mediante revisão, é ato ou problema político, sujeito a princípios e regras jurídicas. Ainda quando as constituições prevêem um momento para sua alteração e traçam os contornos desta, a incidência do fator político é irrecusável na real dimensão da mudança em perspectiva. Não há como dissociar o constitucional e o político na decisão de reforma, visto que a substância do primeiro é enriquecida pela objetividade e inspiração do outro, que deve arrimar-se na consciência coletiva. Aplicada por homens com pensamentos e solicitações divergentes, a Constituição experimenta, e é natural que assim ocorra, o atrito de ideologias e interesses, de bases éticas e materiais diferenciadas. Dessa correlação de forças resulta maior ou menor a projeção da reforma.

Seja qual for, porém, a latitude do confronto político, a reforma só se legitima, e se consolida no tempo, se realizada com obediência ao processo e aos limites que emanam do sistema constitucional discutido. Notoriamente, como ensina a ciência constitucional fortaleci-

* N.R. O tema "revisão constitucional" está esgotado e superado.

As lições, porém, do ilustre professor de direito constitucional e senador Josaphat Marinho, traduzidas em discursos no Senado Federal, são eternas e, pois, valendo sempre. Daí a oportunidade de sua divulgação pela *RTDP*.

1. Discurso proferido pelo Senador Josaphat Marinho na sessão de 2.9.93

da pela jurisprudência, há limitações explícitas no sistema estabelecido, ou nele implícitas e dele resultantes. No Estado de Direito, especialmente, em que não há poder ilimitado, a tentativa de reforma, por emenda ou por meio de revisão, somente será válida se circunscrita aos lindes previstos. Do contrário, não significará reforma, que é correção, aperfeiçoamento, ou inovação condizente com o texto modificado; traduzirá *fraude* à Constituição, que nela não poderá ser fundada. O poder derivado, portanto subordinado, não tem autoridade para suprimir a essência, o núcleo do instrumento constitucional, decorrente da soberania do poder originário, nem subverter-lhe o espírito. Por isso mesmo, a doutrina salienta que o poder de reforma deve *solidariedade* ao poder constituinte no que concerne às linhas mestras do ordenamento instituído. Por isso, também, ultrapassados os limites formais e materiais, serão inconstitucionais as mudanças aprovadas, como bem salienta o professor português Gomes Canotilho, na edição ampliada do *Direito Constitucional*, de 1991.

Mesmo nos instantes críticos ou de transição da vida dos povos, se as circunstâncias impõem mudança profunda por procedimento diverso do descrito na Constituição, a prática é tentar legitimar a ação transformadora por apelo a um instrumento legal julgado próprio. Ora é a lei constitucional específica de autorização, como em 1958 na França, que ainda previu o *referendum*, ou a convocação singular de Assembléia Constituinte, conforme se fez no Brasil em 1945 e 1985. Conciliou-se, por esses mecanismos, a exigência de transformação com o *sentimento* constitucional democrático.

Se o Brasil atravessa prolongada crise econômico-financeira, com repercussão no plano político e social, suas instituições básicas funcionam regularmente, sob vigilância da opinião livre. Tanto que forças políticas e econômicas defendem modificações na Constituição, sem reclamar procedimentos excepcionais, destinados a substituí-la. Querem operar a mudança invocando um dos processos a que se refere o texto constitucional: mais exatamente, a revisão prevista no art. 3º do Ato das Disposições Transitórias.

Se este procedimento não é anormal, configura forma especial de alterar a Constituição, por ser de caráter provisório e pelas facilidades asseguradas a sua tramitação, em comparação com as exigências do art. 60 das disposições permanentes. De acordo com a disposição transitória do art. 3º, "a revisão constitucional será realizada após cinco anos, contados da promulgação da Constituição, pelo voto da maioria absoluta dos membros do Congresso Nacional, em sessão unicameral".

A primeira indagação que se há de fazer, em face desse texto, é qual *a revisão*? Desde que a partícula *a* abre frase, define a dimensão da mudança. Não é *qualquer revisão*, mas, determinadamente, *a revisão*. Se o constituinte tivesse intenção de autorizar mudança genérica, ampla, declararia que *revisão* constitucional seria realizada após cinco anos. Não se trata de reduzir a exegese à análise de palavras. Trata-se de considerá-las, no que têm de significado relevante, para fixar a interpretação à luz do texto coordenado, conforme recomenda a hermenêutica.

Como o art. 3º não enuncia o objeto da revisão, apesar de tê-la previsto determinada, noutro ou noutros preceitos há de estar o alcance preciso, pois as normas constitucionais formam um tecido lógico. Precedido o art. 3º do que ordenou a realização de plebiscito para opção definitiva sobre "a forma e o sistema de governo", claro se torna que a *revisão* estabelecida é a que decorreria do resultado da consulta popular. Esta conclusão não é de ordem gramatical, nem baseada na simples sucessão dos artigos. A questão é de lógica e de interpretação conjugada dos termos constitucionais. Se o art. 2º estipulou a efetuação do plebiscito antes dos cinco anos de vigência da Constituição, ou seja, em setembro de 1993 — e a alteração dessa data respeitou a condição ressaltada, pois a consulta ao povo se consumou em abril de 1993 —, e se o art. 3º decretou a revisão para "após cinco anos" da promulgação da Carta, é irrecusável que uma providência deriva da outra, ou a completa. Enfim, as duas se inter-relacionam.

Tanto mais procede essa apreciação porque as provisões constitucionais não se interpretam isoladamente, mas em seu conjunto, sobretudo quando entre elas haja razão manifesta de interpenetração, como no caso. Com efeito, estipulado foi o plebiscito para que se resolvesse, pelo voto universal, se seria mantido o regime presidencial, ou substituído pelo parlamentarismo, e se a República cederia, ou não, à restauração da Monarquia. Prevenindo a conseqüência do plebiscito, que não poderia ser decisão popular ineficaz, sem forma de execução, o Constituinte dispôs sobre o método de promover *a revisão*. Por se tratar de rever e reestruturar, em caráter extraordinário, o mecanismo institucional do país, que não deveria ficar sob incerteza por longo tempo, o legislador maior deu flexibilidade ao processo de reforma, suspendendo, transitoriamente, as normas de índole permanente. Isso é o que se há de extrair e entender, por interpretação sistemática e não gramatical ou de preceitos isolados, do contexto constitucional.

Isolar os dois dispositivos permitiria a presunção de que a realização do plebiscito, se o resultado fosse pela alteração institucional, poderia não ter conseqüência imediata e necessária, no processo de revisão. Não se comunicando os dois dispositivos, o poder revisor não teria, obrigatoriamente, que integrar a decisão do plebiscito, modificando as instituições. Mas o voto no plebiscito, se de resposta positiva, implicaria o ajustamento constitucional, porque não se admite que o povo seja consultado e, em seguida, ignorada ou desacatada a manifestação de sua vontade. Inscrevendo, pois, os dois artigos transitórios, o Constituinte em realidade os vinculou, para que, conexos, produzissem os efeitos devidos no quadro institucional. Tal vinculação é exigência, também, do Estado, ou do interesse público, que não podem admitir que a transformação legal das instituições se converta em ruptura delas, por demora na complementação indispensável, com ameaça ao equilíbrio e normalidade da vida nacional.

Tem razão, portanto, o professor Edvaldo Brito, em livro deste ano — *Limites da Revisão Constitucional* —, ao assinalar que há "um enlace lógico entre os arts. 2º e 3º do Ato, não porque um venha depois do outro", mas por apurá-lo "a disciplina do pensamento jurídico". Pode acrescentar-se: porque reclama esse "enlace" o senso político.

Por decorrência natural dessa integração das duas disposições transitórias, o resultado do plebiscito contrário à mudança institucional conduz a outra conclusão rigorosamente lógica. Se o sufrágio popular foi por manter "a forma e o sistema de governo", não há que proceder-se a revisão, com fundamento nas regras transitórias. A competência originária declarada perdeu a legitimidade. Repelida a inovação institucional pelo voto universal, esgotou-se o poder de revisão, constante dessas normas. Não há efeito sem causa, notadamente no tocante a problema que envolve a inteireza da Lei Fundamental e a estabilidade do organismo político.

Nem se há de pretender ampliação do art. 3º além do que proviria de cumprimento do art. 2º. Consubstanciando as normas temporárias exceções aos preceitos permanentes, hão de ser interpretadas restritivamente, nos limites de sua natureza, como todas as regras de índole excepcional, consoante postulado geral de hermenêutica. A exceção não pode desdobrar-se para ocupar espaço do comando normativo principal.

Acresce que precedente histórico, entre nós, também designa "revisão" como processo de modificação da "estrutura política do Estado". É o art. 178 da Constituição de 1934. Dir-se-á que esse mandamento, reduzindo a emenda ao que não alterasse tal estrutura, aumentava a importância da revisão e não a proibia de atingir outras partes da Constituição. Admita-se. Mas ocorre que o art. 178 era das *disposições permanentes* e exigia apoio, para apresentação do projeto, de dois quintos, pelo menos, dos membros da Câmara e do Senado, e se a aprovação correspondia a maioria, processava-se "em *três discussões e votações, em duas sessões legislativas, numa e noutra casa*". Estavam estabelecidas, pois, garantias impeditivas de decisão sumária e apressada, diversamente do disposto no art. 3º transitório da atual Constituição.

Também não socorre a agitação revisionista o critério da Constituição portuguesa, por vezes invocada equivocamente. Nela, no art. 284 das disposições permanentes e segundo versão de 1989, a Assembléia da República pode "rever a Constituição decorridos cinco anos sobre a data da publicação de qualquer lei de revisão", por maioria de dois terços dos deputados em efetividade de funções". E, conforme o mesmo artigo, a Assembléia somente pode "assumir em qualquer momento poderes de revisão constitucional por maioria de quatro quintos dos deputados em efetividade de funções". Se esse texto aperfeiçoou os anteriores, também é certo que já na forma originária de 1976 (art. 288), como na resultante da alteração de 1982 (art. 288), se exigia a maioria de dois terços para aprovação da mudança proposta. Em ambas, igualmente, a decisão de assumir o poder revisor "em qualquer momento" dependia da "maioria de quatro quintos dos Deputados" (arts. 287 e 286). À vista disso, não há como estabelecer semelhança entre essas prescrições permanentes e cautelosas e a norma complacente do art. 3º transitório da Carta brasileira de 1988.

Ainda menos legitimará a pretendida revisão o histórico dos preceitos discutidos. É respeitável o testemunho de quantos participaram da elaboração constitucional. Cada informação revelará coincidências, acordos, divergências, transações de correntes políticas, filosóficas e de interesses circunstanciais. Nem sempre serão condenáveis tais acertos, pois o tecido constitucional, nas assembléias democráticas e pluripartidárias, resulta muito de concessões e conciliação. Mas é verdade, também, que a multiplicidade de propostas e reivindicações, e a pressa de reduzi-las a normas aceitáveis por maiorias de emergência, como no caso da Constituinte de 1988, acarretam a feitura de preceitos desfigurados. O testemunho do legislador, conseqüentemente, mesmo revestido de idoneidade, não é dado seguro para esclarecimento dos textos. Nesgas da verdade, retalhos de pensamento, resumos individuais de entendimentos expostos por partidários de idéias contrapostas não poderão ser fonte real de análise da Constituição, apesar do valor moral de muitos informantes.

Daí a observação geral dos doutrinadores sobre a influência secundária do elemento histórico na interpretação da constituição e das leis. Neste plenário, em 1991, já preocupado com a possível "deformação" da Carta de 1988, e considerando as disposições transitórias ora apreciadas, o Senador Nelson Carneiro juntou ao prestígio de sua palavra o saber de Carlos Maximiliano. O autorizado comentador da Constituição de 1891, com o conhecimento da teoria e revestido da experiência de político e de juiz, pôde ensinar em *Hermenêutica e Aplicação do Direito*: "Com a promulgação, a lei adquire vida própria, autonomia relativa; separa-se do legislador; contrapõe-se a ele como num produto novo; dilata-se e até substitui o conteúdo respectivo sem tocar nas palavras; mostra-se na prática mais previdente que o seu autor". Para que não se diga que o eminente jurisconsulto precedeu à "modernidade", atente-se na lição exposta num livro de 1979: *Essais sur Lois*. Nele, Jean Carbonnier reconhece que "nunca, mais que hoje, diante dos textos, sentimos a sabedoria do que ensinava Julien Bonnecase — esta torrente de idéias — quando afirmava que, uma vez promulgada, a lei deve escapar dos que a fizeram".

Por isso, precisamente, por adquirir "vida própria", a Constituição é o que nela está escrito e emerge de seu sistema, do complexo de suas normas, considerada a realidade do momento de sua aplicação. Não sendo um texto morto, não pode ser vista à luz de controvérsia sepultada nos anais parlamentares. Ao contrário, compondo um tecido destinado a regular a vida do Estado e da sociedade, a Constituição há de ter a dimensão reclamada pelas necessidades do corpo social.

Para que essa dimensão corresponda sempre, razoavelmente, às necessidades sociais, a jurisprudência dos tribunais constrói a inteligência do texto, em contato com os fatos, evitando, também, sucessivas reformas, que enfraquecem a autoridade da Constituição e de suas instituições. Quando a jurisprudência não atualiza devidamente o texto e crescem os reclamos sociais, na Constituição estão delineados, em regra, os procedimentos de reforma. No uso destes, o legislador realiza as alterações convenientes.

A Constituição de 1988 ainda está a caminho de completar cinco anos de sua promulgação. Muitas de suas cláusulas pendem de lei complementar. Outras não foram submetidas, por enquanto, ao cadinho da experiência, no confronto dos pleitos judiciais. O plebiscito repeliu a mudança institucional, esvaziando o procedimento transitório. Normalmente, pois, cumpre complementar e praticar a Constituição, para melhor apurar suas virtudes e seus defeitos. Reforma deverá ser conseqüência desse esforço de acabamento e execução do texto que se apruma, e que, apesar das contestações, não tem perturbado a vida do país. Não é justo atribuir à Constituição as deficiências e os vícios de funcionamento dos Poderes do Estado e de instituições essenciais, como os partidos políticos.

Não sustentamos que a Constituição seja imutável e intangível. Toda lei sofre o efeito do tempo e pede renovação. Uma Constituição jovem, porém, não deve ser submetida a cirurgia sem cautela, sem obediência ao processo e aos prazos que permitem reflexão, diálogo sereno, conclusões firmes. Tal procedimento severo é inconciliável com uma revisão açodada, sujeita à imprudência de votação por maioria absoluta e em sessão unicameral, ao passo que o Legislativo é de duas Casas e no arcabouço de um Estado Federativo.

Se há modificações necessárias, que exprimem o querer coletivo, é desarrazoado temer fazê-las com obediência às regras permanentes. Se são procedentes e têm o apoio popular, os representantes de todos os partidos hão de ser sensíveis ao raciocínio ponderado e às manifestações da sociedade. Não haverá, então, receio na conquista do *quorum* de três quintos em cada Casa do Congresso Nacional e nos dois turnos estabelecidos no art. 60.

Se há receio de obtenção desse *quorum* qualificado, prudentemente estipulado pelo Constituinte, é porque falta certeza na caracterização do propósito revisionista, como expressão das necessidades do Estado, do povo e do desenvolvimento nacional. De fato, tais necessidades não se confundem com interesses de corporação e de grupos, com pretensões de segmentos econômicos dominantes. Preconceitos, parcialidade de idéias e interesses podem justificar atitudes individuais ou de classes e aglomerados sociais, não autorizam, contudo, que se deforme ou se subverta a Constituição. Daí o medo dos revisionistas de aplicação do processo permanente e idôneo da emenda constitucional.

Três emendas constitucionais já foram promulgadas e uma quarta está em via de seu termo final. Os precedentes informam, portanto, que divergências próprias do regime democrático não obstam as alterações, se o número suficiente de parlamentares aceita a conveniência delas. Se ocorre erro insigne, a Justiça impede seus efeitos, resguardando direitos.

Por que não prosseguir-se no leito da ordem democrática, que assenta, essencialmente, no respeito às fórmulas superiores consagradas na Constituição? Sistema tributário, partilha de recursos e encargos entre a União e as entidades federadas, previdência social, monopólio estatal, ingresso de capital estrangeiro e funcionamento de empresas estrangeiras, condições de formação e sobrevivência de partidos políticos, esses e outros problemas, todos polêmicos, até por isso devem ser examinados mediante emendas, propiciadoras do livre debate, e não pelo estrangulamento das consciências, nas grades de uma revisão tortuosa.

Artifício será a alegação de urgência, em nome do interesse público. Está à vista e à percepção de todas as pessoas que reforma constitucional não resolve questões econômico-financeiras, sociais e políticas, e ainda menos de um sopro. Gerou-se esse equívoco quando da elaboração da atual Constituição. Urge que não se renove a ilusão, num instante em que se agrava o sofrimento do povo. Lembre-se, antes, que mesmo votada apressadamente uma revisão, os efeitos dela dependerão, em larga margem, de leis complementares ou ordinárias e de providências administrativas. Evite-se assim o subterfúgio, como ato de pudor do Poder Legislativo. (...)

O que resta ao Governo e aos poderes constituídos é cumprir a Constituição enquanto ela não for alterada, mediante emenda regular. Na atualidade, portanto, cumpre, sobretudo ao Poder Executivo, aplicar o texto vigente e dele extrair as conseqüências necessárias. Invoque o Governo com energia a Constituição vigente que lhe assegura, entre outras faculdades, ser "agente normativo e regulador da atividade econômica" e órgão de "planejamento", no texto amplo do art. 174. Sem excesso nem violência, sem abuso de intervenção, encontrará as formas adequadas de correção de distorções e de proteção da economia popular. A Constituição é muito combatida, porque defere essa competência ao Estado.

Por ser questionada, entretanto, a Constituição não fica exposta a modificação precipitada. Ruim seria se não gerasse controvérsia. Se abala costumes e interesses é porque revela uma diretriz, determinante de mudança. Não seria Carta da democracia renascente se mantivesse tranqüilos os interesses consolidados. É porque os abala, que sofre impugnação. Carbonnier, no livro já referido, assinala com muita agudeza: "sem paradoxo — desperta inquietude quando uma lei permanece virgem de contestação". É que, acrescentamos, lhe falta espírito de mudança.(...)

V. Exa. assinalou, de princípio, que há um processo de usurpação de poderes, pois que se está tentando, através de uma revisão fundada numa disposição transitória da Constituição, varrer o sistema dela para alterá-la em pontos fundamentais. E V. Exa. ainda assinalou, com muita propriedade, não se tratar de corrigir o que nesta Constituição, realmente, há de condenável, de excessivo, de impróprio — e reconheço —, mas se está cogitando de modificá-la naquilo exatamente que deve permanecer intacto, que é a garantia do poder do Estado para regular a vida do País. Não é hora de reduzir o poder do Estado para ampliar a capacidade do poder econômico privado.

O que se está pretendendo, em verdade, é enfraquecer ainda mais a Federação. E tanto se cuida que há até quem fale na redução dos poderes desta Casa, senão na sua eliminação do quadro do Poder Legislativo. Tudo isso em nome de uma disposição transitória da Constituição com vínculos, entretanto, indisfarsáveis ao art. 2º, que tratava apenas da mudança de natureza institucional, que o plebiscito repeliu.

Ora, não é possível se proceder dessa maneira. Não somos nós — V. Exa. disse-o muito bem — os que estabelecemos diferença entre dimensão política e dimensão jurídica. Estabelecemos, a conjugação da dimensão jurídica e da dimensão política na apreciação de todos os problemas, especialmente no processo de elaboração legislativa, porque essa é a forma própria de delimitar a competência dos Poderes, inclusive do Poder Legislativo. Irmanamos uma e outra para que dessa identidade resulte trabalho expressivo, mas contido pelas normas e pela consciência política do País. Não se está cogitando disso, não se está perguntando ao povo o que é que ele pretende que se modifique na Constituição. Fala-se em nome dele sem conhecer qual o pensamento ou a vontade popular.

Assim, o aparte de V. Exa. trouxe valioso suporte a este debate e, sobretudo, às modestas considerações que venho desenvolvendo.

Volto, assim, Sr. Presidente, para concluir, a resposta que começava a dar aos pragmatistas. Tenho a tranqüilidade de ser fiel a idéias, ainda que isso possa parecer preocupação de um espírito acadêmico. Tenho a tranqüilidade de ser fiel a idéias, dentro da flexibilidade aconselhada pelos fatos e respeitado o interesse público. Daí — a exemplo — ter combatido, nos termos em que foi proposta, a emenda criadora do imposto sobre movimentação financeira, que o Supremo Tribunal Federal começou a fulminar por inconstitucionalidade. Admiro quem, com objetividade, defende idéias, sobretudo no plano político, em que se situam, indissoluvelmente, os direitos do homem e da sociedade. Daí realçar, nesta hora, a posição dos que, fundadamente, se têm oposto à irracional revisão, como, entre muitos, os professores Paulo Bonavides e Geraldo Ataliba, dos primeiros na trincheira, e o preclaro jornalista Barbosa Lima Sobrinho.

Não sei qual será o destino da Constituição, se o povo não exercer o direito de resistência ao descomedimento. Deixo a tribuna, porém, com a consciência do dever cumprido.

Sr. Presidente, Srs. Senadores:*

Em discurso recente neste plenário, apresentei argumentos jurídicos e políticos visando à demonstração de ilegitimidade da revisão constitucional, projetada sob invocação de norma transitória da Carta de 1988. Apontei, então, razões doutrinárias, o resultado do plebiscito, o sistema da Constituição e a incidência, dela, sem perturbação, na vida do país, bem como fatos legislativos históricos, para sustentar a inviabilidade do procedimento revisionista.

Não obstante essas ponderações, e outras de várias fontes, insiste-se na abertura do processo de revisão, já agora com desapreço a princípios concernentes à índole da Federação, vale dizer, à essência da forma política instituída.

* Posição do Senado, como Casa da Federação, na revisão constitucional (5.10.93).

Aprovada em regime de urgência contestada a Resolução sobre o início da revisão, nela não há nenhuma norma sobre procedimento, nem a respeito da forma em que participarão dos atos deliberativos os Senadores da República Federativa. Se os pormenores de procedimento constarão de um regimento interno, há *formas de decidir* que, por se vincularem à substância do regime constitucional estabelecido, precisam de relevo liminar.

A revisão constitucional é ato de tal relevância e de conseqüências tão sérias sobre o mecanismo do sistema político, que não pode ser iniciada com a facilidade e a pressa com que se elabora resolução pertinente a matéria secundária. Em livro deste ano, — *La Révision de La Constitution* —, a Associação Francesa dos Constitucionalistas reuniu os dados de duas jornadas de estudos de 1992, a propósito de mudanças em cinco países da Europa. Nele, Francis Delperée, examinando o processo de modificação da Constituição belga, começa por assinalar que todas as disposições constitucionais têm a mesma "dignidade", porém há uma, "e provavelmente uma só", que merece consideração "mais atenta": "é a que prescreve a forma pela qual a Constituição pode ser mudada". E salienta que, "para sua própria transformação, a Constituição exige respeito ao que nela é mais profundo" — ce qui lui tient le plus à coeur (*La Révision de la Constitution*, Economica, Presses Universitaires d'Aix Marseilie, Paris, 1993, p. 67).

Mesmo que não se julgue, e não se deve julgar a parte relativa à revisão a única que requer atenção especial, pois importa sempre considerar diversos *princípios* e *valores* inatingíveis da Constituição, mesmo assim se revela irrecusável a procedência da observação feita pelo Deão da Faculdade de Direito da Universidade Católica de Louvain. É que o legislador de reforma não pode mutilar a letra e o espírito que o constituinte imprimiu ao texto fundamental, sobretudo quanto a seus elementos preeminentes. Daí Pontes de Miranda ter salientado, nos comentários à Carta de 1967, "a técnica do "cerne inalterável", tendente a "alargar-se, no futuro, e abranger outros enunciados", acentuando: "Mas, se um povo está na linha de evolução, ascendendo, não precisa de apontar o que na Constituição é inalterável: é essencial às evoluções que se mantenham os degraus subidos" (*Comentários à Constituição de 1967 com a Emenda n. 1 de 1969*, t. II, 2ª ed., Ed. RT, 1970, p. 146).

O Constituinte de 1988, porém, na linha de tradição generalizada, teve a prudência de enunciar as cláusulas inatingíveis ou irreformáveis, a primeira das quais é "a forma federativa de Estado" (art. 60, § 4º, I).

Ora, caracterizando a "forma federativa de Estado", a doutrina assinala, com vigor, que um de seus elementos permanentes é a *participacão dos Estados-membros* na reforma constitucional. Em obra cuja tradução em espanhol data de 1946, Carl Friedrich traça o perfil da federação, à vista, sobretudo, dos Estados Unidos, da Alemanha e da Suíça, ressalta a afirmação de que "o Senado representa os Estados e a Câmara o povo da União" e assevera, com amplitude: "Todos os sistemas federais de governo que temos examinado estabelecem a participação das unidades locais no poder de reforma constitucional..." (*Teoria y realidad de la organizacion constitucional democratica (en Europa y America)*, trad. Vicente Herrero, Fondo de Cultura Economica, México, 1946, pp. 196-297 e 208). Em perfeita concordância com o professor de Harvard, outro mestre do direito público, Karl Loewenstein, estudando a estrutura da federação, realça "o princípio de distribuição do poder entre o Estado central e os Estados-membros", situa que o "lugar tradicional" destes, pela "participação" na decisão política fundamental e na execução da decisão pela legislação, é a câmara alta", "comprovando-se que no Estado federal não se produziu a desvalorização geral da instituição bicameral". E remata: "Finalmente, os Estados-membros participam também na modificação do pacto federal originário por meio de emendas constitucionais, ou pela intervenção da câmara alta (Conselho Federal na Alemanha), ou ainda quando a maioria dos Estados-membros tem que aprovar diretamente a emenda constitucional, como ocorre nos Estados Unidos, na Austrália e na Suíça" (*Teoria da la Constitución*, trad. Alfredo G. Anabitarte, Ediciones Ariel, Barcelona, 1965, pp. 358-359). Não é outro o pensamento de Duguit ao indicar "os dois caracteres essenciais de todo Estado federal". De um lado, menciona "a existência num mesmo território de dois grupos de governantes, os governantes federais e os governantes dos Estados-membros", em domínios suscetíveis de repartição de poderes. De outro lado, considera a repartição "obrigatória para aqueles que a consentiram, não podendo ser modificada senão pelo consentimento dos dois grupos de governantes" (*Traité de Droit Constitutionnel*, 2ª ed., Ancienne Lib. Fontemoing & Cie. Editeurs, E. de Boccard, Successeur, 1923, t. III, pp. 68-69). Dessa diretriz não diverge Mouskheli ao salientar que "os traços essenciais característicos da descentralização federal são dois: a autonomia constitucional e a participação dos Estados-membros na formação da vontade nacional", e frisando que sem tais particularidades "não existirá Estado federal" (*Teorica Jurídica del Estado Federal*, trad., do francês, Armando Lazaro y Ros, M. Aguillar Editor, Madri, 1931, p. 331).

Como as federações variam de configuração ou de intensidade descentralizadora, porém se revestem dos mesmos característicos essenciais, a doutrina brasileira não se divorcia da estrangeira. Em 1934, João Mangabeira escreveu: "o que caracteriza o Estado Federal é a sua coexistência com Estados constitucionalmente autônomos, dentro das raias que a Constituição Federal lhes traça, e a impossibilidade de modificação desta por lei ordinária da Assembléia Nacional, e sem que eles sejam ouvidos. Esta a fórmula compatível com a realidade do mundo moderno, nas suas instituições federativas atuais. Esta a lição dos fatos, a que os ideadores de regras da própria fantasia não se querem submeter" (*Em torno da Constituição*, Cia. Editora Nacional, SP, 1934, p. 61). Essa realidade institucional não mudou, em essência. Por isso, em 1937, Oswaldo Aranha Bandeira de Mello ressaltou: "A participação dos Estados federados nas reformas constitucionais constitui a maior garantia das suas atribuições, evita as centralizações sufocantes e a concessão de privilégios a algumas das unidades federadas, se bem que a igualdade dos Estados particulares não seja imprescindível nas federações" (*Natureza Jurídica do Estado Federal*, Emp. Gráfica da Revista dos Tribunais, SP, 1937, p. 106). Invocando Bandeira de Mello e com ele concordante, é a exposição de Antônio de Castro Assumpção, em monografia de 1963 (*Estado Federal*, Rio de Janeiro, p. 31). Depois da Carta de 1967, que tanto desfigurou a federação, o professor José Alfredo de Oliveira Baracho buscou restaurar a fisionomia do regime. Citando Le Fur, ponderou que "a participação dos Estados particulares na formação da vontade federal, por intermédio de uma Assembléia que os representa especialmente, não constitui o único modo de cooperação dos membros do Estado federal na soberania". E acrescenta: "Ao lado dessa cooperação constante, existe outra que considera como intermitente. Mas, mesmo assim, é da mais alta importância, em razão da gravidade do ato de que ela participa". "Este segundo modo de participação, que existe de maneira mais ou menos acentuada em todos os Estados federais, consiste na atribuição aos Estados particulares de certas prerrogativas em matéria de revisão constitucional. Cada Estado particular participa, de certo modo, na revisão constitucional, através da qual ele se encontra representado no órgão que toma parte na revisão: o Senado ou o Conselho de Estado'' (*Teoria Geral do Federalismo*, FUMARC/UCMG, Belo Horizonte, 1982, pp 60-61).

Conforme se vê, a doutrina estrangeira e a nacional confluem na projeção das mesmas características do Estado federal, inclusive quanto à participação dos Estados-membros na reforma constitucional, representados por órgãos como o Senado.

Singularmente, a Constituição brasileira identifica-se com essa diretriz. Além de declarar a existência da República Federativa (art. 1º) e de proclamar autônomos os Estados federados (art. 25), expressamente considera a Câmara dos Deputados composta de ''representantes do povo'' (art. 45) e o Senado Federal composto de ''representantes dos Estados e do Distrito Federal'' (art. 46). Assim dispondo, como dispõe, confere ao Senado o papel de órgão da Federação, corporificando os Estados-membros.

Nestas condições, e diante da configuração demonstrada do regime federativo, é evidente que os Estados-membros hão de estar presentes ou representados, na revisão convocada, por intermédio dos Senadores, individuada e institucionalmente considerados, e não sob a imagem genérica de parlamentares ou congressistas. O problema não é de designação ou de distinção pessoal, mas de natureza institucional. Impõe-se a individuação dos Senadores para que possam, nessa qualidade, representar os Estados e o Distrito Federal, e em nome deles opinar e votar. Não obstante a preeminência federal, a qualificação dos Estados-membros é imperativa, na figura dos Senadores, para que as unidades tenham *participação real* no processo de mudança, ''e o seu consenso se manifeste na *expressão de seu voto*'', como advertiu Amaro Cavalcanti (*Regime Federativo e a República Brasileira*, Ed. UnB, p. 70).

Não vale o precedente da Constituinte de que resultou a Constituição de 1988. Naquele momento, reuniam-se *Constituintes*, nessa condição convocados pela Emenda Constitucional 26, de 1985, e era meramente circunstancial e anômalo o funcionamento paralelo da Câmara dos Deputados e do Senado. Em verdade, constituía-se novo Estado, desde sua raiz, como repúdio à Carta autoritária de 1967. Agora, reúne-se o *Congresso Nacional* para efeito de simples revisão, como previsto no art. 3º transitório, e assim composto de deputados e senadores.

Será despropósito marcante objetar que a Constituição, na sua letra, não exige a participação dos Estados federados na revisão. Primeiro, porque o entendimento geral da doutrina considera essa participação uma constante nos regimes federativos, mesmo variando a forma de efetivá-la. Segundo, porque, assim entendido, há de compreender-se que a condição ou prática essencial ou inerente a um sistema prescinde de proclamação enfática. Finalmente, porque consagrando a Constituição a Federação (art. 1º), declarando-a imune a emenda tendente a aboli-la (art. 60, § 4º, I), e afirmando que o Senado se compõe de ''representantes dos Estados e do Distrito Federal'' (art. 46), nela está pressuposta a aplicação do requisito geralmente tido como ínsito ao regime federativo. Quando o professor José Afonso da Silva afirma que a fórmula ''República Federativa do Brasil'', usada pelo Constituinte, ''é uma norma implícita, e norma-síntese e matriz de ampla normatividade constitucional'' (*Curso de Direito Constitucional Positivo*, 5ª ed., Ed. RT, p. 85), indica, realmente, que nela devem ser compreendidos todos os elementos que se integram no regime federativo, como a participação dos Estados no processo de revisão.

E tanto essa participação é uma exigência institucional, inerente à Federação, que tem sido geralmente assegurada na elaboração de emendas às nossas Constituições, Câmara e Senado votando distintamente. Assim já foram votadas três emendas à atual Constituição, justo como nela previsto. Assim se procedeu até depois do movimento militar de 1964, e mesmo na vigência da Carta autoritária de 1967, dele decorrente. De modo diverso não deverá ser agora, só porque se trata de mudança sob o rótulo de revisão, e em virtude de cláusula transitória, adotada sem técnica segura, nem objeto certo. O Ato Adicional de 1834, no Império, é que foi aprovado com exclusão do Senado. Tratava-se, porém, de decisão num Estado unitário, embora a medida visasse a dar mais autonomia às províncias. De qualquer sorte, naquele momento se procedeu com a clareza da exclusão, ao passo que agora se adota o artifício de anular a instituição, confundindo-lhe o voto com o da Câmara. Se naquele momento o Senado do Império, por fraqueza, apenas aceitou o Ato unilateral, sem dele participar, agora será pior, porque o Senado da República, participando, se tornará coautor da violência à Constituição.

Também absurdo será opor que, prevendo o art. 31 das disposições transitórias votação ''em sessão unicameral'' do Congresso Nacional, não há que, ou como, distinguir Deputados e Senadores. Uma disposição transitória, e isoladamente considerada, não pode subverter e anular o sistema constitucional. Se, como já posto em relevo, o regime brasileiro é federativo; se neste regime os Estados-membros têm participação na reforma constitucional; se o Senado representa os Estados, só o disparate poderá negar-lhes o voto individuado e institucional dos Senadores. Notoriamente, e segundo bem observa Carlos Maximiliano, ''a linguagem sempre se revela transmissora imperfeita de idéias'' (*Hermenêutica e Aplicação do Direito*, 6ª ed., Freitas Bastos, 1957, p. 153), não podendo, portanto, transmudar a natureza ou a configuração das instituições. Logo, a expressão unicameral, no art. 30, há de ser entendida como *sessão conjunta*, qual previsto no § 3º do art. 57, e no § 4º. do art. 66 das disposições permanentes da Constituição, apenas obedecido o critério de votação por ''maioria absoluta dos membros do Congresso Nacional'', excepcionalmente estabelecido para a revisão. Outra não pode ser a interpretação, em lógica jurídica. Como adverte corretamente Giuseppino Treves, ''toda norma jurídica adquire seu significado em função do todo de que vem a fazer parte'' (*Principii de Diritto Publico*, Unione Tipografico Editrice Torinese, 1973, p. 97). O art. 3º das disposições transitórias, por estar em ''Ato'' anexo, ou até por isso, não há de ignorar, nem autorizar que se ignorem, o texto e o sistema a que está vinculado. O que é acessório pode conter exceções ou restrições ao *principal*, limitadamente interpretadas, e sem feri-lo no seu conteúdo fundamental e identificador do sistema. Dessa forma há de ser interpretada, sobretudo, norma como a do art. 3º., que, conforme elucidação de seus elaboradores, neste plenário e no do Congresso, foi votada como permanente, e instantaneamente convertida em transitória, com a redação alterada. Tudo a revelar insegurança.

Se o legislador da revisão não atentar nesses princípios, incidirá ele em desrespeito à Constituição, e tanto mais condenável porque atentatório da Federação, que é uma das vigas mestras do regime político instituído. Essa conclusão lógica encontra suporte valioso em Otto Bachof, no seu livro *Normas Constitucionais Inconstitucionais*? Nele, o reputado autor, embora tratando a Lei Fundamental da Alemanha, emite juízo genérico sobre a hipótese em que "uma lei de alteração da Constituição" "pode infringir, formal ou materialmente, disposições da Constituição formal". E esclarece: "Dá-se o *primeiro* caso, quando não são observadas as disposições *processuais*, prescritas para a alteração da Constituição; ocorre o *último*, quando uma lei se propõe alterar disposições da Constituição contrariamente à declaração da *imodificabilidade* destas inserta no documento constitucional; assim, por exemplo, uma lei de alteração da Lei Fundamental que, contra o disposto no art. 79, n. 3, eliminasse a articulação da Federação em Estados federados ou o princípio da participação destes na legislação, ou lesasse os princípios assentes nos arts. 1º e 20. Não é necessário mostrar mais pormenorizadamente que a lei de alteração, embora sendo ela própria uma norma constitucional formal, seria, num como no outro caso, "inconstitucional" (*Normas Constitucionais Inconstitucionais*?, trad. José Manuel M. Cardoso da Costa, Atlântida Editora, Coimbra, 1977, p. 53). E assim conclui o jurista porque admite a ocorrência de "normas constitucionais inválidas" e a "competência judicial de controlo como problema jurídico-constitucional", asseverando, fundado em Grewe: "A competência de controlo de um tribunal constitucional relativa à "constitucionalidade das leis" abrange também a faculdade de controlo, nela incluída, relativa à constitucionalidade da Constituição" (pp. 11-31) — cabendo salientar que nessa tese envolve a norma decorrente de "lei de revisão" (p. 31). Entre nós, aliás, já em 1985, Nelson Sampaio, que foi competente professor da Universidade Federal da Bahia, sustentou a inconstitucionalidade de norma constitucional ("Hierarquia entre normas constitucionais", Separata da *Rev. de Inf. Legislativa* 85, jan/mar.1985).

Hoje, a inconstitucionalidade de normas constitucionais provindas de revisão ou emenda não pode gerar dúvida, e ainda menos espanto, quanto ao reconhecimento do vício, dado que a Carta de 1988, explicitamente, ergueu o Supremo Tribunal Federal à categoria de "guarda da Constituição" (art. 102), e a Corte assim já procedeu com relação ao IPMF.

Relevem-me os eminentes pares pelos repetidos apelos às fontes doutrinárias. Não tive propósito de demonstrar conhecimentos, desnecessário numa Casa de doutos e de homens amadurecidos nas decisões políticas. Costumo invocar as fontes do saber para suprir as minhas deficiências. No caso, a invocação da boa doutrina dá-me tranqüilidade tanto maior porque a teoria se insere na deliberação política, e a informa e a esclarece, para que a paixão e o desconhecimento não substituam o interesse público, nem desprezem as instituições. Quando ocorre tal desvio de comportamento, começam a periclitar as instituições, que ao serem destroçadas levam no seu naufrágio o destino de todos, inclusive dos que não as preservaram, supondo-se hábeis e protegidos pelo realismo. A procela não respeita artifícios, nem os que lhe servem de leito à destruição do espaço que ocupa.

Pretendi, assim, de um lado, justificar a tese exposta, para deixar claro que não sustento teoria de ocasião, e, de outro, colaborar, modestamente embora, para que o Senado assuma, como lhe cabe, posição definida no processo de revisão e seja, efetivamente, representante da Federação. A natureza das medidas de reforma em perspectiva agrava a anomalia do procedimento, visto que, a par de modificações na ordem econômica, se cogita de alterar atribuições e recursos da União e das entidades federadas. No mandato de Senadores, somos, por designação constitucional, delegados dos Estados-membros e do Distrito Federal, e não temos o direito de renunciar a esse encargo preeminente. Esta, de fidelidade a seu sistema, é a melhor homenagem que podemos prestar à Constituição, na data de cinco anos de sua vigência.

Revisão do processo de reforma?

Pode o órgão revisor alterar o próprio sistema de mudança da Constituição? Se não dispõe da faculdade de delegar a função de rever, tem competência para modificar o processo de reforma do texto constitucional? Sem dúvida, não faltam fragmentos de doutrina, nem sempre claros, em favor dessa possibilidade. Não há problema jurídico sem diversidade de opiniões, sobretudo se situado na tangente da política. Ponto é ver a teoria ou interpretação que se ajusta à realidade, em face da Constituição em causa e da conveniência pública.

É de elementar compreensão que o poder constituinte se sobrepõe ao poder de revisão. Por ser originário, não está submetido a normas jurídicas preestabelecidas. Não é absoluto, porque deve obediência ao espírito do povo e a razões históricas, que marcam a vida de cada nação. Tem, porém, dimensão que o torna preeminente, e vinculante do poder de reforma ou revisão. Daí ser natural o entendimento de que há preceitos ou cláusulas nas constituições insuscetíveis da incidência do poder de mudança. Mesmo sem proibição expressa, presumem-se imunes a reforma certos princípios ou mandamentos, que asseguram estabilidade à ordem institucional criada. Até no sistema de constituições que aludem, explicitamente, a reforma total, subentende-se que há disposições inatingíveis pela assembléia revisora. Autores contemporâneos ponderam, por exemplo, que a revisão não pode suprimir o regime democrático, por ser base do Estado estruturado.

Ora, sendo assim, é lógico que ao órgão revisor não se admite alterar a própria forma de modificar a Constituição de caráter rígido. Se o constituinte estabelece procedimentos especiais ou determinados para rever ou emendar o texto elaborado, quis, manifestamente, afastar outros modos de ação legislativa. E é óbvio que o fez para impedir que o órgão revisor, como poder subordinado, ultrapasse os limites de sua tarefa condicionada e edite inovações contrárias à essência da Constituição. No descompasso, o poder revisor não altera apenas, subverte a Constituição.

Subvertendo-a, também se deslegitima, porque destrói a fonte, que era base do proceder revisionista. Reformar, por emenda ou revisão, significa aperfeiçoar ou inovar, respeitado tanto o sistema como o espírito da Constituição. Substituir, a título de revisão, o processo mesmo de reforma da Constituição rígida é fazer e autorizar o que somente compete ao poder constituinte.

A Constituição brasileira de 1988, regulando o processo legislativo, além do que se refere à legislação comum, prevê apenas "emendas à Constituição". É o que dispõe o art. 59. O art. 60 disciplina o procedimento de emenda à Constituição. Ressalta desse preceito, imperativamente, no § 2º, que a emenda "será discutida e votada em cada Casa do Congresso Nacional, em dois turnos, considerando-se aprovada se obtiver, em ambos, três quintos dos votos dos respectivos membros". Além disso, no § 4º do mesmo art. 60 estabelece, sem permitir dúvida, que "não será objeto de deliberação a proposta de emenda tendente a abolir" a forma federativa de Estado, o voto direto, secreto, universal e periódico, a separação dos Poderes e os direitos e garantias individuais. É a enunciação das cláusulas ou matérias que não podem ser modificadas.

Segundo propostas correntes, pretende-se alterar o procedimento de reforma como se não houvesse limite. Atinge-se o parágrafo relativo às cláusulas imutáveis. Estrangula-se a independência do Senado com a adoção permanente do voto em reunião unicameral. Facilita-se excessivamente, em suma, o poder de reforma, contra o sistema da Constituição, que é restringente dessa faculdade. Na verdade, subverte-se a essência da Constituição.

Por ser fundado em disposição transitória, o atual poder de revisão não está isento das limitações expostas. Para que tanto ocorresse, seria indispensável que houvesse norma expressa nesse sentido, nas disposições transitórias. E não há. Como não há essa regra explícita, liberando o presente poder de revisão daquelas restrições, é imperioso entendê-lo com as limitações aplicáveis a todo procedimento de exceção. Esta é a forma, também, de assegurar estabilidade às instituições e defender o interesse público: o que convém à Nação e à sociedade.

Artifícios inconstitucionais

A imaginação revisionista é fértil, mesmo na derrota. Na ânsia de superar obstáculos inarredáveis, o revisionismo inconformado busca artifícios com que possa atingir toda a Constituição, e varia da Constituinte exclusiva à reforma total. Mas, sob uma Constituição rígida, em vigência regular, o órgão revisor não pode prever ou convocar Constituinte, nem autorizar reforma total. Sabem disso os juristas, e os políticos o percebem, por observação e senso crítico. Ao poder delimitado não é lícito ampliar o que foi definido pelo poder constituinte. Para necessidades ocorrentes, o regime brasileiro criou e disciplina o processo de revisão ou reforma constitucional, fixando, expressa e implicitamente, limitações ao poder de mudança.

Uma Assembléia Constituinte é decorrência de ruptura do quadro jurídico e político estabelecido, ou de crise tão grave que dentro dele não tem solução. Só a justificam, enfim, os abalos institucionais violentos, profundos, ou extensos. Assim em 1891, com a queda do Império e a proclamação da República. De igual modo em 1934, para superação do Governo Provisório de Vargas, de índole ditatorial. Semelhantemente, em 1945, como em 1985, visto que as Cartas constitucionais impostas pelo Estado Novo e pelo regime discricionário militar não ofereciam condições à transição para o Estado de Direito. A decisão francesa de 1958 não contraria essa tese. Não houve convocação de Constituinte, mas preparo de nova Constituição fora do Parlamento, porque estaria em perigo a sobrevivência das instituições, sobretudo diante da tensão com a Argélia. Tanto que o General de Gaulie foi chamado a retomar o poder como um salvador.

A crise brasileira, se requer cuidado, não tem a dimensão desses acontecimentos. O regime constitucional funciona sem tremores sísmicos. Ainda nesta sessão legislativa, a Mensagem presidencial realçou o desenvolvimento normal do governo e da administração, da política e da economia do país, apesar de óbices existentes, como a inflação. Em situação muito mais aguda, de ebulição política e militar, governando em estado de sítio, Artur Bernardes promoveu apenas reforma constitucional. Não sugeriu Constituinte, para substituir a Carta de 1891. Logo, na atual conjuntura, cumpre respeitar a Constituição, segundo o processo de sua reforma, nela prescrito.

Nas disposições permanentes, a Constituição estipula, no art. 60, o modo de ser alterada mediante emenda, discutida e votada na Câmara e no Senado em dois turnos, e em ambas as Casas aprovada por três quintos de seus membros. Nas disposições transitórias, no art.

3º, excepcionalmente permitiu a revisão por maioria absoluta dos membros do Congresso Nacional, em sessão unicameral. Ali, como aqui, na parte permanente e na transitória, a Constituição autoriza mudança em seu contexto: para acrescer, suprimir ou inovar cláusulas. Rever ou emendar, portanto, é modificar partes, conservando o todo. Não é nem pode ser a faculdade de convocar ou de prever a convocação de Assembléia Constituinte, que implica a substituição do texto constitucional na, sua integralidade. Se o órgão revisor ou de emenda propicia a convocação de Assembléia Constituinte, exclusiva ou não, extravasa o limite de seu poder.

Tem o mesmo alcance abusivo e ilegítimo introduzir a reforma total em Constituição rígida, como a de 1988. Primeiro, porque tal inserção pressupõe alterar o processo de reforma, para ampliar o poder de mudança, o que a doutrina condena. Segundo, porque significa permissão para substituir o texto constitucional, o que não é compatível com a idéia limitada de emenda ou revisão, a que se circunscreve a Constituição. Tanto mais estranhável é a idéia de reforma total porque na Constituição vigente há, declaradamente, pontos inatingíveis.

Ambas essas formulações, portanto, a de Constituinte e a de reforma total, são artifícios engendrados para ultrapassar os contornos impostos pela Constituição ao poder de revisão e de emenda. Em verdade: quem revê ou emenda, altera, mas conserva; quem tudo substitui, elimina. E a fraude não gera modificação legítima. Logo, o que não for adequadamente alterado pela revisão, só o poderá ser por emenda. Quatro emendas, aliás, foram adotadas entre 1992 e 1993, atestando a viabilidade do sistema. Em caso de urgência, mecanismos regimentais proporcionam deliberação em prazos reduzidos, sobretudo se ocorre entendimento entre os partidos políticos. A negativa de eficácia da Constituição é, pois, preconceito ou pretexto, não juízo objetivo e sereno.

Descaminhos da Revisão

Partidários de ampla revisão constitucional e órgãos dos meios de comunicação social apontaram, reiteradamente, motivos contrários ao Congresso como os determinantes da reduzida produção dos trabalhos parlamentares. Ora argüiram a ausência de deputados e senadores. Ora a falta de interesse de muitos pela alteração da Carta de 1988. Não raro, acentuaram a influência de grupos corporativistas. Sem dúvida, tais causas repercutiram na atividade revisionista, como incidem comumente no Poder Legislativo, em todos os povos. Outras circunstâncias, mesmo, concorreram para diminuir a extensão e a profundidade das mudanças intentadas. Assim a coincidência de exame dos processos contra deputados acusados de procedimento ofensivo do decoro parlamentar, ou a apreciação de medidas provisórias, inclusive complementares do plano de ação do governo. Esses fatos, porém, não foram os fundamentais na limitação do labor revisório.

Os fatores impeditivos de larga reforma foram outros. Se ninguém nega que haja falhas e excessos na Constituição, nem por isso cabia arriscar alterações sem pesquisar e definir os assuntos prioritários. O primeiro erro dos reformadores foi a precipitação do processo à revelia do sentimento ou da aspiração da sociedade. Desconhecendo as tendências e reivindicações coletivas, que são a fonte da iniciativa do legislador, procederam sob o impulso do liberalismo econômico, ou de inclinações de grupos diversos. Daí segmentos sociais vigilantes, como os universitários, os intelectuais, os trabalhadores e associações civis diversas não terem estimulado nem defendido a revisão. Não viram nela objetivo superior de correção e aprimoramento da Constituição. Em realidade, os titulares do poder econômico e suas organizações representativas é que advogaram a revisão. Por meio dela pretendiam restringir o poder do Estado e ampliar as faculdades da livre iniciativa e seus lucros. Essa orientação, se consagrada na amplitude pretendida, resultaria em prejuízo da economia popular, por inexistência de controle público adequado.

O segundo erro dos revisionistas consistiu em não terem conquistado e coordenado a vontade da maioria parlamentar. Dirigentes partidários e das casas do Congresso não captaram as convicções e os anseios dos deputados e senadores, na busca do consenso possível. Presumiram que um regimento interno drástico e combinações de comando bastariam para garantir as votações. O engano de perspectiva os levou à surpresa e à derrota. A ausência de muitos não era desinteresse, mas inconformação. E a presença de outros exprimia vigilância, e não aceitação, como no meu caso. Na consciência de tantos que asseguravam número para as deliberações, acertos de gabinete não correspondiam aos interesses e reclamos da opinião nacional. A essas circunstâncias juntou-se a indiferença do governo federal, cujo interesse amorteceu com a aprovação do que dizia respeito ao plano de ação. Omitiu-se notadamente quanto à reforma do sistema tributário e da previdência, a que não era hostil parcela relevante dos que dissentiam da revisão.

Desacerto manifesto, também, foi a designação de um Relator Geral sem constituir-se Comissão Revisora, representativa dos partidos, em base proporcional. Trabalhando isolado, alheio ao confronto real das idéias e das posições dos partidos, o Relator ficou desguarnecido, no Plenário do Congresso, para sustentação de seus pareceres. É sabido que em assembléias heterogêneas, como as casas parlamentares, o contraste de opiniões se revela muito vivo, e requer flexibilidade e conciliação para superar divergências. Assim se impõe, sobretudo, em situação como a atual, em que os partidos, de regra, não têm unidade de pensamento e de diretrizes. Por isso mesmo, quanto mais amplo e ordenado o diálogo, tanto mais prudente e segura será a orientação fixada. Somente nessa extensão os entendimentos traduzem a média das tendências predominantes. O procedimento adotado, sem uma Comissão Revisora, prejudicou a apuração das verdadeiras propensões da maioria. Resta a lição, para outras oportunidades.

Se o resultado obtido a todos não satisfaz, é, contudo, expressão do esforço de uma assembléia política na democracia. Nela não há vontades privilegiadas, senão refletindo maiorias livres. Para atender a outras modificações convenientes na Constituição, há o processo regular de emendas. Se antes da revisão quatro emendas foram aprovadas, outras poderão ser admitidas, se corretamente elaboradas. As dificuldades provindas de posições diferentes são naturais no processo democrático. Enquanto não sobrevierem novas alterações, façam-se as leis complementares necessárias e dê-se ao texto constitucional interpretação inteligente, como ainda agora o fez o Tribunal Superior Eleitoral com relação aos eleitores de 16 anos. Mais do que as mudanças formais, ou tanto quanto elas, vale a compreensão lúcida dos textos constitucionais, na direção dos interesses coletivos.

CONFERÊNCIAS & DEBATES

EXCESSO DE IMPOSTOS NO SISTEMA CONSTITUCIONAL DE 1988

GERALDO ATALIBA
Professor titular da Faculdade de Direito da Universidade de São Paulo (USP)

Não é verdadeira a afirmação cansativamente repetida, de que há excessivo número de impostos no Brasil. Basta abrir a Constituição e ler, ligeiramente, seus artigos 153, 155 e 156, para ver-se que só são consentidos 11 impostos (a recente emenda constitucional 3/93 extinguiu dois).

Dos 11 previstos na Constituição não há legislação que permita exigir um deles (o adicional estadual do imposto sobre a renda); e outro (sobre grandes fortunas) nem sequer foi criado, tratado ou seriamente cogitado.

Não são todos os contribuintes, sempre, que pagam os nove impostos existentes. Cada qual só é chamado a pagar, se *realiza* (ou, por qualquer forma, se relaciona com) o fato desencadeador de uma obrigação tributária. Assim, não são todas as pessoas que pagam impostos de importação, mas só quem importa (e só na medida em que o faz).

Só é chamado a pagar o IPTU quem tem imóvel em área urbana; o IPVA, só quem tem veículos; só paga ICMS quem realiza operação mercantil com mercadorias; e assim por diante.

Isso mostra que o nosso sistema é um dos mais parcimoniosos do mundo; é extremamente enxuto e muito racional. Sob este aspecto, é objeto de inveja de todo estrangeiro que o compare com o seu. Recordo-me da admiração que o saudoso professor Gian Antonio Micheli — falecido catedrático de Roma — expressou, em aulas e conferências que aqui fez, a nosso convite, nos idos de 1975. Deveras, todas as mais expressivas manifestações de capacidade contributiva são colhidas por nosso sistema, de modo equilibrado.

Quem afirma que temos 50 ou mais impostos — e, por isso, ''é preciso mudar a Constituição'' — incide em terríveis confusões, decorrentes da visão leiga ou da consideração apressada e superficial dos dados normativos e fáticos. A compreensão destes requer certas qualidades que habilitam o observador a informar-se com adequação e examinar criticamente o material normativo coletado.

Diagnósticos equivocados

A dificuldade de ver com clareza o nosso panorama normativo, para cotejá-lo com a realidade prática — tarefa diuturna do Judiciário, auxiliado pelos advogados — leva os leigos, especialmente empresários, a crerem nessas balelas.

Do diagnóstico errado — por ineficiência de formação científica, ou deficiência de instrumental de análise — decorre terapêutica desastrada. Quem acredita que temos 50 impostos é dotado de uma ingenuidade e desinformação que servem de premissa a suportar a idéia de que "é preciso mudar a Constituição". Para isso contribuem, também, preconceitos, interesses condicionadores da percepção e — o que é típico das culturas subdesenvolvidas — a opção pelos sonhos, para substituir a consciência da realidade.

Problemas culturais

O notável sociólogo baiano Guerreiro Ramos — autor da preciosa *Cartilha de aprendiz de sociólogo* —, na sua clássica "redução sociológica", já comparava as sociedades involuídas às crianças que, na impotência de sua ineficácia, comprazem-se com mera gesticulação.

Essa é a sina das nossas elites despreparadas, que preferem sonhar, em vez de enfrentar objetiva e pacientemente a realidade cotidiana. Isso se agrava, num país cheio de economistas geniais, cada qual pregador de um milagre, uma fórmula prodigiosa ou um pacote miraculoso que — num passe de prestidigitação, transformará a nossa cultura, fazendo abstração da penosa realidade que as elites inconseqüentes criaram, atormentando a preciosa herança humana que caracteriza nosso povo.

Os oficiais que integraram a FEB escreveram preciosos depoimentos sobre as mazelas, deficiências e vergonhoso comportamento de nossas autoridades, no que concerne à participação do Brasil na II Guerra Mundial. De tudo que ali — ainda é útil meditar sobre esse precioso material — se pode ler, fica a inexorável conclusão de que na guerra, como na administração, na aplicação das leis, como na política e em tudo o mais, cada povo projeta e reflete sua cultura. Nossa cultura — infelizmente — é mais receptiva aos sonhos dos economistas e ingenuidades de politiqueiros imediatistas do que a encarar com seriedade e objetividade nossas virtudes e defeitos, para resolvermos nossos problemas.

Busca desassombrada da verdade

Mais enganadora e deletéria que a mentira é a meia verdade. Quem tenha comezinhos conhecimentos da nossa Constituição sabe que há alguns impostos inconstitucionais e algumas contribuições travestidas de impostos (ou vice-versa). E o remédio para isso não é mudar a Constituição, mas pugnar para declarar essas inconstitucionalidades e enxugar — aprimorando-o — o sistema legal.

Há mais de dez anos, Osiris Azevedo Lopes — professor de Direito Tributário da Universidade de Brasília e também diretor-geral da Escola de Administração Fazendária — dizia substancialmente a mesma coisa, valorizando a estabilidade da legislação tributária, os sistemas tradicionalmente estabeblecidos, o "imposto velho".

Os ingênuos ou despreparados não sabem que, na Europa ou nos Estados

Unidos, há também riqueza de idéias e sugestões; não faltam imaginosos propugnadores de fórmulas inovadoras e mais racionais. Entretanto, na sua prudência política invejável, as elites dos países dotados de sólida cultura preferem a estabilidade, a continuidade — a segurança jurídica, enfim — às aventuras comprometedoras do clima de produção, emprego, progresso.

Segurança jurídica

Nesses países há desenvolvimento, riqueza e emprego, exatamente porque há segurança jurídica. Até países sem recursos naturais (Japão, Suíça) são ricos, porque têm cultura amadurecida. Há dois séculos, Lorde Bagehot dizia sabiamente *institutions are not made, they grow*. Enquanto não atingirmos condições de compreender isso, seremos subdesenvolvidos, gesticuladores, sonhadores.

Localização dos defeitos: no plano infra-constitucional

Nosso sistema constitucional tributário é equilibrado, histórico-racional, abrangente, moderado, sóbrio. Nossos defeitos não estão na Constituição. Ruy Barbosa dizia que um povo deve ser julgado não pela Constituição que tem, mas pelo modo como a pratica.

Deveras, é no plano da legislação que se localizam nossos males e deficiências. O artigo 195, I, prevê, claramente, *uma* só contribuição do empregador, mas os legisladores desvairados criaram 4 (quatro), numa demonstração de desinformação jurídica que não é percebida (e, pois, não pode ser denunciada) pelos que querem mudar a Constituição, por isso (ver nosso estudo *in: RDA*, vol. 193, pp. 45 a 64). Esse mesmo preceito constitucional, sistematicamente interpretado, induz a que tributos desestimulantes do emprego sejam repudiados. O legislador, primariamente — contrariando essa clara diretriz — onera de forma tão intensa as empresas criadoras de empregos que estimula e incentiva a mecanização, automação e terceirização. O remédio não é mudar a Constituição, é mudar a lei (ou declará-la inconstitucional).

Enquanto persistir a ideologia dos sonhos, dos milagres e pacotes; a cultura dos palpites e da imaturidade, não teremos o único clima que propicia o desenvolvimento: a segurança jurídica (basta olhar o *mapa múndi* e ver-se-á que os países prósperos são os estáveis). Há nítida relação de causa e efeito entre segurança jurídica e progresso. Quem não o percebe não tem condições de arvorar-se a fazer críticas, nem sugestões.

Plano normativo e fático

Assim como é forçoso distinguir a carga tributária global (que pesa sobre a sociedade) ideal e real, é imprescindível discernir o plano constitucional do legal. E adaptar este àquele. Tal é o único caminho racional e jurídico que nos levará na direção da civilização. Enquanto tolerarmos palpiteiros inconseqüentes opinando será impossível aspirar ao desenvolvimento, que só virá com o repatriamento dos dólares de brasileiros, para financiar nossa economia. Repudiados os preconceitos e afastados os "chutes", poderemos examinar objetivamente o panorama, realizar fecundas meditações e extrair úteis conclusões, que sirvam de base para o concreto encaminhamento de conclusões, que serão:

— a Constituição de 1988, na parte tributária, é equilibrada e substacialmente boa, aos olhos do observador neutro e sem preconceitos;

— nossos problemas situam-se nos planos político, legislativo e da aplicação;

— não há necessidade de mudar-se a Constituição — pelo contrário, o que é necessário é mudar as leis para fazer o sistema legal mais consentâneo com as diretrizes constitucionais — para ter-se legislação tributária simples, clara, enxuta, inequívoca, estimulante da produção e do emprego, administração desburocratizada e ágil e clima propiciador do desenvolvimento harmônico de todas as regiões do País.

Enquanto não forem banidos os preconceitos disseminados, ora prevalecentes, não realizaremos a verdadeira tarefa que nos desafia, que é simplesmente enxugar as leis, harmonizá-las com as diretrizes constitucionais.

Basta ler o rol de reclamações — na maioria justas, embora mal formuladas — dos agricultores, empresários, assalariados, bem como da União, dos Estados e dos Municípios, para ver-se que os problemas não estão na Constituição, mas sim nas leis.

Toda energia (física e intelectual), tempo e dinheiro gastos nos últimos anos nas discussões, reuniões, debates, simpósios, seminários, etc. sobre "reforma fiscal" foram um grave desperdício; desviamos todos esses investimentos em tempo, esforços e dinheiro, da única tarefa que nos pode conduzir à civilização: simplificar, desburocratizar, equilibrar, harmonizar as leis, incentivar os investimentos produtivos, estimular o emprego e criar as condições de ampliação célere de um grande mercado consumidor que, potencialmente, já existe e está à espera de visão política ampla, generosa, otimista, criativa e despreconcebida, para explodir em prosperidade, pleno emprego e desenvolvimento.

É para tornar esse sonho realidade que são chamadas as nossas elites. Só realizarão essa tarefa se forem capazes de visão geral, impessoal, ampla, desinteressada, prospectiva.

Conclusões sintéticas

Duas linhas de ação impõem-se, para realizar a simplicidade, a parcimônia equilibrada e o harmonioso esquema da Constituição de 1988, em matéria tributária:

(a) enxugar a legislação, simplificar os procedimentos e reduzir a burocracia "de contorno" (Renato Alessi) que envolve os tributos e

(b) enquanto isso não aconteça, pugnar por obter declaração judicial de inconstitucionalidade de boa parte da legislação ordinária, por desconformidade com o espírito ou a letra da Constituição.

Alinhar a legislação às exigências constitucionais, direcionando-a no sentido apontado pelos princípios consagrados no Texto Magno. Como os legisladores e os juízes refletem a cultura da sociedade, essas tarefas são árduas e ingentes e merecem, isto sim, o dispêndio de esforços, tempo e dinheiro para vencer o comodismo, a inércia, o alheamento e a propositada indiferença dos legisladores e dos juízes.

Se todo os esforço feito nos últimos 5 anos, para mudar a Constituição, tivesse sido gasto na tentativa de alterar o panorama na plano infra-constitucional, certamente, a esta altura, já estaríamos desfrutando de uma situação mais simples, tranqüila, desburocratizada, justa e pacífica.

Ainda é tempo para revermos nossa postura e redirecionarmos nossos clamores e energias. Quem não aprende com a história é condenado a revivê-la.

NOTICIÁRIO

DUAS DÉCADAS DE IBDM

HUBERT NOWILL

Comemora neste ano de 1994, o Instituto Brasileiro de Direito Municipal, vinte anos de existência, nascido que foi a 21 de janeiro de 1974, na cidade do Recife, em Pernambuco no curso do I Encontro Nacional de Procuradores Municipais. A sua idealização é crédito dos Procuradores Municipais daquela urbe, então sob a liderança de Urbano Vitalino de Melo Filho, à época Secretário Municipal de Assuntos Jurídicos.

Na ata da Assembléia de sua fundação averbada ficou "a urgente necessidade de que padeciam os Procuradores e Executivos Municipais, no que tange a um conhecimento mais profundo do Direito Municipal Brasileiro e, a um entendimento mais objetivo e uniforme de suas regras e princípios, com vistas à difusão doutrinária e jurisdicional dos temas pertinentes aos problemas municipais, para dirimir conflitos e oferecer melhores remédios em trabalhos desenvolvidos nas Administrações Públicas Comunitárias".

Desde logo se vislumbra, pela só leitura dos motivos que levaram à sua concreção, que o IBDM se plasmou de um movimento de solidariedade, emergiu de uma somatória de preocupações municipalistas e foi concebido pela vontade unânime dos Procuradores que atenderam ao chamamento dos seus pares recifenses que, segundo o registro convencional, vinham, "de há muito, realizando estudos e pesquisas, visando à instituição de um organismo, de uma entidade, capaz de facilitar aquelas tarefas, ensejando um melhor e mais perfeito relacionamento entre técnicos, administradores, espalhados por todo o território brasileiro, com um laço mais forte de união no que respeita a esses conhecimentos específicos".

Foi a voz vibrante do Prof. Geraldo Ataliba, então Reitor da Pontifícia Universidade Católica de São Paulo emérito municipalista, que conclamou os convencionais à criação do "Instituto Brasileiro de Direito Municipal", em proposta unanimemente aprovada por aclamação.

E depois de acentuar que o "idealizador e o grande entusiasta a consecução dessa meta era o Dr. Urbano Vitalino de Melo Filho", obteve da Assembléia aclamação aprovatória de sua proposta para a eleição deste como primeiro Presidente do IBDM.

Elaborados os Estatutos por comissão composta por Antônio Tito Costa, Nelson Amorim Neto, Álvaro Benedito de Castro, Flávio Ênio Rossi e Mayr Godoy, resultaram aprovados em Assembléia seguinte, onde foi eleito, como Vice-presidente da Diretoria, o Prof. José Souto Maior Borges.

Criado, pois, estava o IBDM e composta a sua direção quanto aos cargos eletivos, sendo relevante apontar que a ele se incumbiu promover e realizar, anualmente, os Encontros Nacionais de Procuradores Municipais, observando-se que a cidade de São Paulo fôra escolhida para a sede do Encontro seguinte.

Foram seus fundadores os que assinaram a ata de sua instituição, que expressa assinaturas de sessenta e sete (67) Procuradores de diferentes Municípios brasileiros.

A primeira diretoria, complementada por Nelson Amorim Neto, secretário e Zuila Helcias Correia de Oliveira, tesoureira, promoveu o registro formal do IBDM em ordem a lhe dar personalidade jurídica. Criou sub-seções estaduais, nomeou seus Presidentes. Promoveu Encontros Regionais, cursos e conferências. Instituiu concurso de monografias sobre o Município na Emenda Constitucional 1/69; e a "Medalha do Mérito Municipalista", que outorgou a diversas personalidades, entre as quais os Ministros Eraldo Gueiros Leite, Aliomar Baleeiro, Miguel Seabra Fagundes e Djaci Falcão, e os Professores Geraldo Ataliba, Celso Antônio Bandeira de Mello, Caio Tácito, Antônio Tito Costa e José Souto Maior Borges.

Ainda na mesma gestão foi realizado o II Encontro Nacional de Procuradores Municipais, na capital de São Paulo, em janeiro de 1975, presidido por Teófilo Cavalcanti, então Secretário de Assuntos Jurídicos da Municipalidade paulistana.

Neste II Encontro foi outorgado ao Procurador Toshio Mukai, prêmio por sua monografia sobre Regiões Metropolitanas.

Seguiu-se a realização, em julho de 1976, do III Encontro, em Blumenau — SC, onde ocorreu a recondução de Urbano Vitalino de Melo Filho para a Presidência e a eleição de Orlando Giraldi Vanin para a Vice-Presidência, com mandato para o seguinte biênio.

Foi concedido o título de "sócio honorário" ao Prof. Hely Lopes Meirelles e criado o "Conselho Científico", integrado por Geraldo Ataliba, Hely Lopes Meirelles, Celso Antônio Bandeira de Mello, Aliomar Baleeiro, Caio Tácito, Djaci Falcão, Antônio Tito Costa, Sérgio Ferraz, Adilson Dallari, José Souto Maior Borges, Clodoaldo Pinto Filho, Luiz Pinto Ferreira, Lourival Vilanova e Miguel Seabra Fagundes.

O Presidente Urbano não pôde comparecer ao IV Encontro, em Santos, realizado em julho de 1977, por relevante e justificada razão, ausente do país. Foi o único Encontro a que faltou. O Vice-Presidente Vanin o substituiu, no impedimento ocasional.

A ata da Assembléia de encerramento registra a crédito daquele Encontro a apresentação de considerável número de teses, todas elas polêmicas e, de conseqüência, exaustivamente discutidas. Santos acabava de se libertar de um regime de intervenção federal e as manifestações, de certa forma até então reprimidas, favoreceram a explosão do sentimento de reconquista de sua autonomia política.

Manaus foi a sede do V Encontro realizado em janeiro de 1979, e Edson de Menezes Vieralves o anfitrião, na sua condição de Procurador Geral do Município. De par com o também elevado número de teses lá apresentadas, de excelentes formulações, tiveram os que do Encontro participaram a oportunidade de apreciarem a extraordinária conferência de Sérgio Ferraz, sobre Direito Ecológico e proteção jurídica do meio ambiente. Aquela maravilhosa palestra ensejou proposição do conferencista, aprovada à unanimidade como Resolução, em que os congressistas resolveram: "1 — Manifestar sua grande preocupação quanto aos ameaçadores contratos de risco para exploração madeireira na floresta amazônica; 2 — Manifestar sua grave preocupação pela inconsistência das explicações oficiais que, até aqui, têm sido prestadas sobre o assunto; 3 — Lembrar que tais contratos, ou quaisquer outras idéias análogas, são inconstitucionais, além de violarem obrigações internacionais que assumimos e transformamos em direito interno; 4 — Exigir que qualquer forma de exploração econômica da floresta amazônica só se faça depois de exaustivos e cautelosos estudos técnicos, de toda sorte assegurando-se a absoluta intocabilidade de, ao menos, dois terços de sua área; 5 — Determinar que a presente Resolução seja incluída nos Anais do Congresso, bem como seja remetida ao atual e futuro Presidente da República e aos atuais e futuros líderes político-partidários da Câmara de Deputados e do Senado Federal". A secretaria do IBDM registra o cumprimento do item 5 da Resolução.

Outra proposta, de iniciativa de Urbano Vitalino, também aprovada, perseguia a instituição da cadeira de Direito Municipal, em caráter obrigatório, no currículo das universidades brasileiras.

Uma outra, de provocação de Mayr Godoy, sugeria a realização de um Encontro Internacional de Procuradores Municipais.

Finalmente, foram eleitos os novos Presidente e Vice-Presidente do IBDM, recaindo a escolha, respectivamente, em Antônio Tito Costa e Hubert Nowill, aclamados pelo plenário e desde logo empossados.

Em Pelotas, no Rio Grande do Sul, em janeiro de 1980, ocorreu o VI Encontro, coordenado por Bernardo de Souza, Secretário Municipal de Assuntos Jurídicos. Inúmeras teses foram, apresentadas, discutidas e votadas em suas conclusões. Averbe-se que a tese enviada por Luiz de Mello Reis, da Procuradoria Municipal do Recife sobre "Ampla Defesa no Processo Administrativo Disciplinar", relatada por Mauro Viotto, foi exposta e defendida por Angelito Aiquel, em face do falecimento do autor, a cuja família se outorgou voto de profundo pesar.

Entusiasticamente recepcionada, naquele Encontro, foi a palestra do Min. Seabra Fagundes, sobre, "Uso e Ocupação do Solo". Geraldo Ataliba, discorrendo sobre a reformulação do sistema tributário nacional propôs instituição de comissão permanente para cuidar da matéria. Alguns esclarecimentos foram prestadas por Mayr Godoy sobre tratativas preliminares com o IBAM para a convocação pretendida do Encontro Internacional. Manifestou a Assembléia, também, homenagem aos que haviam comparecido aos seis Encontros.

Em janeiro de 1981, reuniram-se em Fortaleza os Procuradores Municipais, para o VII Encontro Nacional. Wagner Barreira Filho presidia a Comissão Executiva e, junto com seus colegas da Procuradoria local, proporcionou proveitoso congresso, pautado por perfeita programação e execução.

Teses importantes, e em bom número, foram debatidas, transcrevendo a ata final, com minúcias, não só as conclusões aprovadas, como até o teor das participações dos presentes nos debates. Escritório do IBDM em Brasília teve sua discussão adiada para o próximo Encontro, onde também se deveria discutir proposta de Geraldo Ataliba de alteração estatutária para se permitir filiação de entidades de direito público ao Instituto. Homenagem póstuma foi prestada ao Prof. Oswaldo Aranha Bandeira de Mello, à cuja memória se rendeu preito de silêncio. Wagner Barreira Filho e Renato Mello Viana foram sufragados, por aclamação, Presidente e Vice-Presidente do Instituto para o biênio seguinte.

Belo Horizonte, em janeiro de 1982, foi a sede do VIII Encontro, coordenado por Nelly de Morais Silva, então Procurador Geral do Município e, nessa condição, Presidente da Comissão Executiva. As sessões se realizaram no Othon Palace Hotel.

Como dos eventos anteriores, teses foram discutidas e votadas, registrando a ata o teor delas e as conclusões aprovadas ou rejeitadas. Transcorreu o Congresso em absoluta ordem e na sessão plenária foi proposta e aprovada emenda aos Estatutos, criando uma quinta categoria de sócios, denominados "natos" considerados como tais, em caráter vitalício, os ex-Presidentes da Diretoria.

Salvador — BA, que se dispusera a realizar o Encontro seguinte, comunicou desistir de patrociná-lo, o que ensejou a Caxias do Sul — RS, por ofício de seu Prefeito, reivindicar a promoção do evento, resultando aprovado pelo plenário.

Como se avizinhasse a data aprazada para o Encontro sem que qualquer sinal de providências por parte do Município sede se fizesse notar, comissão integrada pelo Presidente Wagner Barreira Filho, Urbano Vitalino, Mauro Viotto e Hubert Nowill se dirigiu a Porto Alegre onde, recepcionada por Angelito Aiquel, Salvador Horácio Vizzotto e Oscar Breno Stahnke, teve confirmada a desistência de Caxias do Sul.

Sem embargo da iminente proximidade do Encontro, Angelito Aiquel se dispôs a realizar o congresso usando a estrutura do seu DPM (Departamento de Prefeituras Municipais), dando sensível demonstração de devotamento ao IBDM.

Assim, pela primeira e única vez, o Encontro Nacional de Procuradores Municipais foi coordenado por entidade privada, sem qualquer patrocínio da Municipalidade. Ocorreu em Porto Alegre, em janeiro de 1983, e nele se acolheu a proposta de Mauro Viotto para que em Londrina se reunissem os Procuradores para o Encontro seguinte, tendo o Presidente Wagner Barreira Filho relatado conversa telefônica mantida com o Prefeito daquela cidade, que se propôs a dar cabal apoio à concretização do evento.

Outra característica própria do IX Encontro foi a de que, pela vez primeira, foram lançadas duas candidaturas à Presidência e Vice Presidência. Enquanto Urbano Vitalino lançava a chapa Angelito Aiquel e Mauro Viotto, o convencional Armando Dias Cabral, dizendo-se porta voz de um grupo de congressistas, apresentava os nomes de Mauro Cunha e Edna Célia Romeiro Neves. Note-se que ambos os candidatos à Presidência eram gaúchos. Antes, contudo, de se passar à votação, foi a sessão suspensa por cinco minutos e, retomados os trabalhos, Mauro Cunha abriu mão de sua candidatura, resultando então eleitos Angelito Aiquel para Presidente e Mauro Viotto para Vice-Presidente.

Nova defecção ocorreu, agora por parte da Prefeitura de Londrina, com o que ameaçada restou a até então ininterrupta série anual dos Encontros. Mas, revelando notável espírito municipalista e apreço ao IBDM, Humberto Pêgo Marques conseguiu, em cerca de sessenta dias, organizar o Congresso, para o que obteve apoio de sua Prefeitura, tornando concretização efetiva o X Encontro, que teve por sede São Bernardo do Campo-SP, em janeiro de 1984.

O Presidente Angelito Aiquel, de saúde abalada, ao convocar o X Encontro, fez inserir no Edital, além, de alteração estatutária, o "preenchimento de cargo vago na Diretoria". Abertos os trabalhos da Assembléia, a Presidência apresentou o projeto de alteração do Estatuto que, refundido em novo texto discutido e votado, resultou aprovado.

Em seguida, justificando o item acima referido do Edital convocatório, e alegando motivos de saúde que o impediam de continuar na presidência, Angelito renunciou ao cargo. De imediato, o Vice-Presidente Viotto tomou a palavra e conclamou a Assembléia para que resistisse à renúncia e insistisse junto a Angelito para que reconsiderasse a decisão. De pé, a Assembléia secundou a iniciativa de Viotto e, emocionado, Angelito retirou sua renúncia, assentindo em permanecer no cargo.

Bagé — RS e Uberlândia — MG disputaram a preferência dos congressistas para sede do novo Encontro. Por maioria, a Assembléia optou por Uberlândia. Mas, Angelito Asmus Aiquel não conseguiu ver realizado o segundo Encontro de sua gestão. A morte o colheu nos primeiros dias de março de 1984, trazendo profunda tristeza e consternação à grande legião de amigos e admiradores. O IBDM esteve presente aos seus funerais representado por Hubert Nowill e pelos remanescentes da Diretoria, Salvador Horácio Vizzotto e Oscar Breno Stahnke. O Vice-Presidente Mauro Viotto se fez presente à celebração da missa de sétimo dia e assumindo a Presidência, como sucessor legal, participou em Porto Alegre da reunião da Diretoria onde Vizzotto e Stahnke renunciaram a seus cargos. Convidados, aceitaram Hubert Nowill e Humberto Pêgo Marques as indicações para assumirem, respectivamente a secretaria e Tesouraria.

Em janeiro de 1985 efetivou-se o XI Encontro em Uberlândia — MG, quando foi instituída a medalha e comenda "Angelito Aiquel para outorga àqueles que apresentassem trabalho de interesse municipalista, atribuindo-se a todos que apresentassem teses nos Encontros nacionais". Foram eleitos Hubert Nowill, Presidente e Humberto Pêgo Marques, Vice Presidente, para gestão do biênio seguinte, e escolhida São Luiz — MA para sede do XII Encontro.

Já no exercício da Presidência, Hubert visitou, em companhia de Urbano e Viotto, a capital maranhense para, pessoalmente manter contatos com o Prefeito e o Governador do Estado, tendo em vista a perseguida realidade do congresso, pautado para dezembro do mesmo ano de 1985. Era a primeira vez que, num mesmo ano, dois Encontros eram realizados. Daí a preocupação da Presidência.

E, efetivamente, em dezembro de 1985, estavam reunidos em São Luiz os participantes do XII Encontro Nacional de Procuradores Municipais, em mais uma promoção do IBDM. Sob temário de plena atualidade vertido à convocação da Assembléia Geral Constituinte, conclusões foram debatidas, emergentes das diversas teses apresentadas, e ao final aprovadas.

E pela primeira vez, foram condensadas em documento que foi titulado de "Carta de São Luiz" do teor seguinte:

"Os municipalistas brasileiros, reunidos no XII Encontro Nacional de Procuradores Municipais, promovido pelo IBDM, na cidade de São Luiz do Maranhão, conscientes da importância do momento histórico que vive a sociedade brasileira, no instante em que é convocada a Assembléia Geral Constituinte, afirmam:

"*1.* A legitimidade da Constituição a ser elaborada pela Assembléia Nacional Constituinte apenas poderá ser alcançado na medida em que esta expresse com autenticidade as aspirações do povo, titular do Poder Constituinte.

"*2.* Para tanto, impõe-se seja viabilizada e assegurada a participação das comunidades locais na definição das linhas fundamentais da nova ordem social, econômica e política a ser constituída.

"*3*. A consagração do principio da autonomia municipal, no texto da nova Constituição, será inquestionavelmente expressiva daquelas aspirações, especialmente quando ali seja ele consagrado não meramente como parâmetro organizacional, matriz de um formato ou modelo jurídico, mas sim como indicativo de um sistema de idéias voltadas à recuperação do espírito comunal.

"*4*. Neste sentido, impõe-se reconhecer que o Município é um dado. histórico-social, incorporado pelo Direito e não uma simples criação deste.

"*5*. Assim, é imperioso declare a Constituição, não singelamente a autonomia dos Municípios mas, além disso, que o poder de auto-organização dos Estados-membros encontra como limite aquela autonomia, em tudo que diga respeito ao seu peculiar interesse.

"*6*. Finalmente, manifestam sua plena convicção de que a reconstrução da nacionalidade, tendo em vista a harmonia social em um mundo justo e democrático, fundado com valores da sobriedade social, é obra que há de ser realizada a partir da recuperação do espírito comunal.

"São Luiz, 6 de dezembro de 1985".

Em maio de 1987 se instalou e teve curso, em Maceió — AL, o XIII Encontro, com Waldemar Bernardes de Mello na coordenação local, pela Comissão Executiva. Em face do momento político nacional, em plena fase da elaboração da nova Constituição, marcaram presença o Senador José Richa, e os Deputados Federais Gastone Righi e Fábio Feldman, todos manifestando propósitos firmemente decididos a tornar plena realidade a autonomia municipal, com melhor participação do Município na receita nacional. A sucessão diretiva do Instituto definiu-se com a reeleição de Hubert Nowill, Presidente e de Humberto Pêgo Marques, Vice-Presidente, por aclamação.

Florianópolis — SC, foi sede do XIV Encontro em março de 1988, em plena época da chamada "Farra do Boi", que atraía a atenção da mídia brasileira e mesmo internacional. Neste Encontro foram agraciados com a medalha "Angelito Aiquel" os Procuradores Antônia Aparecida Pereira, Maria Eliza Ferraz Parcionick, Rodolfo Camargo Mancuso e Toshio Mukai, todos em razão de trabalhos apresentados. Discutiu-se também a criação de uma Associação Nacional de Procuradores Municipais, a partir de proposta de iniciativa da Associação de Procuradores do Estado de São Paulo. Embora bastante debatida, a proposta não logrou aprovação, na medida em que se identificava a Associação, em muitos pontos, com o Instituto, em termos de objetivos, não sendo desejável atuações paralelas, quando mais aconselhável se apresentava o fortalecimento do Instituto.

As preocupações seguintes, como se vê dos registros, foi a concretização do XV Encontro, que foi realizado em Natal — RN, em setembro de 1989. Neste Congresso, sob a segunda gestão de Hubert Nowill como Presidente, abriu-se o processo sucessório que, como regra, ocorreu sem traumas, sendo eleitos para Presidente Humberto Pêgo Marques e para Vice Paulo Frassineti. Alterações estatutárias foram também propostas e debatidas, mesmo porque no edital de convocação constava item específico para o tema. Proposta de Plácido Silva Neto visava alteração na composição do Conselho Superior, para constituí-lo pela Diretoria mais seis membros eleitos em Assembléia. Outra proposta, agora de Arno Galvão, perseguia alteração do art. 18 do Estatuto para que fosse permitida eleição de sócios não fundadores para os cargos de Presidente e Vice-Presidente da

Diretoria. Na forma estatutária, as propostas seriam encaminhadas à apreciação do Conselho Superior.

Com o falecimento, em julho de 1990, do Prof. Helly Lopes Meirelles, decidiu a Diretoria, sobre apresentação de condolências, prestar homenagem à sua memória no Encontro seguinte, que se realizaria em São Paulo. Igualmente propôs a Diretoria ao Conselho Superior a indicação de Urbano Vitalino de Melo Filho como "sócio benemérito".

Seguiu-se a realização do XVII Encontro, na Capital de São Paulo, em outubro de 1990, em dependência da Faculdade de Direito da Universidade de São Paulo, nas tradicionais "Arcadas", de tantas memórias. Por falta de audiência do Conselho superior, as propostas de alterações estatutárias não puderam ser votadas, estando remetidas ao próximo Encontro, que foi realizado em Fortaleza, em setembro de 1991.

Prestou-se então, na oportunidade, e por proposta de Geraldo Ataliba, merecida homenagem ao Min. Seabra Fagundes, aclamado "Presidente Honorário" do Instituto Brasileiro de Direito Municipal, sintetizada a sua marcante personalidade como "exemplo nacional de patriotismo e civismo, além de ser jurista emérito e que vem contribuindo desde a fundação do IBDM para a causa municipalista", conforme registro em ata.

O XVIII Encontro Nacional teve Curitiba — PR, como sede, em julho de 1992. Foi dedicado à memória do Prof. Helly Lopes Meirelles e, na sessão solene de sua abertura, lhe foi tributada expressiva homenagem pelo elogio que lhe fez Hubert Nowill, em saudação prestada inclusive à viúva e familiares, especialmente convidados. O agradecimento da família se deu através de Antônio Tito Costa.

A comissão julgadora dos trabalhos concorrente ao Prêmio "Hely Lopes Meirelles" constituída por Oscar Breno Stahnke, José Nilo de Castro e Hubert Nowill, decidiu deixar de outorgá-lo aos autores de três trabalhos concorrentes: a dois deles por sequer considerados, já que foram apresentados com identificação de autoria; ao terceiro, porque sem embargo da importância e atualidade do tema, entendeu a Comissão que desatendia aos requisitos exigidos pelo estatuto do certame.

A Mayr Cerqueira de Godoy foi entregue o prêmio pela tese aprovada, de sua autoria. Aprovada restou, de outro turno, sugestão de que se instituísse concurso de arrazoados forenses sobre temas de Direito Municipal, encarregado Oscar Breno Stahnke das medidas necessárias à institucionalização da proposta.

Finalmente, foi aprovada a "Carta de Curitiba", que condensou os temas fundamentais do Encontro, nos seguintes termos:

" Os Procuradores Municipais, reunidos em Curitiba — PR, de 28 de junho a 2 de julho de 1992, em seu XVIII Encontro Nacional, em sessão plenária, proclamaram enfaticamente os valores do municipalismo brasileiro e do direito municipal, e editam a Carta de Curitiba, na forma seguinte:

"1. *Controle da Constitucionalidade*

"O controle da constitucionalidade, em tese, das leis e atos normativos municipais, em face da Constituição Estadual, compete privativamente aos Tribunais de Justiça da cada Estado. Se a decisão afrontar a Constituição da República, dela caberá recurso extraordinário ao Supremo Tribunal Federal.

"2. *Revisão Constitucional*

"A revisão constitucional prevista no art. 30 do ADT da Constituição Federal, refere-se e limita-se às adaptações decorrentes do resultado do plebiscito que definirá a forma e o sistema de governo, conforme o disposto em seu artigo 2º. Tal disposição não confere ao Congresso Nacional o Poder Constituinte originário, motivo porque, qualquer outra alteração do texto constitucional submeter-se-á às regras do art. 60, que disciplina as emendas constitucionais.

"3. *Reforma Fiscal*

"Embora se reconheça a necessidade de reforma fiscal, é imperioso que ela respeite o Município como ente federativo e a distribuição das receitas necessárias a assegurar-lhe a autonomia, respeitando-se o princípio federativo, tal como explicitado pelo legislador constituinte ordinário.

4. *Responsabilização dos agentes políticos*

"No sistema republicano, vigente no Brasil, é elementar a possibilidade de responsabilização dos agentes políticos, inclusive e principalmente do Chefe do Poder Executivo. Ao Tribunal de Justiça está reservado o julgamento dos Prefeitos, nos termos do art. 29 da Constituição Federal.

"5. *Licitação e Contratos Administrativos*

"A legislação federal sobre licitação e contratos, prevista no art. 22, XXVII, da Constituição Federal, deve limitar-se a estabelecer normas gerais, não podendo descer a pormenores sob pena de afronta ao magno princípio da autonomia municipal. Ao Município compete privativamente, atendido o interesse local, organizar sua administração, inclusive nessas matérias.

"6. *Sistema Previdenciário*

"Urge a edição de lei prevista no parágrafo 2º do art. 202 da Constituição Federal, dispondo sobre a compensação financeira entre os diversos sistemas de previdência social. Enquanto isso não ocorrer, cabe aos Municípios arcar com as aposentadorias e pensões decorrentes do regime jurídico único, buscando judicialmente a devida compensação financeira, junto ao INSS ou entidades previdenciárias equivalentes.

"*Conclusão*

"O Município, "célula mater" da identidade nacional, onde se concretizam os ideais de vizinhança e os valores da solidariedade, é a força propulsora de satisfação dos interesses locais, nele devendo ser atuadas as modificações, transformações e inovações necessárias para a melhoria da qualidade de vida e o resgate da dignidade humana do povo brasileiro".

O XIX Encontro ocorreu em Salvador — BA, em setembro de 1993, dedicado à memória do Ministro Miguel Seabra Fagundes, fundador e Presidente Honorário do IBDM, amigo de todas as horas, presença constante nos Encontros, jurista de escol e entusiasmado municipalista. A sua simplicidade permitia o carinho imenso que lhe devotavam os que dele se aproximavam, e a sua humildade era a própria dos sábios. Geraldo Ataliba exaltou, na Sessão Solene de Abertura do Encontro, a sua marcante e sempre vibrante personalidade. Eduardo Seabra Fagundes, presente, agradeceu a reverência feita a seu pai.

Teve o XIX Encontro como tema fulcral a Revisão Constitucional, e com curiosa divisão opinativa. Enquanto o Deputado Nelson Jobim, na abertura do ciclo de conferências, justificava e exaltava a Revisão, Celso Antônio Bandeira de Mello, com sua extraordinária erudição e didática, demonstrava, na conclusão do ciclo, a inviabilidade revisional por lhe faltarem os pressupostos e a sua cabal inoportunidade se juridicamente se pudesse admiti-la.

Aprovou a Assembléia alteração do art. 18 do Estatuto para permitir eleição, dentre os sócios efetivos há mais de dez anos e que tenham comparecido a, pelo menos, cinco Encontros, para os cargos de Presidente e Vice-Presidente da Diretoria. Ao Procurador Marcus Vinicius Americano da Costa, foi concedido, por seu aprovado trabalho, ''Reflexões Constitucionais Sobre o Município'', o prêmio ''Hely Lopes Meirelles''.

Retorna a Blumenau — SC a sede, agora do XX Encontro, quando o IBDM concretiza a marca memorável de vinte Encontros realizados em vinte anos de existência.

Os que dirigem institutos científicos sabem muito bem o que de tenacidade, de trabalho, de esforço representa alcançar este nível de continuidade. E por isso contemplam com orgulho o labor desenvolvido, porque vêem farta a messe e numerosos os obreiros.

De par com os Encontros Nacionais, de freqüência anual, o IBDM realizou vários Encontros Regionais, palestras e conferências, cursos e seminários, em todo o país. Editou dois números da ''Revista do Instituto Brasileiro de Direito Municipal'' e Anais de todos os Encontros cujas comissões locais lhe enviaram os competentes materiais.

Resta averbar a apuração de que três foram os ibedemistas que compareceram a todos os Encontros Nacionais, do I ao XIX, até agora. Por ordem alfabética porque o mérito é rigorosamente igual, são: Hubert Nowill, José Pessoa Filho e Mauro Viotto.

Eis, pois, num rápido esforço, o que se pôde apurar de duas décadas de IBDM, a partir dos registros das atas de seus trabalhos.

JURISPRUDÊNCIA

1ª INSTÂNCIA

Vara Única de Maringá
Juiz Federal Substituto: Dr. Artur César de Souza
Mandado de Segurança: 94.3011144-2
Impetrante: Norte Engenharia e Empreendimentos Ltda.
Impetrado: Delegado da Receita Federal em Maringá

SENTENÇA

1. A impetrante busca segurança que a desobrigue do recolhimento da COFINS (LC n. 70/91) sobre o faturamento decorrente da venda e incorporação de imóveis.

Sustenta, em suma, que a compra, venda e incorporação de imóveis são *atos negociais civis* e não *venda de mercadoria*.

Assim, não são alcançados pela hipótese de incidência prevista na Lei Complementar n. 70/91, instituidora da COFINS.

Afirma, ainda, que a interpretação do Fisco, tendente a exigir o recolhimento da COFINS incidente sobre a venda e incorporação de imóveis, afronta os princípios da legalidade, tipicidade cerrada e de interpretação das normas tributárias previstos na Constituição Federal e no Código Tributário Nacional.

Liminar concedida.

A autoridade administrativa defendeu a legalidade da exigência, sustentando a *interpretação extensiva* da palavra *mercadoria*, de forma a alcançar os atos negociais de venda e incorporação de imóveis.

O Ministério Público Federal opinou pela denegação da segurança.

É o relatório.

Passo a decidir.

2. Da expressão "venda de mercadorias"

Estabelece o art. 2º da Lei Complementar 70/91: "A contribuição... incidirá sobre o faturamento mensal, assim considerado a receita bruta das *vendas de mercadorias* e serviços e de serviços de qualquer natureza".

O cerne da questão reside em saber se a expressão *vendas de mercadorias* inclui as atividades de construção e incorporação de imóveis ou não...

Ensina José Eduardo Soares de Melo, Mestre e Doutor em Direito Tributário pela Faculdade de Direito da Pontifícia Universidade Católica de São Paulo que:

> "É questionável a inclusão, no âmbito de incidência das contribuições sobre o faturamento, de negócios de índole financeira e imobiliária devido à circunstância de não implicarem em efetivo fatura-

mento" (*Contribuições Sociais no Sistema Tributário*, coleção Estudos de Direito Tributário, Malheiros, 1993, p. 117).

De fato, a extensão da expressão mercadoria, para fins de abranger os negócios jurídicos envolvendo compra e venda de imóveis, como o caso da impetrante, tem gerado dúvidas e questionamentos.

E somente com auxílio de conceitos e noções de Direito Comercial é que elas poderão ser dissipadas.

As dúvidas têm surgido por força do nosso vetusto Código Comercial, que data do século passado, que no seu art. 191, exclui os bens imóveis como bens mercantis.

Porém, como bem acentuava J. X. Carvalho de Mendonça, já em 1955:

> "Esta exclusão não se justifica hodiernamente. Baseava-se ela na antiga máxima *mercis appellatio ad remobiles tantum pertinet* fundada na opinião errônea, de que o transporte era da essência do comércio. Demonstrado, porém que o transporte é ato apenas auxiliar do comércio (n. 291 do 1º vol., 2ª ed. Deste Tratado), desaparece a dúvida.
>
> "Troplong havia pressentido essa evolução e o conceito tradicional vai sendo banido por muitos códigos" (in *Tratado de Direito Comercial Brasileiro*, vol. V, primeira parte, 5ª ed., Freitas Bastos, 1955, p. 9).

Assim, percebe-se que a referida exclusão legal decorre do tratamento dado à matéria pelo Código Comercial, calcado em situações de fato que já não se justificam nos dias de hoje.

Por isso que, ao conceituar atos de comércio, o tratadista referido demonstra que a restrição legal de excluir os imóveis como bens de comércio não prevalece atualmente:

> "A palavra *mercadoria* não tem no Código Comercial sentido definido. Ora é empregada a antítese a coisas móveis, dinheiro, papéis de crédito, efeitos e valores, ora compreende qualquer objeto que, tendo valor de troca, pode entrar na circulação comercial.
>
> "No amplo sentido, a fórmula mercadoria abrange não somente as coisas materiais, corpóreas, inclusive a moeda, o papel-moeda e os títulos ou documentos, nos quais se incorporam os créditos, que destarte, são considerados objetos de valor, como as coisas imateriais, entre elas os direitos, os créditos, os riscos, etc." (ob. cit., vol. cit., p. 29).

J. X. Carvalho de Mendonça, em 1955, registrava que:

> "Partindo-se do princípio que o comércio tem por função aproximar produtores e consumidores, os imóveis, que não podem ser objeto de consumo, têm sido excluídos da esfera do Direito Comercial. Respeita-se, assim, a tradição romana expressa na conhecida frase de Ulpiano: *mercis appelatio ad res mobiles tantum pertinet* (Lei 66, *Dig. de verborum significatione*).
>
> "Acresce outro argumento de ordem político-social, e é que, tornando-se os imóveis objeto de especulação, grandes perturbações sofreria a propriedade imóvel.
>
> "Fundados nessas considerações, o Código Comercial, no art. 191 e o Regulamento 737, art. 19, § 1º (*verbis*: efeitos móveis ou semoventes) excluem dos atos de comércio a compra e venda de imóveis, tendo o citado art. 191 do Código o cuidado de definir o que fossem esses efeitos.
>
> "Essas idéias vão sofrendo modificações" (op. cit., p. 444).

E arrematava concluindo que as codificações mais modernas, como os Códigos Comerciais da Itália, Portugal, México e Alemanha reconheciam a compra e venda de imóveis como atos de comércio *quando realizado com fim de especulação mercantil*.

Dessa orientação não distoa Fran Martins:

"... Ademais os imóveis podem ser e são objeto de especulação e deveriam, desse modo, entrar essas especulações no âmbito do direito comercial e não do civil" (in *Curso de Direito Comercial*, 11ª ed., Forense, 1986, p. 85).

3. *Do princípio da tipicidade cerrada e o termo "mercadorias"*

Assim, percebe-se que no Direito Comercial a matéria possui tratamento em descompasso com a realidade de nossos dias.

Frente ao Direito Tributário, a matéria deve ser interpretada sistematicamente, analisando a noção da palavra *mercadoria*.

Das diversas passagens em que é utilizado o termo, a mais significativa delas é referente ao Imposto Incidente Sobre a Circulação de Mercadorias, previsto no art. 155, I, *a*, da Constituição Federal.

Integrando referida norma, está o Decreto-lei 406/68, estabelecendo o fato gerador de referido tributo, sempre vinculada sua incidência à entrega ou saída de *mercadorias* de *estabelecimentos comerciais, industrial ou produtor*.

Assim, não há como se dissociar a interpretação da palavra *mercadoria* ao sentido que lhe empresta o Direito Comercial vigente.

Não se ignora o cunho e interesse sociais reflexos imanentes do Direito Tributário.

Contudo, também não se pode ignorar que vige, nestes ramos do direito, o princípio da tipicidade cerrada, criando limite ao poder de interpretação do administrador ou mesmo do Juiz.

Como é sabido, ao contrário da argumentação de ordem político-social de Carvalho Mendonça, os imóveis hodiernamente são objetos de especulação, existindo sem números de empresas que se destinam exclusivamente à compra e venda de bens imóveis.

O descompasso existente entre a realidade fática (atividade comercial de especulação com bens imóveis) e a regra tributária (incidência do tributo apenas na hipótese de venda de mercadorias) deve ser corrigido através da intervenção do Estado-Legislador visando ampliar a hipótese de incidência da Cofins para aqueles que atuem na atividade de compra e venda de imóveis.

O princípio da tipicidade cerrada, corolário do princípio legalidade tributária, não permite ao intérprete a utilização de métodos interpretativos visando ampliar a hipótese de incidência do tributo.

Nesse sentido é a lição de Sacha Calmon Navarro Coelho:

"Em terceiro lugar, a tipicidade tributária é *cerrada* para evitar que o administrador ou o juiz, mais aquele do que este, interfiram na sua modelação, pela via interpretativa ou integrativa" (in *Comentários à Constituição Federal de 1988 — Sistema Tributário*, 5ª ed., Forense, p. 284).

E pouco adiante, salienta o Professor e Juiz Federal mineiro:

"Equipole o seguinte: Se a lei for *omissa* ou *obscura* ou *antitética* em qualquer desses pontos, descabe ao administrador (que aplica a lei de ofício) e ao juiz (que aplica a lei contenciosamente) *integrarem a lei*, suprindo a lacuna por analogia ou interpretação extensiva. É dizer, em Direito Tributário a tipicidade é cerrada oferecendo temperamentos aos princípios de que o juiz não se furta a dizer o direito ao argumento de obscuridade da lei ou de dificuldades na sua intelecção. Na área tributária o juiz deve sentenciar, é certo, mais para decretar a *inaplicabilidade da lei por insuficiência normativa* somente suprível através de ato formal e materialmente legislativo.

"Por último, mas não menos importante, tenha-se em mente que o *princípio da tipicidade* não torna o juiz mero *autômato*. Como vimos, a tipicidade da tributação decorre da *necessidade de tornar* a lei fiscal clara contra o subjetivismo que antes penetrava em seu conteúdo, à vontade do rei, por seus *ministros*. Ora, quando *legislador* não faz norma clara, cabe ao juiz reduzir ao possível sua abrangência: *in dubio pro contribuinte*. Quando não há modo de aplicar a lei, por faltar-lhe elemento essencial, o juiz decreta a sua inaplicabilidade: *nullum tributum sine lege*. Quando a lei da capacidade constitucional, como o da igualdade ou o da capacidade contributiva (que está no fundamento do princípio da isonomia tributária) ou o do não-confisco, o juiz anula a lei em argüição direta ou *incidenter tantum*. Quando a lei, apesar de tudo, é válida do ponto de vista formal e material, mas é injusta em relação a um contribuinte em particular, por faltar-lhe capacidade contributiva, o juiz decreta a prevalência do princípio constitucional sobre a lei e tira a tributação sobre aquele contribuinte, em particular (isenção judicial). Quando a administração aplica a lei *a diable* ou dilarga a sua compreensão, o juiz anula o ato administrativo ou o reduz a sua real dimensão *secundum legem*. Noutras palavras: o princípio da tipicidade contemporâneo da tripartição dos poderes, não controla mais o juiz, *é instrumento de controle* em mão do juiz. Controlados, em verdade, são o Legislativo e o Executivo. Os beneficiários são o cidadão e a cidadania'' (ob. cit., pp. 285-286).

Do suso exposto depreende-se que, muito embora haja descompasso entre a extensão jurídica do termo *mercadorias* e prática moderna de especulação imobiliária, não é dado, ao Estado-Administrativo, ou ao Estado-Juiz o poder de ampliar a extensão do termo jurídico.

A expressão mercadoria deve ser interpretada segundo o sentido dado pelo Direito Tributário, especialmente quando tratada da matéria em sede do Imposto sobre Circulação de Mercadorias, impondo a extensão que lhe emprega o Direito Comercial (excluindo os imóveis).

Assim, importa reconhecer que a impetrante não realiza operação de venda de mercadorias, estando portanto desobrigada de recolher o Cofins sobre faturamento decorrente da venda e incorporação de imóveis.

Dispositivo.

A vista do exposto, concedo, em definitivo, a segurança pretendida pela impetrante, consistente em desobrigá-la de recolher Cofins (Lei Complementar n. 70/91) sobre venda e incorporação de imóveis.

Condeno a União ao reembolso das custas processuais adiantadas pela impetrante, devidamente corrigidas.

Sem honorários.

Encaminhem-se, oportunamente, ao E. Tribunal Regional Federal da 4ª Região para reexame necessário, com nossas homenagens.

P. R. I.

Maringá, 10 de novembro de 1994 — Artur César de Souza (Juiz Federal Substituto).

RDT 66

CADERNOS DE DIREITO TRIBUTÁRIO: PRINCIPIO DE SEGURIDAD JURÍDICA EN LA CREACIÓN Y APLICACIÓN DEL TRIBUTO — EL CONTENIDO DE LA SEGURIDAD JURÍDICA — **Héctor B. Villegas** • DENÚNCIA ESPONTÂNEA E EXCLUSÃO DE RESPONSABILIDADE PENAL — **Geraldo Ataliba** • TRATADOS — SUPERIORIDADE HIERÁRQUICA EM RELAÇÃO À LEI FACE À CONSTITUIÇÃO FEDERAL DE 1988 — **Alberto Xavier** e **Helena de Araújo Lopes Xavier** • VENDA DE IMÓVEL É CIVIL — NÃO COMPORTA FATURAMENTO — **Paulo Salvador Frontini** • ICMS — O DELITO CAPITULADO NO ART. 2º, II, DA LEI 8.137/90 — PROBLEMAS CONEXOS — **Roque Antonio Carrazza** • FINSOCIAL — REPETIÇÃO DE INDÉBITO — NULIDADE DE ATOS PROCESSUAIS — INTERPRETAÇÃO À LUZ DOS PRINCÍPIOS CONSTITUCIONAIS E DE DIREITO PÚBLICO — PRESUNÇÃO DE VALIDADE, RAZOABILIDADE, MORALIDADE E SEGURANÇA JURÍDICA — **Luís Roberto Barroso** • COMPENSAÇÃO TRIBUTÁRIA E MANDADO DE SEGURANÇA — **Hugo de Brito Machado** • ICMS — INCENTIVOS — CONFLITO ENTRE ESTADOS — INTERPRETAÇÃO — **Paulo de Barros Carvalho** • ISS: SERVIÇOS DE DESPACHOS ADUANEIROS — MOMENTO DE OCORRÊNCIA DO FATO IMPONÍVEL — LOCAL DA PRESTAÇÃO — BASE DE CÁLCULO — ARBITRAMENTO — **Aires Barreto** • *NOTAS E COMENTÁRIOS*: REFLEXÕES SOBRE O PROCESSO DE EXECUÇÃO FISCAL, NA CONSTITUIÇÃO DE 1988 — **Eduardo D. Bottallo** • CONTRIBUIÇÕES — **Wagner Balera** • EMPRÉSTIMO COMPULSÓRIO SOBRE O CONSUMO DE COMBUSTÍVEIS — **Antônio Souza Prudente** • JUROS DA MORA EM MATÉRIA TRIBUTÁRIA — **Ana Maria Aparecida de Freitas** • REFORMA TRIBUTÁRIA E FINANÇAS ESTADUAIS — **Heron Arzua** • *DOCUMENTO*: PRINCÍPIOS DE DIREITO CONSTITUCIONAL — PODER CONSTITUINTE ORIGINÁRIO E DERIVADO — PODER DE REFORMA DA CONSTITUIÇÃO — LIMITES — **Josaphat Marinho** • *CONFERÊNCIAS E DEBATES*: EXCESSO DE IMPOSTOS NO SISTEMA CONSTITUCIONAL DE 1988 — **Geraldo Ataliba** • *NOTÍCIA*: DUAS DÉCADAS DE IBDM — **Hubert Nowill** • *JURISPRUDÊNCIA*

MALHEIROS EDITORES